마이데이터 B.L.T.S

마이데이터 B.L.T.S

초판 1쇄 발행 2022년 2월 22일

지은이 임태훈·오희영·김규억·이영환·박진
펴낸이 장현수
펴낸곳 메이킹북스
출판등록 제 2019-000010호

디자인 장지연
편집 장지연
교정 강인영
마케팅 김예지

주소 서울특별시 구로구 경인로 661, 핀포인트타워 912-914호
전화 02-2135-5086
팩스 02-2135-5087
이메일 making_books@naver.com
홈페이지 www.makingbooks.co.kr

ISBN 979-11-6791-105-6(03320)
값 18,000원

ⓒ 임태훈·오희영·김규억·이영환·박진 2022 Printed in Korea

잘못된 책은 구입하신 곳에서 바꾸어 드립니다.
이 책의 전부 또는 일부 내용을 재사용하려면 사전에 저작권자와 펴낸곳의 동의를 받아야 합니다.

메이킹북스는 저자님의 소중한 투고 원고를 기다립니다.
출간에 대한 관심이 있으신 분은 making_books@naver.com으로 보내 주세요.

마이데이터
B.L.T.S

임태훈 · 오희영 · 김규억 · 이영환 · 박 진 공저

메이킹북스

추천사

민기영 (前)한국데이터산업진흥원 원장

2018년 한국데이터산업진흥원에 부임한 후, 진흥원에서 새로 맡았던 사업이 바로 데이터 바우처와 마이데이터였습니다. 모든 정책이 그렇겠지만, 개념조차 생소한 마이데이터 패러다임을 정부에 이해시키고, 정책으로 만들기까지 적지 않은 노력이 들어갔습니다.

마이데이터의 개념부터 기존 서비스와의 차이점, 추진의 법적 근거, 서비스를 만들기 위해 필요한 기술과 우리나라 산업별 적용 가능성, 마이데이터 생태계의 구성원과 구성원별 역할까지 다양한 질문들이 쏟아졌습니다. 그리고 질문에 대한 적절한 답을 찾기 위해 많은 고민을 해야 했습니다. 이러한 노력과 고민의 결과물이 이 책에 담겨 있습니다. 게다가 비교적 쉽게 쓰여 있어 이해하기도 수월합니다.

4차 산업 혁명의 시대, 데이터 주체는 어떤 준비를 해야 할까요? 개인 정보 자기 결정권이 왜 중요할까요? 구글, 페이스북, 아마존 등 글로벌 플랫폼 기업들은 데이터 이동권을 어떻게 보장해 주고 있을까요? 우리나라 정부는 마이데이터 정책을 어떻게 풀어 나가고 있을까요?

  이 책을 통해 마이데이터를 둘러싼 여러 궁금한 점들을 하나하나 해결해 보시기 바랍니다. 데이터로 돈을 벌고, 정책 의사 결정을 해야 하는 시대가 되었습니다. 정치인·행정가·기업인에게 일독을 권합니다. 자신이 속한 조직이 마이데이터로 어떤 변화를 만들어낼 수 있을지 조망하고, 가치 있는 비즈니스와 정책을 만들어 가기를 기대합니다. 이 책이 디지털 시대의 데이터 주권을 회복하고 새로운 변화를 만들어 가는, 좋은 참고 자료가 될 수 있으리라 믿습니다.

머리말

한국데이터산업진흥원에서 일하면서 2015년 마이데이터라는 용어를 처음 알게 되었고, 이따금씩 관련 리포트를 썼습니다. 주무부처인 과학기술정보통신부에 정책으로 소개하였고, 2017년 연구 과제로 채택되었습니다. 2019년 '본인 정보 활용(MyData) 지원'이라는 이름으로, 본격적인 지원 사업을 시작하게 되었습니다.

차츰 '마이데이터'라는 용어가 인터넷에도 회자되기 시작하더니, 금융 위원회의 금융 마이데이터 산업 활성화 방안, 신용정보법 개정 등으로 어느 순간 '데이터 경제 활성화' 방안 중 하나가 되었습니다. 마이데이터를 담당했던 저는 기획재정부를 비롯한 정부 부처와 국회, 지방 자치 단체, 산하 기관, 기업, 시민 단체 등에 수시로 불려 다니게 되었습니다. 그야말로 정말 바빴습니다. 그래도 즐거웠습니다. 마이데이터 전문가로 불리게 되었으니까요.

2019년 진흥원 역사에 기록될 만한 일이 벌어졌습니다. 마이데이터 사업으로 97억 원의 예산을 배정받게 되었습니다. 동료들이 저더러 '마이데이터의 아버지'라고 농담 삼아 말했습니다. 솔직히 아버지라 불리기에는 소가 뒷걸음질 치다가 쥐를 잡은 격입니다. 아버지를 아버지라 부르지 않고, '마이데이터의 임 판서'쯤이면 덜 부끄러울 듯합니다.

정부 정책으로 자리 잡기까지 배경과 필요성, 국내외 사례, 법 제도와 서비스, 기대 효과, 향후 발전 방향, 지원 사업 세부 기획, 예산 산출 근거, 국정 감사 대응 자료, 언론 대응 자료 등은 직접 만들고 설명하고 했으니, '마이데이터의 임판서'로 불리는 정도는 용인해 주시기 바랍니다.

마이데이터가 뜨면서, 정확히는 '마이데이터'라는 용어가 뜨면서, 정부 부처 최초로 마이데이터 지원 사업을 기획한 과학기술정보통신부 산하 기관 한국데이터산업진흥원 담당자(저예요)에게 이런저런 질문들이 쏟아졌습니다. 예산도 적지 않았고, 기술 개발이 아닌 '사상(생각)의 변화'에 대한 정부 지원이었기 때문에, 예전과 달리 무엇을 만들어 내야 하는지에 관한 질문이 많았습니다.

이런 과정을 겪다 보니, 마이데이터를 쉽게 설명할 수 있는 노하우가 생겼습니다. 그렇지만 설명(강의)이라는 것은 한 번 듣고 돌아서면 잊어버리는 것인지라, 같은 질문들이 계속되었습니다.

"아~ 알겠어요. 근데 예전 서비스랑 다른 점은 뭐예요?"

책을 써야겠다고 마음먹은 가장 큰 이유는, 강의만으로는 시간이 너무 짧아 충분히 알려드리지 못했기 때문입니다. 짧게는 20분, 길게는 120분을 설명하지만 마이데이터의 본질을 다 말씀드리기엔 매우 부족합니다. 마이데이터의 이야기 주제가 매우 넓기 때문입니다. 그래서 마이데이터에 대한 저의 생각에 공감해 주셨던 네 분들과 함께 이 책을 쓰게 되었습니다. 마치 옆에서 설명해 주듯이 쓰기로 했습니다.

제가 생각하는 마이데이터의 서비스 방향, 법 제도 개선 방향, 기술 개발 방향, 생태계 조성 방향은 모두 '개인'의 입장에서 생각하면 된다는 것입니다. 이제 마이데이터의 서비스 방향, 법 제도 개선 방향, 기술 개발 방향, 생태계 조성 방향에 관한 주제들을 '개인'의 입장에서 하나씩 풀어보겠습니다.

공감하지 못하는 부분도 있으시겠지만, '이자들의 생각이 나와는 다를 수 있다'는 넓은 아량으로 이해해 주시기 바랍니다. 사실 관계도 몇 번씩 확인하고 썼습니다만, 그럼에도 또 사실과 다른 내용이 눈에 띈다면 '이 모지리들! 알지도 못하면서!'라고 마음속으로 외치신 후, 메일 보내주시면 감사하겠습니다.

이 책은 총 6개 부분으로 구성되어 있습니다. 데이터와 빅데이터, 마이데이터에 대한 기본적인 이야기가 나오고, 그 다음부터 마이데이터 B.L.T.S(Business: 비즈니스(서비스), Legal: 법 제도, Tech: 기술, Society: 사회(생태계)), 미래의 방향이 차례로 이어집니다. BLTS에 대해서는 데이터 이야기 끝자락 부분에 보다 자세히 설명하고자 합니다. 각 장의 내용은 각 저자의 책임 하에 작성한 개인 의견임을 밝혀둡니다.

임태훈 올림

목 차

추천사   4

머리말   6

데이터, 빅데이터, 그리고 마이데이터

- 정보 대신 데이터   18
- 데이터는 나의 것, 그냥 내게 맡겨 주세요   21
- 나와 나의 가족, 나의 회사, 그리고 나의 정부(국가)   23
- 데이터 개방   34
- 마이데이터 그리고 빅데이터   36
- 마이데이터 샌드위치   39
- 마이데이터 비즈니스(서비스)   40
- 마이데이터 법 제도   43
- 마이데이터 기술   45
- 마이데이터 사회(생태계)   47
- 우리나라의 마이데이터 생태계   49
- 공공   50
- 금융   52
- 의료   53
- 통신   54

- 교통(자동차, 운전)   55
- 생활 소비   57
- 교육·학습   57
- 문화   58
- 관광   59
- 미디어   60
- 마이데이터 생태계와 개인 데이터 거버넌스   60

마이데이터 서비스 - 백 번의 말보다 중요한 한 번의 경험

- 왜 마이데이터 서비스가 중요할까요?   68
- 마이데이터 서비스 유형   69
- 데이터 서비스: 통합 관리 서비스 유형   71
- 데이터 서비스: 유통 서비스 유형   79
- 데이터 서비스: 분석 서비스 유형   87
- 인프라 서비스: 인증 서비스 유형   93
- 인프라 서비스: 동의 관리 서비스 유형   94
- 인프라 서비스: 연계 서비스 유형   99
- 다양한 관점에서 마이데이터 서비스 바라보기   103
- 데이터 주체 중심의 마이데이터 서비스, Mydata by Design   105

마이데이터 법 제도 - 꼬여버린 실타래 풀기

- 마이데이터에 법과 제도가 필요한 이유　　　　114
- 데이터 오너십　　　　115
- 정보 주체의 개인 정보 자기 결정권　　　　115
- 스크래핑과 열람권　　　　118
- 개인 데이터의 다운로드　　　　120
- 마이데이터 서비스의 평가 기준?　　　　123
- 데이터 이동권　　　　124
- 신용 정보법과 마이데이터　　　　127
- 정보 통신망법과 마이데이터　　　　129
- 의료법과 마이데이터　　　　132
- 전자 정부법과 마이데이터　　　　136
- 미국의 마이데이터 법 제도　　　　138
- 일본의 마이데이터 법 제도　　　　145
- 영국의 마이데이터　　　　150
- 법과 제도, 어떻게 해야 할까?　　　　151

마이데이터 기술 - 반드시 기억하고 시작해야 할 것들

- 기술보다는 서비스 흐름이 중요　　　　156
- 아키텍처는 개념 모델이 중요　　　　157
- 데이터 중심으로 설계해야 하는 마이데이터　　　　158

- 마이데이터를 사용하는 주체　　　　　　　　　159
- 마이데이터를 위한 개념 모델　　　　　　　　　161
- 마이데이터를 위한 소프트웨어　　　　　　　　162
- 현재 마이데이터를 서비스하는 곳　　　　　　　165
- 마이데이터 플랫폼을 만들기 위해
  미리 알아두어야 하는 것　　　　　　　　　　168
- 서비스(업무) 설계　　　　　　　　　　　　　　170
- 마이데이터에 필요한 서비스　　　　　　　　　172
- 데이터 설계　　　　　　　　　　　　　　　　174
- 마이데이터 플랫폼 설계　　　　　　　　　　　177
- 빅데이터　　　　　　　　　　　　　　　　　　179
- 마이데이터 분석　　　　　　　　　　　　　　　180
- 마이데이터 플랫폼에 반영하는 빅데이터　　　　182
- 인공 지능(AI) 반영　　　　　　　　　　　　　185
- 클라우드의 사용법　　　　　　　　　　　　　　189
- 개인 동의가 필요한 마이데이터　　　　　　　　190
- 마이데이터 주체끼리의 관계　　　　　　　　　192
- 검증된 인증 방식이 필요한 마이데이터　　　　　194
- 마이데이터 플랫폼과 블록체인　　　　　　　　196
- 마이데이터 서비스에 사용되는 기술　　　　　　197

마이데이터 생태계 - 디지털 시대(Digital Age)의 개막

- 마이데이터 생태계를 구성하는 행위 주체 　　　　　　204
- 마이데이터 생태계 작동 원리: 2018년 KData 시범 과제 　206
- 마이데이터 생태계 실증 서비스: 2020년 KData 실증 과제 　213
- 마이데이터 생태계 해외 사례 　　　　　　　　　　219
- 마이데이터 생태계 공공 사례 　　　　　　　　　　222
- 마이데이터에 의한 의료 생태계 패러다임 변화 　　　224
- 마이데이터 기반의 새로운 융합 산업 생태계로 전환 　228
- 마이데이터 기반의 새로운 창조적 산업 생태계로 전환 　231
- 마이데이터 생태계에 의한 디지털 사회로 전진 　　　233
- 마이데이터 생태계를 구현하기 위한 조건 　　　　　236
- 마이데이터 생태계 발전을 위한 제언 　　　　　　　239

새로운 전환기 - 디지털쇄국을 넘어 미래로

- 180년 전 청(清)의 실기(失期) 　　　　　　　　　　250
- 막부(幕府)의 운(運) 좋은 개항(開港) 　　　　　　　251
- 대전환기를 맞이한 조선(朝鮮)의 실기(失期) 　　　　252
- 무능한 정부의 강제 개항과 몰락 　　　　　　　　　254
- 근대화 실패의 교훈 　　　　　　　　　　　　　　256
- 일(日)의 근대화 과정과 한반도 침탈, 그리고 한계 　　257
- 인터넷 강국과 IT 강국 　　　　　　　　　　　　　259

- 소프트웨어의 특성과 현실적인 문제 261
- 디지털 트랜스포메이션을 통한 경쟁력 강화 265
- 데이터와 AI 267
- 새로운 기회, 마이데이터 269

[참고 문헌] 273
[참조 웹사이트] 274

데이터, 빅데이터, 그리고 마이데이터

임태훈

데이터, 빅데이터, 그리고 마이데이터

정보 대신 데이터

저는 이 책에서 가급적 '정보' 대신 '데이터'라는 용어를 사용하고자 합니다. 일상생활에서는 '개인 데이터'라는 말보다, '개인 정보'라는 말을 더 자주 쓰게 되는데, 마이데이터 이야기를 할 때는 개인 데이터로 쓰는 것이 더 어울린다고 봅니다. 마이 '데이터'니까요.

정보와 데이터는 어떻게 구분해야 하나 좀 막막하긴 합니다. DIKW 모형을 많이 보셨을 겁니다. 데이터(Data)와 정보(Information), 지식(Knowledge), 지혜(Wisdom)가 쌓여 있는 피라미드 모형인데요, 비교적 이해하기 쉽게 잘 설명하고 있어 자주 인용되더군요. 참고로 이 모형을 누가 만들었는지에 대해서는 의견이 갈리고 있다고 합니다. 그리고 이전에는 데이터가 빠진 IKW 3단계 모형이었다고 합니다. 그러다가 데이터가 추가된 것이라고 하고요.

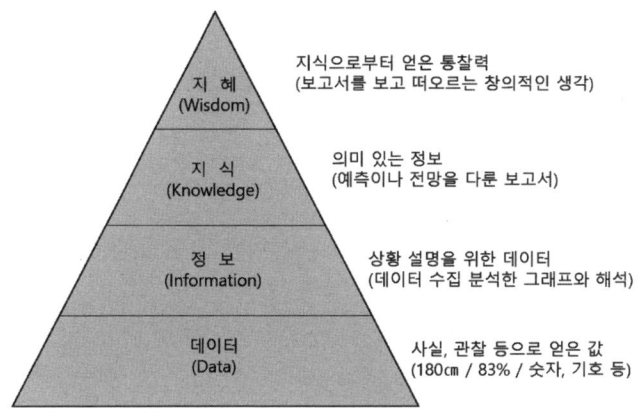

이 모형에서 데이터는 '관찰해서 사실을 수집해서 모아 놓은 것'이고, 정보는 '이런 데이터를 수집, 가공하여 의미와 가치를 부여한 것'입니다.

말이 그렇지, 데이터와 정보의 경계를 누구도 명확하게 구분하지 못할 것입니다. 제가 보는 관점에서 정보는 데이터를 종합해서 인간이 보다 이해하기 쉽게 처리한 것입니다. MIT에서 블록체인을 이용하여 졸업 증명서를 발급하게 되었다는 기사가 난 적이 있습니다.

지금까지 성적 증명서, 졸업 증명서, 경력 증명서 등은 회사 등 기관의 인사 담당자가 일일이 확인해야 하는 정보였습니다. 지원자는 학적과에 가서 학교장 직인이 찍힌 종이를 몇천 원씩 주고 구입해야 했습니다. 여기저기 지원서를 내려면 한 번에 10여 장씩 떼어 오기도 했습니다. 사본 제출이 안 되는 경우도 많았고, 사본인 경우 위변조 우려 때문에 원본 대조필 도장을 찍기도 했습니다.

이런 번거로운 과정을 블록체인 기술이 대신해 줄 수 있게 된 것입니다. 21세기 인간은 정보의 진위를 판단할 필요가 없습니다. 기계(컴퓨터)가 대신 데이터를 판독해 주기 때문입니다. 인공 지능(AI) 기술로 이런 일들이 훨씬 수월해졌습니다. 인간보다 더 정확히, 더 빨리, 더 오랫동안 데이터를 들여다보고 지원자의 성적과 졸업 여부를 판단할 수 있습니다. 인사 청탁에 휘말릴 일도 없겠네요.

졸업장에 있는 정보 전체가 필요한 것도 아닙니다. 졸업, 수료, 중퇴를 나타내는 데이터 필드의 값(예를 들면 1, 2, 3)만 확인하면 끝나는 일입니다. 교장 이름, 직인, 문서 번호, '위 사람은 ○○ 학교를 졸업하였음을 증명함' 등은 필요가 없습니다. 이건 다 사람이 보려고 만들어 놓은 것이라 컴퓨터는 볼 필요도 없지요. 인간은 인간 스스로 완벽하지 못하다는 것을 잘 알기 때문에, 오히려 기계의 판단을 더 신뢰합니다.

아직 인간 중심의 종이 정보들이 많이 사용되고 있습니다. 예전에 비하면 많은 정보들을 온라인으로 확인하고, 집이나 사무실에서 직접 출력할 수 있습니다. 휴가를 내고 관공서에 찾아가 2시간씩 기다려 서류를 접수하고 일주일 뒤 다시 결과 확인서를 찾으러 가는 일은 거의 없습니다. (2019년 겨울, 이런 일을 직접 경험했기에 '거의'라고 썼습니다.)

"4차 산업혁명 시대", "데이터가 원유인 시대"와 같은 말들을 합니다. 정부도 "데이터를 가장 안전하게 잘 쓰는 나라를 만들겠습니다."라고 발표하였습니다. 인공 지능, 빅데이터, 마이데이터는 정보가 아닌 데이터를 활용합니다.

4차 산업 혁명 시대는 인간이 아닌 컴퓨터가 데이터를 자동으로 활용해야 합니다. 그래서 정보와 데이터를 구분하여 '진짜 데이터'를 위한 생태계를 만들어야 합니다. 제가 정보라는 용어 대신 데이터라는 용어를 고집하는 이유입니다.

그러나 현실에서는 정보와 데이터를 혼용해서 쓰고 있습니다. 데이터 3법이라 부르면서 정작 데이터 3법은 신용 '정보'법, 개인 '정보' 보호법, '정보' 통신망법이라고 부릅니다. 마이데이터라고 하면서 그 대상은 또 본인 정보, 개인 정보라고 합니다. 아직 데이터를 쓰기엔 시기상조라고 판단한다면, 빅데이터도 빅인포, 마이데이터도 마이인포로 부르면 됩니다. 프랑스에서도 'MesInfo'라고 했듯이요.

이제는 정보와 데이터를 구분해야 할 시기입니다. 사람이 처리하는 대상인 정보와 기계가 처리하는 대상인 데이터를 구분할 필요가 있기 때문입니다. 그래야 '나'를 개인 정보 보호법에서는 '정보 주체'라 부르고, 신용 정보법에서는 '신용 정보 주체'라 부르며, 민원 처리법에서는 '민원인', 데이터 기본법에서는 '데이터 주체'라 부르는 상황들이 정리될 것 같습니다.

데이터는 나의 것, 그냥 내게 맡겨 주세요

거의 매일 쓰는 카톡.

카톡으로 주고받은 문장들, 사진, 문서들은 누구의 것일까요? 카카오톡 서비스를 운영하는 회사? 스마트폰 제조사? 스마트폰 운영 체계를 만든 회사? 아니면 네트워크 회사? 당연히 "내 것 아니야?"라고 반문하실 것입니다. 그런데 말입니다. 진정한 내 것이 되려면 카톡 앱 없이도 내 글을 내가 가질 수 있어야 합니다.

즉 플랫폼으로부터 내용이 분리되어, 데이터와 플랫폼이 서로 독립적이어야 합니다. 마치 사진(이미지) 파일처럼 어떤 스마트폰으로 찍든 파일을 옮길 수 있어야 하고, 여러 이미지 뷰어(viewer)로 볼 수 있어야 합니다. 요즘에 카톡 내용을 백업 받을 수는 있더라고요. 다른 채팅 앱들도 백업 기능을 갖춰야 할 것입니다.

또 다른 예를 들어보겠습니다.
휴대폰에 운동(헬스) 앱을 깔고 매일 꾸준히 달리기를 했습니다. 성별과 나이, 키, 몸무게, 칼로리 등의 데이터를 입력했더니 달리기를 얼마나 오래, 어떤 방법으로 하라고 알려줍니다. 언제, 어디서, 누가, 어떻게, 얼마나 오랫동안 달리기를 했는지 소중한 데이터가 휴대폰에 기록되어 인터넷망을 거쳐 운동(헬스) 앱 서비스 회사로 넘어갑니다. 이 데이터들은 나의 활동으로 만들어진 것입니다. 다른 운동 앱, 건강 관리 앱을 쓰고 싶을 때, 이전 데이터들을 새로운 앱에 연동시켜서 계속 쓸 수 있어야 하는데, 현실은 쉽지 않습니다.

플랫폼과 나의 데이터는 독립적이어야 합니다. 플랫폼 기업들은 자사의 서비스에 이용자들을 붙잡아 두기 위해 플랫폼에 종속적인 서비스들을 만들어 내고 있습니다. 그러다 보니, '싸이월드'처럼 서비스가 종료되면, 이용자들이 남긴 글이며 그림, 음악, 도토리, 미니미 등의 데이터를 어떻게 처리할 것인가 문제가 불거지기도 합니다.

이용자보다 싸이월드와 같은 플랫폼(서비스)의 힘이 크기 때문에, 사실상 플랫폼의 결정을 기다리는 수밖에 없습니다. 인터넷 서비스뿐만 아니라, 병원, 은행, 카드사, 보험사, 쇼핑몰, 전력회사, 내비게이션 회사, 항공사, 심지어 정부도 플랫폼의 지위를 누리고 있습니다.

내비게이션에 저장된 경로, 자주 가는 곳, 나의 자동차의 운행 기록은 분명 내 데이터인 것 같긴 한데, 다른 내비게이션을 쓰려면 그동안 저장되어 있던 나의 경로 데이터들은 포기해야 합니다. 우리 아이와 놀러 갔던, 친구와 함께한 추억의 기록들이 모두 날아가 버립니다. 이런 일이 발생하는 건 내비게이션 제품마다 데이터를 저장하는 방식이 다르기 때문입니다. 저는 내 데이터를 이 내비게이션, 저 내비게이션에 공유해서 쓸 수 있었으면 좋겠습니다.

이것이 바로 마이데이터의 사상입니다.

플랫폼들이 수집하고, 보관하고, 사용하던, 나의 데이터를 나에게도 돌려주길 바란다는 강한 의지의 표현입니다. 여기서 플랫폼은 구글, 페이스북 등 글로벌 인터넷 기업뿐만 아니라 금융 기관, 의료 기관, 유통업체 그리고 공공 기관도 포함되는 광의의 개념을 의미합니다.

나와 나의 가족, 나의 회사, 그리고 나의 정부(국가)

마이데이터 개념의 적용 대상이 될 수 있는 개인 데이터에 대해 얘기해 보겠습니다.

사회에서 활동의 주체는 개인(국민)과 기업, 정부입니다. 데이터를 구분하는 여러 가지 방법이 있겠지만, 개인과 기업, 정부를 데이터 생성 주체로 보고, 각각의 주체들이 생성해 내는 데이터를 개인 데이터, 기업 데이터(또는 민간 데이터), 공공 데이터로 구분할 수 있습니다.

마이데이터의 중심인 나(我), 즉 '개인'의 데이터부터 살펴보겠습니다. 개인은 태어나면서, 심지어는 태어나기 전부터 산부인과 검진을 통해 데이터를 생성합니다. 태어나는 순간부터, 태어난 날짜와 시간, 장소, 부모님 성함 등이 포함된 데이터가 기록됩니다. 부모님이 국가에 출생 신고를 하면 대한민국의 한 국민으로 데이터가 기록되기 시작합니다. 이후 예방 접종을 비롯해 양육과 관련된 복지 혜택을 받으면서, 나와 관련된 많은 데이터가 기록됩니다.

어린이집 등의 보육 시설 및 초중고 입학과 졸업, 병역 기록, 혼인 신고, 4대 보험 가입, 집이나 자동차의 등록, 심지어는 이사를 다니면 전입 전출 신고 등 꽤 많은 데이터를 국가에 알려야 합니다. 세금은 물론이고, 전기, 가스, 수도 사용량과 납부액 등이 언제, 얼마를 냈는지 모두 기록되고 있습니다.

개인이 국가에 제공한 데이터는, 정부 각 부처별 데이터베이스에 저장되어 있습니다. 우리나라엔 주민 등록 번호가 있어 매우 편리하게 국가의 서비스를 향유할 수 있습니다. 반대로 국가도 국민들의 데이터를 편리하게 관리할 수 있습니다.

개인이 정부의 플랫폼에 저장하는 데이터들로, 아래 그림의 ①번에 해당되는 영역이죠. 정부는 거대한 개인 데이터 플랫폼입니다.

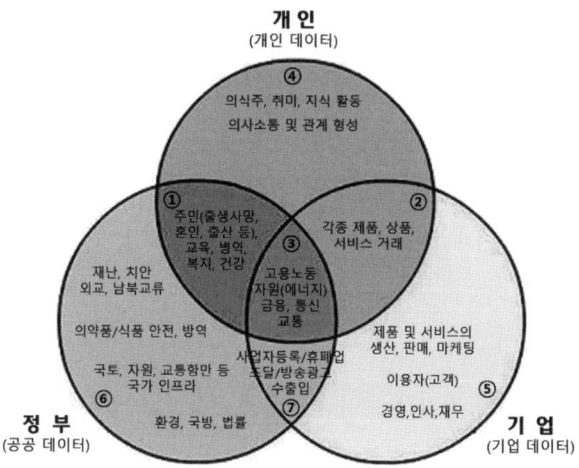

이제 개인이 기업의 플랫폼에 저장하는 데이터들, 그림의 ②번에 해당되는 영역을 살펴보겠습니다.

스마트폰 앱을 열어 보면 사진, 동영상, 카톡 채팅, 문자 등 기억도 안 나는, 지우고 싶은데 혹시나 해서 놔두는, 일일이 지우기 귀찮은 개인의 역사가 낱낱이 기록되어 있습니다. 내비게이션 앱이나 지도 앱에는 나의 위치, 동선, 자주 가는 곳, 집 주소, 회사 주소가 등록되어 있고요. 심지어는 자동차 운전 습관도 기록됩니다.

인터넷 브라우저에는 어떤 단어를 검색했는지, 어떤 사이트에 접속했는지 다 기록되죠. 요즘에는 음성 인식 기능으로 나의 목소리가 수집되기도 합니다. 스마트폰 앱에는 걸음 수, 운동 횟수, 잠을 잔 시간, 일어난 시간, 건강 체크 기기와 연동된 건강 상태 측정 결과도 모두 기록됩니다.

어떤 게임을 깔았는지, 몇 번 접속해서 얼마나 오래 게임을 하는지, 어떤 음악을 듣는지, 어떤 영화를 보는지, 어디를 가는지, 어떤 식품을 자주 먹는지 등 모든 것이 다 데이터로 쌓이고 있습니다.

다음으로 개인이 개인의 플랫폼('플랫폼'보다는 공간, '공간'보다는 '어딘가'라는 단어가 더 어울리겠네요.)에 저장하는 정보들이 있습니다. ④번입니다.

이 영역은 개인이 자기가 보려고 저장해 두는 것들입니다. 예를 들면, 일기(日記)나 일지, 감상문, 편지, 언젠간 버려야지 하면서 막상 버리려면 아까운 입장권, 앨범, 팸플릿 등등이 있습니다. 꼭 오프라인으로 보관해 둔 것뿐만 아니라 온라인으로 보관해 둔 것도 포함됩니다.

개인에서 기업으로 넘어가죠. 기업이 정부의 플랫폼에 저장하는 데이터입니다.

그림에서 ③번의 영역입니다. 여기에는 개인의 데이터와 기업의 데이터가 있습니다. 정부의 플랫폼에 기업이 저장하는 개인의 데이터는, 기업에 속한 노동자의 고용 상태에 대한 데이터가 대표적입니다. 월급과 세금, 4대 보험 등에 관한 데이터죠. 기업이 개인을 고용하면, 기업은 개인으로부터 주민 번호, 주소, 연락처, 가족 관계, 건강 상태 등 필요한 데이터를 제공받아 정부에 신고합니다.

정부의 플랫폼에 기업이 저장하는 기업의 데이터는, 사업자 등록 및 휴

폐업, G2B 조달, 수출입 및 방송 광고 등이 있습니다. 기업을 설립하면서 설립자의 개인 데이터와 설립 일자, 사업장 주소, 업종과 업태 등을 정부에 신고합니다. 세금 납부를 위해 매출액과 거래 내역 등도 신고해야 하고요. 그림에서 ⑦번 부분입니다.

기업이 기업의 플랫폼에 저장하는 데이터는 기업의 자산입니다. 경영과 인사, 재무, 제품과 서비스의 생산과 판매, 마케팅, 고객에 관한 데이터로, 외부에 제공하기 어려운 데이터들입니다.

기업에서 정부로 넘어가겠습니다.

정부도 정부 플랫폼이나 기업 플랫폼에 데이터를 저장합니다. 정부가 정부 플랫폼에 저장하는 데이터 중 개인·기업과 무관한(전혀 관련이 없다는 뜻이 아니고, 연관성이 비교적 적은) 데이터로 환경, 국방, 법률, 국토, 자원, 교통 항만, 재난, 치안, 외교, 남북문제 등이 있습니다. 그림의 ⑥번인데, 바로 공공 데이터의 영역이죠. 개인·기업 데이터 중 비식별 처리한 통계 데이터 등도 공공 데이터의 영역에 속합니다. (참고로 익명 정보는 개인 정보가 아닙니다.)

그림에는 표현하지 않았습니다만, 정부가 기업 플랫폼에 저장하는 데이터도 있습니다. 주로 소셜 미디어 서비스(Social Media Service: SNS)인데요. 정부가 운영하는 유튜브, 페이스북 채널, 카카오톡 채널, 블로그 등입니다. 정책을 기업과 국민들에게 보다 효율적으로 전달하기 위해 정부가 플랫폼을 만들지 않고, 민간 서비스를 이용하는 것입니다.

이 그림에서 마이데이터의 대상이 되는 영역은 ①, ②, ③입니다. 그리고 소상공인과 1인 기업 등 개인 데이터가 기업을 영위하는 데 필요한 경우 ⑦번도 해당될 것입니다.

은행에서 대출받을 때, 사장님 재산이나 건강 상태도 심사에 참고합니다. 이런 상황인데, 굳이 마이데이터의 영역이 아니라고 제외시킬 필요는 없어 보입니다. 사장님이 자발적으로 개인의 재산이나 건강 상태 등의 개인 데이터를 은행에 제공해서 좀 더 유리하게 대출을 받을 수 있다면, 이 또한 마이데이터의 취지에 잘 들어맞습니다.

진흥원에서 마이데이터 지원 사업을 추진할 때, 소상공인도 지원 대상에 포함해야 하느냐는 질문을 꽤 많이 반복적으로 받았습니다. 기존 플랫폼이 독점한 개인 데이터에 대한 권리를 정보 주체인 개인에게 돌려주자는데, 굳이 소상공인을 제외할 이유는 없어 보입니다.

정리하면, 아래 그림에서 ①, ②, ③이 바로 마이데이터의 영역이라는 것이 저의 주장입니다. 그리고 소상공인, 1인 기업 등이 개인 데이터를 사업을 영위하는 데 활용할 경우, ⑦도 마이데이터의 영역일 것입니다.

①, ②, ③에는 어떤 개인 데이터들이 있을까요? 앞에서 살펴본 것처럼 개인이 개인의 공간에 저장하는 개인 데이터, 개인이 정부의 플랫폼에 저장하는 개인 데이터, 개인이 기업의 플랫폼에 저장하는 개인 데이터로 나누어 보았습니다. 개인의 주장입니다.

그리고 모든 분류가 그렇듯이, 마음에 안 드는 부분이 있으실 것입니다. 더욱 정교한 분류 체계가 될 수 있도록, 계속 보완하겠습니다. 이런 개인 데이터 분류 체계는 개인 데이터 거버넌스를 만들어 가는 중요한 출발점이 될 수 있습니다. 이런 분류 체계는 보호와 활용의 수준을 정하고, 표준과 품질, 가치 사슬을 결정해 나가는 기준이 될 것입니다.

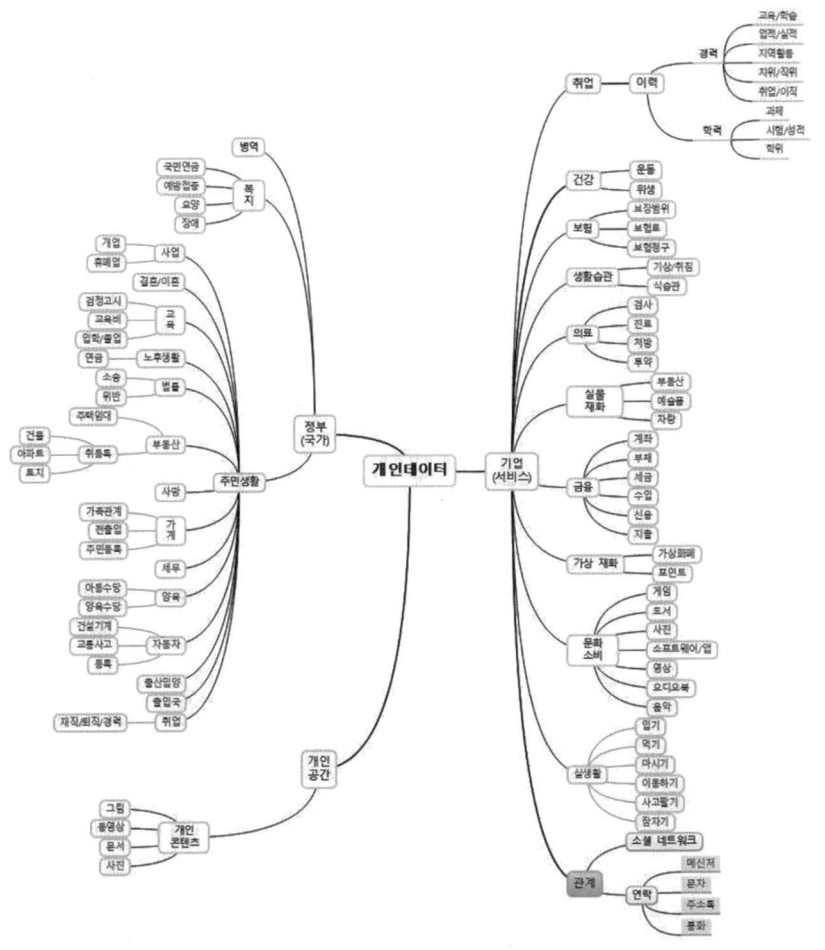

그렇다면, ①, ②, ③의 영역에 있는 데이터는 모두 정보 주체의 것이라고 주장할 수 있을까요?

마이데이터 사상을 이해하게 되면, "어디까지가 내 데이터일까?"라는 근본적인 고민이 생기게 됩니다. 정보 주체뿐만 아니라 마이데이터 서비스 사업자분들도 같은 고민을 하십니다. "이용자에게 어디까지 다운로드 받게 해 줘야 한단 말인가?" 이는 데이터 이동권의 대상이 어디까지인가의 문제와 직결됩니다. 데이터 이동권에 대해서는 법 제도 부분에서 다루도록 하겠습니다.

아직 명확한 기준은 없습니다. 다만 참고할 만한 개인 데이터 구별 방법이 있습니다. 경제협력개발기구(OECD)의 〈디지털 경제의 보안 및 개인정보 보호에 관한 작업반(Working Party on Security and Privacy in the Digital Economy)〉이라는 보고서(회의록)에는 개인 데이터를 ① 개인이 제공한 데이터(individually provided data) ② 관찰 데이터(observed data) ③ 추론 데이터(inferred data)로 나누고 있습니다.

세계경제포럼(World Economic Forum)이 발행한 보고서 〈개인의 데이터에 대한 재고(再考) - 신뢰를 쌓는 새로운 시각(Rethinking Personal Data: A New Lens for Strengthen Trust)〉에서도 이 3가지 분류 방법을 인용합니다.

개인이 제공한 데이터는 카카오톡이나 티스토리, 네이버 밴드 등의 개인 프로필, 인터넷 쇼핑몰에 저장해 둔 신용카드 등, 정부나 기업의 서비스를 이용하기 위해 필수로 입력해야 하는 데이터로, 이용자가 직접 입력한 데이터를 말합니다.

기관 또는 기업의 인터넷 서비스에 회원 가입을 할 때, 이용자는 직접 이름, 생년월일, 주소, 휴대폰 번호 등을 입력합니다. 스마트폰에 앱을 다운받아 처음 실행하면 제 정보가 자동으로 입력되기도 하죠. 그리고 구글 아이디로 로그인, 네이버 아이디로 로그인, 페이스북 아이디로 로그인하는 서비스도 있습니다. 사람들이 많이 가입되어 있는 사이트에서 처음 가입한 사람의 정보를 가져오는 것인데요. 모두 이용자 본인의 선택에 의해 직접 입력하거나 다른 곳에 저장된 데이터를 가져옵니다.

이렇게 개인이 직접 제공한 데이터는 이용자가 직접 볼 수 있고 오류가 있을 때 수정할 수도 있습니다. 대부분의 서비스에 '마이 페이지' 또는 '내 계정 보기' 등의 메뉴가 있습니다. 바로 이용자의 열람권을 보장하기 위한 조치입니다. 개인이 제공한 데이터는 당연히 마이데이터 서비스의 대상이 됩니다.

관찰 데이터는 개인이 활동하면서 기록되는 데이터를 말합니다. 예를 들면, 만보기를 켜 놓고 걷거나 뛰었을 때 기록되는 걸음 수, GPS를 켜 놓고 이동했을 때 기록되는 경로, 인터넷 쇼핑몰에서 물건을 샀을 때 기록되는 구매 기록, 교통 카드로 버스나 지하철을 탈 때 기록되는 승하차 기록을 비롯하여 전자우편을 비롯하여 인터넷의 여러 서비스를 이용할 때의 로그인, 로그아웃 하는 로그 기록 등을 말합니다.

사물 인터넷(IoT)이 확산될수록 점점 더 많은 관찰 데이터들이 쌓여 갑니다. 관찰 데이터는 누구의 것인지 애매합니다. 미국에서는 기기를 소유한 주체가 기기에서 발생하는 데이터도 소유할 수 있는 것으로 보는 견해가 지지를 받고 있다고 합니다. 얼핏 생각하면 너무나 당연한 듯 보이시겠지만, 기기에 저장되어 있는 데이터를 빼내어 다른 용도로 활용하기가 매우 어렵습니다. 플랫폼이 쉽게 내주지 않기 때문입니다.

마이데이터 서비스에서 쟁점이 될 만한 대목입니다. 이용자를 관찰하고 그 결과를 데이터로 저장하기까지, 시간과 비용이 굉장히 많이 소요되고 복잡할수록, 쉽게 얻을 수 없는 데이터일수록, 기업은 해당 데이터에 대한 소유권이 기업에 있다고 주장할 것입니다. 데이터베이스의 저작권에서 일컬어지는 '이마의 땀'을 기준으로 적용할 수 있지 않을까 싶습니다. '이마의 땀'은 이마에 땀을 흘려가며 창작에 기여한 사람들에게 권리를 부여해야 한다는 이론입니다.

추론 데이터는 인공 지능(AI)이나 기계 학습(machine learning) 등의 분석, 또는 그보다 훨씬 단순한 분석을 통해 만들어진 데이터를 말합니다. 서로 다른 형태의 여러 데이터를 한데 모아 미래를 예측하는 것이 바로 추론 데이터입니다. 예를 들면, 자산 관리 플랫폼의 인공 지능 알고리즘을 통해, 이용자에게 최적화된 투자 전망을 제공하는 것입니다.

플랫폼은 이러한 알고리즘을 만들기 위해 시간과 노력, 비용을 쏟아 붓기 때문에, 그 결과로 도출된 데이터를 일방적으로 이용자의 것이라고 주장하기는 어렵습니다. 다만, 플랫폼이 이용자들의 선택을 받기 위해, 이런 추론 데이터까지 제공할 수는 있을 것입니다.

이상의 내용을 표로 정리해 보면 다음과 같습니다. 마이데이터 서비스의 대상이 될 수 있을지 여부는 제 개인적인 판단입니다.

구분	의미와 예시	마이데이터 서비스 대상 여부 (개인 의견)
자발적 데이터 (Volunteered Data)	개인에 의해 생성되고 개인의 명시적인 행위로 공유한 데이터 예시 ① 회원 가입 시 기재한 이름, 이메일, 주소 등 ② 페이스북에 올린 글, 사진, 관심있는 영화나 음악, 취미 활동 등	○
관찰된 데이터 (Observed Data)	개인의 활동에 의해 수집된 데이터 예시 ① 스마트폰의 내비게이션 앱을 사용하면서 관측된 개인의 이동 경로 ② 게임 앱을 사용하면서 남긴 로그 데이터(아이템 현질 포함)	△ (경우에 따라 다름)
추론된 데이터 (Inferred Data)	자발적 데이터 또는 관찰된 데이터의 분석을 통해 추측한 개인에 관한 데이터 예시 ① 개인 신용 평가 점수 ② 개인의 기대 수명	△ (경우에 따라 다름)

한편, 신용 정보법은 전송을 요구할 수 있는 개인 신용 정보의 범위에 신용 정보 주체로부터 수집한 정보와 신용 정보 주체가 제공한 정보는 포함하고, 별도로 생성하거나 가공한 신용 정보는 제외하고 있습니다.

신용 정보 주체로부터 수집한 정보와 신용 정보 주체가 제공한 정보는 자발적 데이터에 속할 것이고, 별도로 생성하거나 가공한 신용 정보는 추론된 데이터에 속할 것입니다. 별도로 생성하거나 가공한 신용 정보라도, 제외한다고 법에 명시할 것이 아니라, 이용자와 마이데이터 사업자 간에 서로 협의하여 선택할 수 있도록 맡겨 두는 것이 맞지 않을까 싶습니다. 서비스 기업(마이데이터 사업자)이 이용자의 선택을 받기 위해, 추론 데이터까지 제공하겠다면 잘 한다고 부추길 일이지, 굳이 제외한다고 법에 규정할 필요는 없어 보입니다. 데이터 주체의 권리를 제한하게 됩니다.

데이터 개방

데이터를 개방의 관점에서 보면, 기업의 데이터, 정부의 데이터, 국민의 데이터 중 이제 남은 건 국민, 즉 개인의 데이터입니다. 우리나라를 비롯해 미국과 유럽 등 선진국들은 오래전부터 '데이터 개방(Open Data)' 정책을 펼쳐 왔습니다. 데이터가 개방된 순서는 기업 → 공공 → 개인입니다.

기업은 사업의 영위를 위해(서비스나 제품을 많이 팔기 위해) 영업 비밀 등을 제외하고 기업의 데이터를 공개해 왔습니다. 기업의 홈페이지는 전화번호부를 대체하며 자사의 서비스나 제품을 알리는 매우 중요한 홍보 수단이 되었습니다. 기업 가치를 인정받고 높은 신용도를 유지하기 위해 자발적으로 기업의 정보와 데이터를 내놓기도 합니다. 기업들의 데이터를 한곳에 모아 신용 평가를 하는 기업들도 꽤 있습니다. 기업의 데이터는 꽤 오래전부터 매우 폭넓게 개방되어 활용되고 있습니다.

공공 데이터는 개방(활용)까지 나름 많은 진통을 겪었습니다. 제가 2000년 진흥원에 입사하여 처음 맡았던 일이 바로 '공공 정보의 민간 이용 활성화' 사업이었습니다. 사업자분들이 공공 정보를 가져다가 사업에 활용할 수 있도록, 공공 데이터를 개방하자는 취지의 정책이었습니다.

이 정책은 대략 1998년경부터 시작되었는데, 모순이지만 큰 장벽이 바로 공공 정보를 가지고 있는 정부였습니다. 당시 공무원들의 반응은 대략 정해져 있었습니다. "국민 세금으로 만든 정보를 왜 민간 기업이 영리 목적으로 사용하게 해 줘야 하나?", "법적 근거는 있나?", "공공 정보를 내 줬다가 오류가 있으면 누가 책임지나?", "부수적인 업무인데 나한테 생기는 이익은 무엇인가?" 등 여러 가지 이유를 들어 "내줄 수 없다"고 반대했습니다. 반대하지 못할 만한 정책 당위성을 아무리 설명해도 바뀌지 않았습니다.

법부터 만들어야 풀릴 일이었기에, 법률 제정을 주제로 해마다 공청회도 열었습니다만, 당시 정부는 법 제정에 찬성하지 않았습니다. 그로부터 무려 10여 년이 지나, 2013년 공공 데이터법(공공 데이터의 제공 및 이용 활성화에 관한 법률)이 제정이 되었습니다. 공공 데이터 포털도 만들어졌고, 인식도 많이 개선되어 공공 데이터는 여러모로 활용되고 있습니다.

이제 남은 것은 개인 데이터의 개방입니다. 물론 개인의 동의가 필요합니다. IDC 보고서에 의하면, 전체 데이터의 75%는 개인 데이터로 이루어져 있다고 합니다. 어떻게 조사했는지 전혀 알 길이 없으나, 개인 데이터가 그만큼 많은 비중을 차지하는 것은 맞습니다. 이제 개방의 대상으로 남은 것은 개인 데이터뿐입니다. 개인의 동의에 의해 개방된 데이터는 새로운 가치를 만들어 낼 것입니다. 그러나 우리나라는 개인 정보 보호법의 엄격한 보호 규정 때문에, 아직은 개인 데이터를 활용하기가 매우 어렵습니다.

마이데이터 그리고 빅데이터

아마존(amazon)사는 2014년 초, 고객이 구매하기 전에 배송을 시작하는 '결제 예측 배송(anticipatory shipping)'으로 특허를 땄습니다. 어떻게 고객이 구매하기도 전에 배송을 시작하는 것일까요?

예를 들어, 제가 해리 포터 시리즈 중 불사조 기사단 1권과 2권을 샀다면, 아마 3권을 살 확률도 높을 것입니다. 아마존은 고객의 구매 성향을 분석해서 물건을 살 확률을 계산한 뒤, 일정 수준 이상의 확률에 도달하면 고객의 집 근처 물류 창고에 그 물건을 미리 가져다 놓습니다. 미국은 워낙 땅덩어리가 넓은 국가이기 때문에 얼마나 빨리 배송을 하느냐가 매우 중요합니다. 만약 고객이 물건을 사지 않는다면, 할인 쿠폰을 보내 구매를 유도합니다. 물건을 살 확률을 얼마나 정확하게 계산해 내느냐가 관건입니다.

미국의 경우 위와 같은 아마존 사례도 빅데이터 분석에 해당됩니다.

그런데 우리나라에서는 개인 정보 보호법의 영향으로 이런 사례를 빅데이터 분석이라고 부르기 어렵습니다. 우리나라에서의 빅데이터 분석은 개인 정보를 비식별 처리하여 분석하는 것을 말합니다. 해리 포터 불사조 기사단 1권, 2권을 산 사람의 사전 동의가 없었다면, 집 근처에 3권을 갖다 놓아서는 안 됩니다.

빅데이터의 근본적인 의미를 생각해 본다면 '빅데이터 분석=비식별 처리' 는 맞지 않습니다. 빅데이터의 빅(big)은 말 그대로 용량이 큰 다량의 데이터를 의미하는 것입니다. 개인 동의를 받거나 비식별 처리하지 않고는, 개인 정보를 분석할 수 없는 우리나라의 사정상, 대용량의 많은 개인 정보를 분석하려면, 반드시 비식별 처리를 선행해야 했기에, 빅데이터 분석은 응당 비식별 처리된 데이터를 분석하는 것이라는 생각이 굳어진 것 같습니다.

미국에서 개인 데이터는 보호의 대상이기보다는 활용의 대상이었습니다. 꽤 오래전, 정확히 말해 지금으로부터 10년 전, 현재까지도 많이 인용되는 빅데이터 사례가 하나 떠오르네요. '타깃(Target)'이라는 미국의 대형 마트에서 어느 가정집에 우편으로 할인 쿠폰을 보내줍니다. 이 집의 고등학생 딸 앞으로 배송된 우편물인데, 아버지가 열어보게 되죠. 아버지는 딸 앞으로 배송된 임산부와 육아 용품 할인 쿠폰을 보고 화가 났습니다. 그리고 마트에 찾아가 쿠폰이 잘못 배송되었다며 항의합니다. 그러나 곧 딸이 진짜로 임신했다는 사실을 알게 되죠.

대형 마트는 어떻게 아빠보다 먼저 딸의 임신을 알게 되었을까? 타깃은 25개 상품의 구입 내역을 분석하여 임신 가능성을 추론해 낼 수 있었습니다. 임산부의 경우 향이 없는 대용량 로션을 구매하는 경향이 있다는 점, 임신 첫 20주 동안 칼슘, 마그네슘, 아연 등의 영양제를 구매한다는 점, 출산일이 가까울수록 평소에 구입하지 않던 무향의 비누와 손 세정제, 수건 등을 구입한다는 점 등을 알고 있었지요. 그래서 딸이 구입한 용품을 분석하여 임신을 했다고 판단하고, 할인 쿠폰을 보낸 것입니다.

이 사례를 인용한 이유는, 대형 마트가 빅데이터 분석 후, 고등학생에게 할인 쿠폰을 보냈다는 것 때문입니다. 우리나라에서 빅데이터 분석 후 특정인에게 할인 쿠폰을 보냈다면, 이미 비식별 처리를 충분히 하지 않고 분석한 것이기 때문에 개인 정보 보호법에 저촉될 수도 있습니다.

마이데이터는, 우리나라 빅데이터 분석의 한계를 (일정 부분) 뛰어넘을 수 있는 대안 중 하나입니다. 빅데이터 분석 전문 기업 대표님께 직접 들은 '우리나라 기업이 빅데이터 분석을 하지 않는 이유' 중 하나가 바로 이것이었습니다.

"비싼 돈 들여서 빅데이터 분석하는 이유는, 우리 물건 많이 팔려고 하는 거잖아요. 근데 분석하려면 비식별 처리를 해야 하는데, 그러면 누구한테 팔아야 하는지 알 길이 없는 거지. 비싼 돈 주고 통계 돌린 것밖에 안 돼요."

의사 선생님으로부터 직접 들은 빅데이터 분석의 한계도 있습니다. "임상 실험은 다 동의를 받고 하긴 하지만, 의료계에서도 임상 실험 같은 빅데이터 분석을 하는데요. 진짜 어느 순간, 주민 번호가 '격렬하게' 필요한 때가 있거든요. 근데 식별하는 순간 걸리기 때문에 분석을 중단해요."

물론, 일일이 이용자의 동의를 받는 것도 매우 어렵습니다. 그렇지만 개인 데이터가 활용의 대상이라는 인식이 널리 퍼지고, 내 데이터를 제공하고 대가를 충분히 보상받을 수 있다는 믿음이 생기면, 우리나라에서도 식별된 개인 데이터가 빅데이터가 될 것입니다.

마이데이터 샌드위치

마이데이터의 패러다임이 사회에 정착하려면 법 제도와 기술이 뒷받침된 서비스, 그리고 생태계가 만들어져야 합니다.

핀란드 마이데이터 글로벌(MyData Global)에서는 비즈니스(Business: B), 법 제도(Legal: L), 기술(Technic: T), 사회 이해관계자(Societal Stakeholders: S)의 앞 글자를 따서 BLTS라는 약어를 만들었습니다.

마이데이터의 주요 요소, 또는 마이데이터를 바라보는 시각이라고 해야 할까요? 마이데이터는 비즈니스(서비스)와 법 제도, 기술과 사회적 요소들이 서로 어우러져야 완성됩니다. 사회 이해관계자는 생태계의 플레이어(player, 역할자)로 이해하시면 좋을 듯합니다.

원래 BLT는 베이컨(Bacon: B), 상추(Lettuce: L), 토마토(Tomato: T)를 넣은 샌드위치(Sandwich: S)의 일종인데, 중의적으로 이 약어를 가져다 쓴 것입니다. 베이컨과 상추, 토마토가 어우러져야 맛있는 샌드위치가 되는 것처럼, 비즈니스와 법 제도, 기술 요소들이 잘 어우러져야 마이데이터가 성공한다는 의미입니다. 이런 네 가지 관점은 우리나라에도 매우 적절하다고 생각합니다.

마이데이터 비즈니스(서비스)

비즈니스는 마이데이터 패러다임이 확산되면서 생겨나는 서비스를 말합니다. 핀란드 마이데이터 백서에서는 마이데이터 서비스를 2가지로 구분합니다. 첫째는 통합 조회 서비스, 두 번째는 (가격과 품질) 비교 서비스입니다.

마이데이터로 인해 지금까지 경험하지 못했던 새로운 서비스가 나올 것이라는 기대는 하셔도 좋습니다. 그러나 너무 큰 기대는 하지 않으시는 것도 좋습니다. 빅데이터가 한창 떴을 때, 이미 한 번쯤 들어봤던 해외 사례들, 개인 맞춤형 서비스가 바로 마이데이터 서비스입니다.

자동차 보험에 가입할 때, 내비게이션 서비스 회사로부터 '나의 안전 운전 점수'를 가져와 보험료를 할인받는 서비스가 있습니다. 2019년 말 자동차 보험을 갱신할 때, 이거다 싶었던 마이데이터 서비스가 생각나네요. ○○다이렉트의 자동차 보험료 산출 서비스였습니다. 가입 전에 보험 협회에서 제공하는 자동차 보험료 비교 서비스에서 개략적인 보험료를 산출해 보고, 제일 싼 곳에 가서 다시 산출해 봤죠. 물론 결과는 달랐습니다. 이건 보험사들이 상품을 비교하기 어렵게 일부러 조건들을 붙여 놓고 있어서, 개략적인 비교만 가능하기 때문입니다.

모 내비게이션 회사가 제공하는 안전 운전 점수를 넣으면, 점수에 따라 보험료가 할인되는 서비스였습니다. 내비게이션 앱 아이디와 패스워드로 인증을 하고 점수를 불러와 보험료를 할인받을 수 있었습니다. 다른 플랫폼에 저장된 내 데이터가 돈이 되는 순간입니다. 이 서비스가 모든 보험사에 이렇게 연결되어 있다면, 아마 많은 사람들이 이 내비게이션 앱을 쓰려 하겠죠?

상상의 나래를 좀 더 넓게 펼쳐 보겠습니다. 자동차 보험에 가입할 때, 입력해야 하는 정보가 의외로 많습니다. 일단 이름, 주민 번호, 주소 등을 입력해서 본인임을 증명해야 합니다. 이 정보는 주민 등록증이 있으니, 정부24에서 제 주민 등록 등본 정보를 불러오면, 굳이 키보드를 치지 않아도 됩니다.

다음 단계로 자동차 정보를 입력해야 합니다. 자동차 옵션이 뭐가 있었지? 자동차 번호도 헷갈려서 머뭇거리는 경우가 있습니다. 이 정보는 차를 처음 살 때 받은 자동차 출고증, 자동차 등록증에 다 기재되어 있는 정보들입니다. 아마도 자동차 제조사 서버에 그리고 국토부 서버에 저장되어 있겠죠? 역시 저를 인증하고 데이터를 가져오면 입력할 필요가 없습니다.

그다음, 해마다 헷갈리는 대인, 대물 등의 범위를 선택해야 합니다. 물론 작년에 가입했던 보험사에 재가입하면 다 뜹니다. 다른 보험사 상품에 가입할 때도, 작년 보험 선택 사항들을 다 뜨게 해 주면 얼마나 좋을까요.

여기서 끝이 아닙니다. 6세 미만 자녀가 있으면 보험료가 할인이 됩니다.

할인을 받으려면 자녀의 주민 번호를 넣어야죠. 그리고 부부 한정 특약이면 배우자의 주민 번호도 넣어야 하구요. 이 정보는 가족 관계 증명서에 있습니다. 이것도 인증하고, 숫자만 가져오면 되죠.

끝인가요? 아닙니다. 차량 운행이 적으면 보험료도 싸지죠. 운행 거리 특약인데요. 보험료 할인을 받으려면 여간 번거로운 게 아닙니다. 계기판 주행 거리를 입력하고, 자동차 번호판이 나오는 사진, 그리고 계기판 사진을 찍어서 보험 가입 후, 며칠 이내로 앱이나 홈페이지에 올리고, 또 보험이 끝날 무렵 전후로 한 번 더 올려야 합니다. 그래서 계기판을 사진으로 다시 찍어야 합니다.

그런데 말입니다. 주행 거리는 자동차에 모두 기록되고 있는 데이터입니다. 운전석 왼쪽 하단에는 OBD(On Board Diagnostics)가 장착되어 있습니다. 그리고 시중에서 OBD2 커넥터(또는 리더기, 스캐너)를 파는데요. 이 장치를 차량 OBD에 끼우면 운행 정보를 읽어올 수 있습니다. 처음부터 블루투스로 스마트폰과 통신이 가능하다면, 굳이 커넥터를 사지 않아도 되겠지요.

보험에 가입할 때도, 계기판과 차량 번호판이 나오는 차량의 앞모습을 사진으로 찍어서 앱이나 홈페이지에 올릴 필요 없이, 그냥 동의만 하면 데이터가 입력되도록 개선하면 좋겠습니다.

그리고 보험 가입 내역을 출력해서 집이나 직장으로 보내주기도 하고 이메일로 보내주기도 하는데요. 엑셀이나 텍스트 등 기계 가독형 파일로 보내주고 내년에 다른 보험사에 가입할 때 이 파일을 업로드할 수 있도록 해 놓으면, 훨씬 시간과 고민을 줄일 수 있을 것입니다.

어차피 보험사, 자동차 제조사, 정부24 등 기관 또는 기업 서버에 저장되어 있는 나의 데이터이니 나에게 결정권을 준다면 편리하게 활용할 수 있을 것입니다. 데이터의 유출이 우려된다면 종이 가입 내역서를, 데이터 활용의 편리함을 추구한다면 파일 가입 내역서를 선택하여 받을 수 있으면 좋겠습니다.

마이데이터 법 제도

마이데이터에서 법 제도 관련 주요 이슈는, 데이터의 주권(오너십, 소유권 등 아직 용어도 정해지지 않았습니다.), 열람권, 마이데이터 서비스의 핵심인 데이터 이동권에 관한 것입니다.

법 제도와 관련하여 자주 하시는 질문이 "우리나라는 금융 분야 외에는 데이터 이동권이 없는 걸로 아는데, 어떻게 마이데이터 서비스를 만들 수 있죠?"입니다. 정보 주체에게 데이터 이동권이 없어도 열람권(사본 발급 포함)과 소극적인 제3자 제공으로 서비스가 가능합니다. 다만, 열람권의 사본 발급에 포함된, 전자 파일 형태의 발급을 강제하기 어려워, 개인 데이터 보유 기관·기업의 자발적인 참여와 협조가 필요합니다.

한편, 개인 데이터를 파일로 받든, 종이로 받든, 관리 책임은 받은 사람 즉, 이용자 본인에게 있습니다. 종이 보험 가입 내역서를 집에 보관하다가 잊어버리거나 쓰레기로 버렸는데, 보험사에게 관리 소홀 책임을 물을 수 없는 것처럼, 파일로 받은 후 파일 관리의 책임은 이용자가 져야 합니다. 권리 행사에는 책임이 따르기 마련이니까요.

우리가 자주 사용하는 구글이나 페이스북 등 글로벌 서비스들도 이용자에게 열람권을 보장해 주고 있습니다. 열람권과 관련 있는 일화를 하나 소개하겠습니다. 페이스북과 프라이버시 침해 소송을 오랫동안 벌여, 유럽과 미국 간 '세이프 하버(Safe Harbor) 협정'을 파기하기 만든 전설적인 '막스 슈렘스(Max Schrems)'라는 청년이 있습니다.

이 사람은 미국 유학 시절 페이스북을 상대로 '내 정보 열람권'을 끈질기게 행사하여, 친구 맺은 내역, 좋아요 누른 내역, 이벤트 참여 내역 등등 약 1,200쪽에 달하는 문서를 CD로 받아 냈습니다. 이 사람 때문이었는지는 모르겠지만, 페이스북은 이후 '내 정보 다운로드' 서비스를 만들어, 공CD 값을 아낍니다.

이처럼 서비스 제공 기업이 자발적인 열람 서비스, 즉 전자 파일 형태의 사본 발급을 해 주지 않는 이상, 마이데이터 서비스는 원활하게 작동하지 않습니다. 게다가 페이스북처럼 다운로드할 때 기간, 형식(HTML이나 JSON), 미디어 품질(높음, 중간, 낮음)을 선택할 수 있도록 신경을 써야 제3의 서비스를 비교적 수월하게 이용할 수 있는 것이죠. 이런 것들이 데이터 거버넌스로 정해진다면, 데이터의 가치는 더욱 높아질 것입니다.

사회 전반에 데이터 이동권이 실현되면, 파일 다운로드도 필요 없습니다. 보험사를 바꿔 새로운 자동차 보험에 가입한다면, 이전 보험사에 보험 가입 내역 파일을 새 보험사로 전송해 달라고 요청하면 됩니다. 파일 유출이나 관리의 부담도 덜고요.

데이터 이동권이 없다면 이전 보험사가 협조해 주지 않겠죠. 보험 가입 내역의 이동이 가능하려면 제반 설비가 필요하고, 또 고객의 데이터는 자산인데 쉽게 이동시켜 줄 리 없습니다. 그래서 일정 부분 규제와 유인책이 동시에 필요합니다. 데이터 이동권이 바로 규제이고, 마이데이터 실증 서비스와 같은 정부 지원 사업이 바로 유인책입니다.

마이데이터 기술

마이데이터 서비스를 구현하기 위해서는 여러 기술이 필요합니다. 마이데이터 서비스는 전자 파일의 이동이 기본이기 때문에, 기술 없이는 구현하기 어렵습니다. 물론, '이것이 마이데이터 기술이다'라고 말할 수 없습니다만, '마이데이터 서비스를 만들 때 주로 사용하는 기술에는 이런 것들이 있다'라고는 말할 수 있습니다.

마이데이터 서비스 개발에는 개인 인증, API, 암호화 등의 보안, 개인 동의, 데이터 영수증 기능을 구현할 기술들이 필요합니다. 이용자인 데이터 주체 중심으로 개인 데이터를 모으고 활용하기 때문에 본인 인증은 필수입니다. 공인 인증서가 폐지되면서 다양한 인증 수단들이 개발되고 있는데, 빠르고 안전한 기술이 마이데이터 서비스 시장의 선택을 받을 것입니다.

아직 갈 길은 멀지만, 블록체인 기반의 분산 ID(DID: Decentralized Identifiers)도 마이데이터의 사상과 궤를 같이하는, 주목받는 기술입니다. 마이데이터는 국가나 기업 중심의 데이터 활용이 아닌, 개인 중심의 데이터 활용을 추구합니다. 그래서 탈중앙화를 기본 이념으로 하는 블록체인 기술과 궁합이 맞습니다.

블록체인 기술은 인증뿐만 아니라, 개인 데이터를 언제, 누구에게, 왜 제공하였는지 이력을 기록하는 데 유용하게 쓰입니다. 다만 개인 데이터 제공 이력을 감추고 싶을 때, 암호화하여 저장할 수 있는 보조 기능이 필요합니다. 병원 진료 기록으로 건강 관리를 받는 건 좋지만, 비뇨기과에 다녀온 것까지는 제공하기는 싫기 때문입니다. 그리고 블록체인에 저장된 개인 데이터의 제공 이력은, 데이터 영수증 기능을 통해 개인이 언제든, 필요한 때 확인할 수 있어야 합니다.

개인 데이터를 주고받는 수단으로, 스크린 스크래핑(Screen Scrapping)을 대신하여, API가 주목받고 있습니다. API를 통해 데이터를 가지고 있는 쪽과 데이터를 가져다 쓰려는 쪽이 보다 쉽게 데이터를 주고받을 수 있습니다.

개인 데이터를 활용할 수 있는 환경이 되려면, 동시에 보안도 철저해야 합니다. 마이데이터 전후로 보안 기술이 구분되는 것은 아닙니다. 마이데이터의 도래 이전에도 개인 데이터는 보호의 대상이었고, 마이데이터 도래 이후에도 여전히 안전하게 보호해야 합니다. 마이데이터 보호 기술이 따로 있는 것은 아니지만, 활용의 기회가 더 많이 생겨나기 때문에 안전에 더 힘써야 합니다.

마이데이터는 개인 동의를 전제하기 때문에, 비식별 처리 기술은 크게 관련이 없다고 생각할 수 있습니다. 그러나 데이터를 가진 쪽과 데이터를 쓰려는 쪽이 서로 인증만 적절히 한다면, 보다 안전한 활용이 가능합니다. 즉, 데이터를 가진 쪽에서 개인 데이터를 비식별 처리하여 보내고, 데이터를 쓰려는 쪽에서 개인 데이터를 받아 다시 식별 처리하여 활용하면, 해킹 등의 보안 위협으로부터 좀 더 안전해질 수 있습니다. 이 기술은, 이미 2020년 마이데이터 실증 서비스 지원 사업에 선정된 SNPLab에서 구현한 바 있습니다.

마이데이터 사회(생태계)

사회(Society)는 마이데이터의 생태계에 관한 내용입니다. 오히려 생태계로 번역하는 것이 더 어울릴 듯합니다. 마이데이터를 구성하는 서비스와 기술과 법 제도, 그리고 생태계의 구성 요인, 사회적 분위기 등이 모두 여기에 해당됩니다.

법 제도와 기술은 서비스를 만드는 기초가 됩니다. 신용 정보법이 개정되어 스크린 스크래핑 대신 API를 쓰도록 정해지면 기술은 발전 방향을 바꾸게 됩니다. 그리고 API 기술을 통해 여러 서비스들이 만들어집니다. 또 개인 정보 보호법에 근거하여 데이터 영수증 서비스가 만들어지기도 하고요. 반대로 기술의 발전은 법 제도를 바꾸기도 합니다. 스마트 계약(Smart Contract) 기술이 발전한다면, 현재의 동의 제도도 바뀌게 될지 모릅니다.

마이데이터 BLTS를 그림으로 그려 봤습니다. 법 제도와 기술은 상호 영향을 미치고, 법 제도와 기술을 근간으로 서비스가 만들어집니다. 서비스에 기초하여 마이데이터 생태계가 구성되고, 각 생태계의 주체들이 역할을 해 나가게 됩니다.

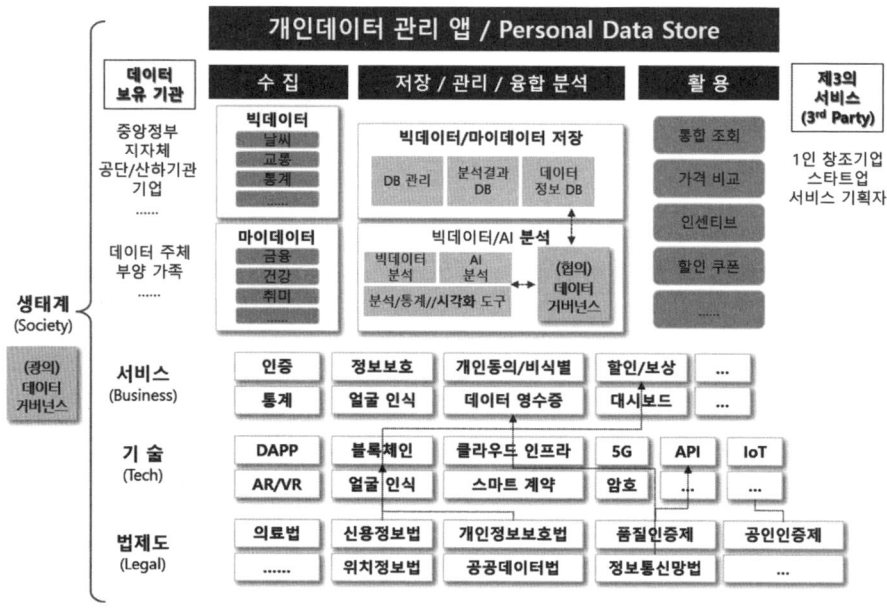

우리나라의 마이데이터 생태계

마이데이터 이슈가 이렇게 빨리 전파되리라곤 예상하지 못했습니다. 2019년 초쯤인가, (저의 전 직장인 한국데이터산업진흥원) 원장님께서 "임 팀장이 보기엔 마이데이터가 언제 정착될 것 같으세요?"라고 물으셔서, "아직 멀었습니다, 원장님. 공공 데이터도 법 제정까지 10년 넘게 걸려서, 이제 활용이 되는 단계인데, 마이데이터도 적어도 10년은 있어야 될 것 같습니다."라고 답했었습니다. 그런데 벌써 신용 정보법도 개정되고, 데이터 이동권을 포함한 여러 법안들이 제안되어 있습니다.

갈 길이 멀지만, 사회 전반에 마이데이터에 대한 관심은 매우 커졌습니다. 중앙 정부는 물론이고, 지자체와 산하 기관들의 문의도 부쩍 많아졌습니다. 아직은 '(위에서) 빅데이터 하라더니, 이젠 마이데이터 알아보래!'의 분위기입니다.

정부 부처나 지방 자치 단체, 산하 기관, 기업 등에서 요청하시는 연구 및 강의 주제는 거의 비슷합니다. '마이데이터 현황과 향후 전망' + '우리 기관(또는 ○○ 분야)의 마이데이터 적용 방안(가능하면 쉽게)' 그래서 조금은 도움이 될까 싶어, 우리나라 분야별 마이데이터 추진 현황과 전망을 간략히 정리해 보았습니다.

데이터 주체의 입장에서는 이렇게 분야별로 현황과 전망을 나누는 것이 불필요합니다. 데이터 주체는 공공, 금융, 의료, 교통 등 분야에 상관없이, 흩어져 있어서 불편했던 것들을 한 채널로 모아서 편리하게 사용할 수 있기를 바랄 뿐입니다. 아직 분야별로 개인 데이터가 산재해 있으니, 분야별 현황과 전망을 정리하는 것도 필요합니다.

공공

연말 정산 간소화 서비스는 대표적인 공공 분야 마이데이터 서비스라고 할 수 있습니다. 사회 초년생 시절, 오후 반차를 내고 병원과 약국을 돌아다니며, 처방전과 영수증을 발급받아서 경영 지원팀에 제출했던 기억이 있습니다.

그리고 연금 저축 납부 확인서도 은행에서 받아서 제출했고요. 연말 정산 신고서를 계산하고 숫자를 쓰다 보면 1~2주는 걸렸고, 자잘한 영수증은 그냥 포기하기도 했습니다. '그거 얼마 안 될 거야!' 애써 위안하면서 말입니다.

그러더니 몇 년 후, 여기저기서 PDF 파일을 다운받아서 출력한 후, 회사에 제출하도록 바뀌었습니다. 은행 홈페이지나 카드사 홈페이지에서 연금 납입 증명서 출력하고 연말 정산용 신용카드 사용액을 출력하고, 현금 영수증 사이트에 가서 현금 쓴 내역을 출력해서 합산하고 경영 지원팀에 제출했죠.

그러다가 어느 순간 시스템이 연동되었습니다. 나를 중심으로 많은 데이터들이 모이더군요. 확인 버튼만 누르면 대부분 끝나게 되었습니다. 로그인을 하면 의료비, 교육비, 카드 지출, 현금 지출, 기부금 낸 것, 세금 낸 것, 보험료까지 다 볼 수 있고, 가족들 것도 볼 수 있습니다. 마이데이터 사상의 정수이죠.

이용자는 열람과 함께 모든 자료를 PDF로 다운받을 수 있습니다. 이 점이 좀 아쉬운데요, 엑셀이나 CSV, XML 등으로 다운받으면 여러 모로 활용할 수 있을 것 같습니다. 연말 정산을 좀 더 환급받게 도와주는 앱이라든가, 의료비랑 카드 이용 내역을 쭉 분석해서 건강식품을 추천해 준다거나, 대출 상품과 카드 지출을 분석해서 다른 금융 상품을 추천해 주는 등 많은 서비스가 나올 것 같습니다.

최근 공공 분야에서는 정부24(舊, 민원24), 행정 정보 공동 활용, 전자정부법 상의 공공-개인 데이터 이동권 개정안 발의 등 매우 활발하게 마이데이터 관련 정책들이 추진되고 있습니다. 공공 마이데이터 포털도 개시할 예정이고요.

또 작년엔 이미 공공 마이데이터를 적용하여 공적 마스크가 판매되기도 했습니다. 주민 등록 등본이나 가족 관계 증명서 등 자주 사용하는 서류도 파일로 전송하게 바뀌었으니, 조만간 실생활 속에서 자리를 잡게 될 것입니다.

마이데이터를 적용하고 싶으신 정부 부처, 지자체, 산하 기관, 기업 관계자께서는 우선 우리 기관에 '서비스를 신청하는 주체가 개인인 경우'를 찾아보시기 바랍니다. 그리고 이 신청자들에게 확인증이나 명세서 등 발급해 주는 서류가 있는지 찾아보시고요. 분명히 꽤 많은 확인서들이 아직 종이 형태로 발급되고 있을 것입니다. 많이 발급되는 서류들부터 전자화하십시오.

행정 안전부에서 진행하고 있는 공공 마이데이터 수요 조사를 통해 추진하시는 것도 바람직합니다. 번거롭고, 일만 복잡해지고, 타 부처 업무니까 적극적으로 응하지 않으실 텐데 계속 방치하면 이용자인 국민만 불편합니다. 정부 부처별 민원이 바로 국민 생활 밀접 분야입니다. 정부가 오래전부터 추진해 온 페이퍼리스(paperless) 행정의 취지에도 매우 적합합니다.

만약 '없다. 우리 기관은 G2B, B2B다.'인 경우, 직원들에게 발급하시는 월급 명세서나 재직 증명서, 경력 증명서, 인사 고과, 각종 상장, 인사 발령, 자격 사항 등의 서류를 엑셀 파일, XML 등 전자 파일로 다운로드 받을 수 있게 해 주십시오. 또는 전자 사원증을 만드는 것도 좋겠네요.

금융

마이데이터가 여러 분야에서 큰 관심을 끌고 있는데, 특히 의료와 금융이 가장 크게 주목받는 분야입니다. 금융은 이전부터 오픈 뱅킹이라는 이름으로 마이데이터 사상이 깃든 서비스를 제공하고 있었습니다. 금융 결제원의 '내 계좌 한 눈에' 서비스인데요. 마이데이터란 용어가 유행하기 이전부터 운영되고 있었습니다.

오픈 뱅킹으로 제공되는 데이터가 제한적이어서, 통합 조회 외에 마땅한 서비스를 만들기에 제약이 크다는 의견과 건당 조회 수수료가 너무 비싸, 핀테크 기업들이 이용하기에 부담이 크다는 의견이 있었습니다.

금융위원회의 금융 마이데이터 산업 육성, 신용 정보법 개정 등으로 금융권 전체에 마이데이터가 이슈화되었고 유수 은행들은 '타 은행 계좌 보기' 등 통합 열람 서비스를 개시하였습니다.

은행·보험·증권 등 하나의 금융 지주로 연결된 금융 그룹들은 그룹 내에 흩어져 있는 고객의 정보를 통합하는 데 마이데이터를 활용하고자 합니다. 그런데 정작 금융 그룹 내 각 계열사 간 주도권 경쟁으로 마이데이터 플랫폼을 각각 만들려는 아이러니한 상황이 감지되기도 합니다.

그리고 자사의 금융 상품이 타사의 상품과 비교되는 게 탐탁지 않은 기업들도 꽤 많습니다. 그래서 예전부터 금융 상품(특히 보험이나 대출)의 조건이나 범위를 일부러 복잡하게 설계하기도 했다네요.

영국은 마이데이터 적용 분야 중 성과가 가장 높게 나타난 분야로 오픈뱅킹을 꼽습니다. 우리나라는 어떨지 곧 결과가 나타날 것이고요. 성과 지표는 무엇보다 '이용자 편익'이 되어야 할 것입니다.

의료

의료 분야는 마이데이터가 이슈화되기 이전부터, '환자 중심'이라는 키워드로 많은 연구와 지원 사업이 있었습니다. 건보공단의 건강인 서비스에는 미국의 '블루 버튼'(뒤에서 자세히 설명하겠습니다.)과 유사하게, 건강 검진 결과를 XML 파일로 다운로드할 수 있는 버튼이 있습니다. '민간에서 제공하는 건강 관리 앱 서비스 등에 활용할 수 있도록 건강 검진 결과 데이터를 전자적인 형태로 제공'한다고 되어 있습니다.

최근에는 4차 산업 혁명 위원회와 보건복지부가 기획한 '마이헬스웨이

(MyHealthway)'가 곧 시작됩니다. 여러 의료 기관에 흩어져 있는 건강 정보를 한곳에 모아 제공하는 의료 분야 민원24로 보시면 좋겠네요. 향후 마이헬스웨이를 중심으로 건강 관리 서비스들이 개발될 것으로 예상되는데요. 진료 정보 교류 시스템의 '마이차트' 서비스와 어떤 차별점을 보여줄지 궁금합니다.

의료 기관의 데이터 외에, 체성분 검사, 혈당 측정기, 만보기 등등 각종 의료(보조) 기기 및 운동 앱의 사용이 크게 증가하는 만큼, 기기에서 발생하는 데이터를 모아서 활용할 수 있는 서비스가 있어야 합니다. 그래서 다른 의료 기기로 갈아타기도 편하고, 서로 다른 의료 기기의 데이터를 한 채널로 모아 관리할 수 있는 '의료 기기·건강 앱 마이데이터 플랫폼'이 필요합니다. 다른 플랫폼을 만들기보다는 마이헬스웨이가 이 역할도 해야겠지요.

통신

영국에는 '빌모니터(Billmonitor)'라는 서비스가 있습니다. 모바일폰 회사들이 부당하게 과다한 요금을 부과하는 것을 막기 위한 서비스입니다. 개인이 사용한 통화량, 문자량, 데이터량 등을 모아 모바일 요금제를 비교할 수 있습니다.

우리나라에도 스마트폰 요금제 비교 사이트 '스마트초이스'가 운영되고 있습니다. 그러나 사용량을 대략적으로 직접 입력해야 합니다. API로 끌어오는 게 아니다 보니, 정확한 결과가 나오지 않습니다. 게다가 통신 3사 요금제만 비교할 수 있습니다. 알뜰폰 요금제 비교는 '알뜰폰 허브'에서 해야 합니다. 이 서비스도 직접 입력 방식이구요. 통신사별로 요금 정책이 상이하여 비교 결과는 부정확합니다.

통신 분야도 데이터 이동권이 도입되어, 실시간으로 개인의 통화량, 문자량, 데이터 사용량을 전송받을 수 있어야 합니다. 그래서 직접 사용량을 입력하지 않고도 요금제를 비교할 수 있도록 API 방식으로 전환할 필요가 있습니다. 그러나 통신사들은 아직 API 제공을 반대하고 있습니다. 이럴 때 스크래핑이 필요합니다.

'도돌폰' 앱과 같이, 별도의 앱으로 통화량, 문자량을 알려주는 서비스가 있습니다. 그런데 구글플레이의 정책이 통화 기록 및 SMS 사용 권한을 제한하는 것으로 바뀌면서 2019년 초부터 이용이 불가능해졌고, 데이터 사용량만 확인할 수 있습니다. 구글의 정책이 바뀐 이유는 '민감한 데이터에 대한 액세스와 권한을 제한하기 위해서'입니다. 민감한 데이터에 대한 액세스와 권한 부여를 이용자가 정할 수는 없는 걸까요?

교통(자동차, 운전)

개인이 소유한 자동차. 이 자동차에서 발생하는 데이터도 자동차 소유자의 것으로 봐야 할 것입니다. 소유자의 행위에 의해 데이터가 쌓이니까요. 차를 사고, 운전하고, 기름을 넣고, 닦고, 검사하고, 고치고, 팔거나 폐차하고, 아 참, 세금 내고, 보험 들고. 많은 일들이 일어나는군요.

자동차 소유자가 이런 데이터를 기계 가독형 파일로 가질 수 있다면 매우 유용할 것입니다. 그러나 현실은 자동차 출고증, 자동차 등록증부터 종이입니다. 자동차 출고증, 자동차 등록증을 전자 파일로 다운로드 받을 수 있다면, 보험 가입할 때 차량 번호나 이름, 주소, 그리고 자동차의 등급이나 선택 사항(옵션) 등을 일일이 다시 입력할 필요가 없을 것입니다. 차를 사려고 이것저것 알아볼 때는 외우지 않아도 기억나던 옵션들이, 차를 사고 나면 가물가물하죠. 자동차 검사, 정비 결과도 꼭 종이로 줍니다. 파일로 다운로드를 받아 차량 관리 앱이나 차계부 앱에 연동시켜서 쓸 수 있다면 참 편리할 텐데 말이죠.

차량의 운전대 하단의 OBD(On Board Diagnostics) 단자에 스캐너를 꽂아, 배터리 상태, 엔진과 부품 관련 정보, 연비와 가속도 정보, 운전자의 운전 습관 정보 등 여러 데이터를 수집할 수 있습니다. 그리고 로그 파일을 다운로드 받을 수도 있고요. 정비소에 가면 스캐너를 꽂아 컴퓨터로 차량의 상태를 점검합니다. 그러나 데이터를 이용자에게 제공하지 않습니다. 이 데이터를 가지려면 스캐너를 구입해야 합니다.

자동차 제조사가 자동차 출고 내역 데이터를, 자동차 정비 회사가 정비 결과 데이터를, 교통안전공단이 자동차 정기 검사 내역 데이터를, 보험사가 자동차 보험 가입 내역 데이터를, 내비게이션 회사가 차량 이동 경로 데이터를 다운로드 받을 수 있다면 매우 편리할 것입니다.

생활 소비

해외 쇼핑몰 이베이, 아마존 등에서는 구매·취소 등 다양한 쇼핑 히스토리 리포트를 기계 가독형 형태로 다운로드할 수 있는 서비스를 제공합니다. 우리나라의 경우 화면을 통한 열람만 가능합니다. 예전에는 옥션에 엑셀 파일로 다운로드할 수 있는 버튼이 있었는데 사라졌네요.

금융위원회는 쇼핑 이력 데이터도 신용 정보이며, 금융 마이데이터의 대상이라고 보고 있으나, 쇼핑몰 등 유통사들은 반발하고 있습니다. 개인의 건강 정보도 신용 정보로 볼 수 있다는 주장도 있으니 개인 데이터 거버넌스가 마련되어야 할 것입니다.

생활 소비 데이터를 분석하여, 이용자의 소비 수준과 성향을 반영한 초개인 맞춤형 상품 추천 서비스는 많은 B2C 기업이 바라는 비즈니스 모델일 것입니다. 이 분야에 택배사와 무관하게 한 번에 조회할 수 있는 API 기반 '내 배송 한 눈에(가칭)' 서비스도 있으면 좋겠네요.

교육·학습

코로나19로 온라인 학습 시장이 급성장하였습니다. 곧 사교육 시장과 공교육 시장 간의 데이터 융합의 필요성은 더욱 부각될 것입니다. 인터넷 강의나 유튜브 강좌를 들으면 학점으로 인정받게 될지도 모르죠. 교육부 나이스 시스템이 의료 분야 마이헬스웨이와 같이 발전해 갈 것인지 귀추가 주목됩니다.

미국의 경우, 스마트 공시 '마이스튜던트 버튼'을 통해 학습 진도, 성적 등의 데이터를 활용한 학업 성취도 평가, 학자금 대출 서비스가 가능하긴 하지만 학교별 시스템 차이로 활성화되지 못한 편이라고 합니다.

우리나라 대학들의 사정도 비슷할 것 같습니다. 타 대학, 타 교과목 이수 및 학점 교류, 성적 증명서 및 졸업 증명서, 장학 증서 등 서류를 파일 제출로 대체하는 간소화 서비스 같은 것부터 시작해야 할 것입니다.

이 분야는 고용 노동, 일자리 창출 측면에서도 매우 중요한 분야입니다. 작은 서비스 성공 사례를 통해, 교육 학습 전 분야에 마이데이터 개념이 확산되어야 할 것입니다.

문화

현재 미술관, 박물관, 음악회 등의 문화 시설 이용 관람은, 담당 기관별로 각각 별도로 회원 가입을 해야 합니다. 티켓 및 기념품 구입도 개별 시스템으로 운영되고 있어 시스템 통합은 물론, 데이터 거버넌스 정립이 선행되어야 합니다.

국내 주요 영화, 연극, 공연 예매 시스템과 국공립 미술관, 박물관 등 예매 시스템을 연계하면, 이용자가 언제, 무엇을 관람했는지 알 수 있고, 개인 맞춤 문화 공연 추천이나 통합 할인서비스도 받을 수 있을 것입니다. 도서관 대출 내역이나 대형 서점의 온·오프라인 도서 구매 내역 등의 데이터도 활용하면, 개인별 독서 이력 조회 서비스, 맞춤 도서 추천 및 도서 우선 예약 서비스 등이 가능해지겠죠.

스포츠 안전 교육 이수증, 체육인 육성 사업 수료증, 스포츠 강좌 이용권 증명서, 국민 체력 인증서 등 아직 종이로 발급되는 서류도 파일로 전환하여, 스포츠 강사 취업 포털 서비스 등에 활용할 수 있도록 해야 할 것입니다.

이용자 중심의 문화 마이데이터뿐만 아니라, 예술인(체육인) 중심의 문화 마이데이터도 필요합니다. 예를 들면, 연극인이 자신이 공연한 작품의 데이터를 모아 경력을 관리하고 예술인 데이터베이스에도 연동시킬 수 있도록 하는 것이죠. 예술인이나 체육인을 비롯하여, 많은 분들이 자신이 어떤 작품 활동을 했는지 일일이 기록해 두기는 어렵기 때문입니다.

관광

관광 분야 대표 공공 기관 한국관광공사는 관광지에 대한 데이터 수집 및 서비스를 담당하고 있습니다. 지자체 등을 통해서 관광 데이터를 수집하는 체계가 잘 갖추어져 있습니다. 다만, 이용자 데이터는 여행사나 회원을 관리하는 관광 상품 서비스 기업에 산재되어 있어 공급자 중심의 서비스에 머물 수밖에 없습니다.

관광 분야에 마이데이터가 적용된다면, 개인의 건강 기록, 예방 접종 기록, 개인의 소비와 취미, 가족 구성원 현황 등을 고려한 맞춤형 관광 추천이 가능할 것입니다. 코로나19 등 집단 감염에 대비한 안전 여행 코스를 추천할 수도 있고요. 코로나19 종식 이후, 국내외 여행 그리고 관광에 대한 수요가 급증할 것으로 예상되는 만큼 관광 분야에도 마이데이터에 대한 인식이 확산되면 좋겠습니다.

미디어

동영상 플랫폼 유튜브와 넷플릭스는 개인 시청 기록 파일(CSV 등) 다운로드가 가능합니다. 그러나 국내의 카카오TV, 네이버TV 등은 이런 서비스가 없습니다.

개인의 동영상 시청 데이터, 검색 키워드 데이터 등을 활용하면 개인 맞춤 미디어 추천 서비스, 관련 제품 추천 서비스가 가능해집니다. 예를 들면, 낚시 채널 시청자에게 낚싯대 할인권 광고를 내보내는 것이죠.

또, 이 데이터를 이용하면 N스크린 시청률도 훨씬 수월하고 정확하게 조사할 수 있을 것입니다. 동영상 시청 기록은 마케팅 분야에 고부가가치 창출이 가능한 데이터로, 이용자에게 적절한 보상만 주어진다면, 마케팅, 관광, 교육, 생활 소비 등 여러 분야에 활용 가능할 것입니다.

마이데이터 생태계와 개인 데이터 거버넌스

마이데이터 생태계가 잘 돌아가려면, 법 제도와 기술, 서비스에 데이터 거버넌스가 녹아 있어야 합니다.

앞에서 데이터 생성 주체별로 분류했던 방식으로 나누어 공공, 기업, 개인으로 구분하고 공공 데이터 거버넌스, 기업 데이터 거버넌스, 개인 데이터 거버넌스를 만들어야 합니다. 개인 데이터 거버넌스는 개인 데이터를 안전하게 잘 쓸 수 있게 만드는 사람, 조직, 원칙, 기술, 서비스의 총합이자 문화입니다.

그렇다고 공공 데이터 거버넌스, 기업 데이터 거버넌스, 개인 데이터 거버넌스가 별개로 만들어져서는 안 됩니다. 서비스에서는 공공 데이터와 기업 데이터, 개인 데이터를 모두 융합하여 활용할 수 있기 때문입니다. 마이데이터 플랫폼을 통해 수집된 개인데이터를 가명 처리하여 빅데이터 분석이 가능하도록 빅데이터와 마이데이터를 연계하여 데이터 거버넌스를 만들어야 합니다.

마이데이터 생태계는 데이터를 생성하는 개인(데이터 주체), 표준화된 형식으로 개인 데이터를 전달하는 개인 데이터 보유 기관(기업), 개인 데이터의 수집, 저장, 전송을 위한 개인 데이터 플랫폼, 개인 데이터를 활용하여 서비스하는 개인 데이터 활용 기관(기업)으로 구성됩니다.

개인 데이터 플랫폼은 영어로 Personal Data Storage 또는 Personal Data Service, 최근 유럽에서는 Personal Data Space 등으로 부르기도 합니다. 개인 데이터 거버넌스와 매우 밀접한 개인 데이터 플랫폼의 역할과 기능에 대해 좀 더 살펴보겠습니다.

데이터 주체들은 공공 부문의 개인 데이터 플랫폼을 더 선호하는 경향이 있습니다. 바로 공익성에 대한 신뢰 때문인데요. 그래서 민간 기업이 구체적인 목표 없이 개인 데이터 플랫폼 역할을 하려는 것은 지양해야 합니다.

반대로 공공 기관이 개인 데이터 플랫폼 역할과 함께, 제3의 서비스 역할도 다 하겠다고 나서는 것도 바람직하지 않아 보입니다. 시장의 역할이 필요한 곳에, 공공 기관이 나설 필요는 없습니다. 서비스를 만드는 것은 시장의 역할이고, 공공 기관은 서비스를 잘 만들도록 환경을 만들어야 합니다.

마이데이터 생태계 구성원들은 각자의 역할을 명확히 정립해야 합니다. 이해관계를 따질 수밖에 없을 텐데, 한 가지 분명한 것은 데이터 주체의 편익 관점에서 역할을 정립해야 각자의 이득도 커진다는 것입니다.

대표적인 글로벌 서비스인 구글, 페이스북, 마이크로소프트, 트위터는 이미 2017년부터 서비스 간 데이터 호환 표준을 만드는 프로젝트(DTP: Data Transfer Project)에 돌입했습니다. 콧대 높던 애플도 2019년 결국 이 프로젝트에 합류하기로 결정했습니다. 즉, 구글 일정 관리 앱에 저장해 둔 데이터를 마이크로소프트 일정 관리 앱에서도 열어볼 수 있게 하자는 것이죠. 자사만의 플랫폼 생태계보다는 다른 플랫폼과의 상생 생태계가 더 유리하다는 판단 때문입니다.

구글과 페이스북, 마이크로소프트, 트위터, 거기에 애플까지, 데이터 이전 프로젝트(DTP: Data Transfer Project)에 스스로 참여하는 이유를 다시 한번 생각해 봐야 할 것입니다.

마이데이터 생태계에서 개인 데이터 플랫폼은 개인 데이터 거버넌스의 주요 원칙을 정하고, 개인 데이터의 등급을 설정하여, 데이터 가치 사슬별로 관리 방안을 도출해야 합니다. 그리고 등급별로 표준, 인증 방식, 보안 등의 수준을 결정해야 할 것입니다. 그리고 다른 개인 데이터 플랫폼과도 거버넌스를 교환하고 상호 수정 보완하여야 합니다.

데이터 거버넌스는 국가, 기관, 기업이 보유하고 있는 데이터를 관리하기 위한 체계로, 조직, 전략과 방향, 정책과 표준, 서비스가 모두 포함됩니다. 조직은 위에서 말한 개인 데이터 플랫폼의 운영 조직인 마이데이터 오퍼레이터입니다. 공공 마이데이터를 관장하는 행정안전부, 마이헬스웨이를 관장하는 보건복지부가 마이데이터 오퍼레이터죠. 금융위원회에서 허가하는 금융 마이데이터 사업자가 바로 오퍼레이터(조직)입니다.

이들 오퍼레이터들은 개인 데이터를 관리하기 위해 전략과 방향, 정책과 표준, 서비스 방향을 정해야 합니다. 마이데이터 패러다임에서, 데이터 주체가 자신의 결정에 따라 데이터를 관리·활용하는 것이 핵심이지만, 개인의 결정에도 불구하고 활용해서는 안 되는 개인 데이터도 있습니다.

예를 들어, 군 복무에 관한 병역 데이터 같은 경우, 복무 기간, 병과, 주특기 등은 취업 시 이력서에 기재해도 되지만, 복무를 하면서 겪은 군사 기밀에 관한 사항은 개인의 경험과 활동을 통해 쌓은 데이터일지라도 절대 활용의 대상이 되어서는 안 될 것입니다.

취업 시 자기소개서에 출신 학교나 성별, 나이, 가족 사항 등을 기재하지 못하도록 국가 정책이 결정된다면, 이런 종류의 개인 데이터 역시 취업 관련 서비스에서는 활용하지 않도록 거버넌스에 반영해야 할 것입니다.

이처럼 개인 데이터 거버넌스를 갖추어 나갈 때는 정책과 원칙이 필요합니다. 정책과 원칙에 따라, 가치 사슬(수집, 저장, 관리, 활용, 폐기 등)별로 절차(프로세스)가 결정될 것입니다. 예를 들어, 개인 데이터를 도박 등 사행성 서비스에는 제공해서는 안 된다는 원칙이 정해진다면, 사행성이 있는지 없는지 서비스를 사전 검토하는 절차가 만들어져야 합니다. 이러한 절차들은 시스템으로 구현될 수 있습니다.

데이터 거버넌스는 환경에 맞춰 변화할 수 있어야 합니다. 수집하는 데이터가 정형 데이터에서 비정형 데이터로 확장된다면, 이에 대처할 수 있도록 조직과 원칙, 절차, 시스템이 변화해야 합니다. 클라우드, 블록체인, 인공 지능과 같은 기술 변화, 데이터 3법 개정 같은 법 제도의 변화, 이용자의 선호도에 따른 서비스 변화에 맞춰 데이터 거버넌스도 유연하게 대응할 수 있어야 합니다.

마이데이터 서비스

– 백 번의 말보다 중요한 한 번의 경험

오희영

마이데이터 서비스
– 백 번의 말보다 중요한 한 번의 경험

왜 마이데이터 서비스가 중요할까요?

　마이데이터를 가장 쉽게 설명하는 방법은 무엇일까요? 전문가들이 마이데이터의 핵심이라고 설명하는 개인 데이터 이동권과 개인 데이터 가치 공유 등 개인 데이터에 대한 나의 권리는 얘기를 듣다 보면 필요성이 느껴지긴 합니다. 하지만, 데이터 주체인 개인의 관점에서 뭐가 어떻게 바뀌고, 내가 무엇을 할 수 있고, 어떤 혜택을 받는 것인지는 체감하기 어렵습니다.

　마이데이터 서비스가 중요한 이유는 말로 백 번을 설명하는 것보다 한 번의 경험이 마이데이터를 이해하는 데 더 효과적인 수단이기 때문입니다. 개인 사용자(데이터 주체)들은 다양한 서비스를 통해 새로운 개인 데이터 관리 및 활용 방식을 경험하게 되고, 이런 경험이 쌓여서 마이데이터(데이터 주체 중심의 개인 데이터 패러다임)가 문화로 정착됩니다.

　개인 사용자들이 마이데이터 개념을 외우고, 연구할 필요는 없습니다. 다만, 지속적으로 성장하는 건전한 마이데이터 생태계 조성을 위해 개인 사용자들이 다양한 서비스를 경험하면서 자신의 권리를 당연하게 기업에 요구할 수 있는 문화가 만들어지는 것이 중요합니다.

마이데이터 서비스 유형[1]

2021년 12월 금융 마이데이터 서비스의 시범 운영이 시작되었습니다. 다수의 독자분들도 대표적인 마이데이터 서비스로 자산 내역의 통합 조회와 맞춤형 금융 상품 추천 서비스를 떠올리실 텐데요.

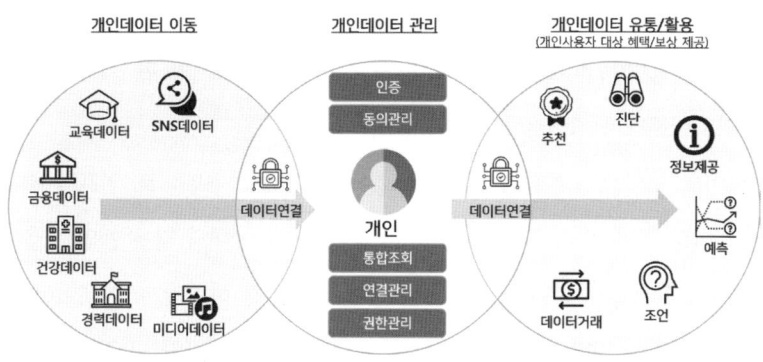

마이데이터 서비스 범위

이쯤에서 마이데이터 개념을 다시 한번 생각해 볼까요? 마이데이터의 핵심은 '개인 데이터의 이동'과 개인이 주도하는 '개인 데이터 관리 및 활용'입니다. 이와 같은 맥락에서 마이데이터 서비스는 개인 데이터의 이동과 개인 스스로 자신의 데이터를 관리 및 활용하는 일련의 과정을 지원할 수 있어야 합니다. 이 과정에서 개인 데이터 분석 서비스 외에도 다양한 유형의 마이데이터 서비스가 나타날 수 있습니다.

예를 들어 데이터 수집과 제공을 위한 API 서비스, 사용자의 데이터 관

---

[1] 본 장의 마이데이터 서비스는 금융 분야 본인 신용 정보 관리업의 마이데이터 사업 범위가 아닌 포괄적 의미의 마이데이터를 전제로 정의.
사례 및 예시로 언급한 내용은 국내 관련 규정상 불가능한 경우도 있으며, 실제 서비스 구현 시 개인 데이터 및 관련 산업의 규정 확인 필요.

리를 지원하는 개인 데이터 관리 플랫폼, 서류 제출을 데이터로 대신하는 간소화 서비스, 데이터 거래를 지원하는 중개 서비스 등이 있습니다.

다시 말해 마이데이터 서비스는 '개인 데이터 수집, 관리, 활용 과정에서 원활한 데이터의 이동과 데이터 주체의 권리 행사를 지원하고, 새로운 가치를 창출하는 도구'입니다.

마이데이터 서비스 유형은 크게 개인의 데이터 관리 및 다양한 개인 데이터 활용을 지원하는 데이터 서비스와, 데이터 서비스의 필수 기능을 지원하는 인프라 서비스로 분류할 수 있습니다.

데이터 서비스는 통합 관리, 유통, 분석 유형으로 구분하고, 인프라 서비스는 인증, 동의 관리, 연계 유형으로 구분합니다. 국내의 경우 개인 사용자를 주요 고객으로 하는 데이터 서비스가 중심이긴 하지만, 마이데이터 서비스의 튼튼한 기반 조성을 담당하는 인프라 서비스도 B2B, B2B2C 시장에서 중요한 영역입니다.

데이터 서비스

통합관리
산재되어 있는 개인데이터를 한 곳에서 통합 조회하고 활용여부를 결정할 수 있도록 지원

유통
개인데이터가 필요한 기업에 데이터를 판매하거나, 공익목적의 개인데이터 전송 등 유통 지원
(개인사용자가 서비스를 받기 위한 데이터 전송과 다름)

분석
개인사용자가 제공한 다양한 개인데이터를 분석하여 개인에 대한 진단, 비교, 예측, 조언, 추천, 새로운 인사이트 등 제공

인프라 서비스

인증
데이터에 대한 모든 결정권한을 가지는 사용자의 본인여부 및 신원확인 등 지원

동의관리
데이터 소스와 활용처가 다양한 마이데이터 서비스의 동의조건 관리 및 컴플라이언스 준수 지원

연계
마이데이터 서비스 제공자와 데이터 보유자의 데이터를 연결하는 기술 지원

마이데이터 서비스 유형

데이터 서비스: 통합 관리 서비스 유형

통합 관리 서비스는 다양한 기관 및 서비스에 산재되어 있는 개인 데이터를 개인 사용자(이하 개인) 본인이 한 번에 조회 및 관리하고, 활용 여부를 결정하도록 지원합니다. 대표적인 서비스는 개인 데이터 저장소(Personal Data Storage, PDS)로 개인이 자신의 데이터를 수집·저장, 조회, 삭제, 수정, 동의, 관리할 수 있습니다. 이 외에도 개인이 자신의 데이터를 직접 업로드하거나 PDS에 저장된 개인 데이터를 다운로드 혹은 제3자에게 전송할 수 있도록 지원합니다.

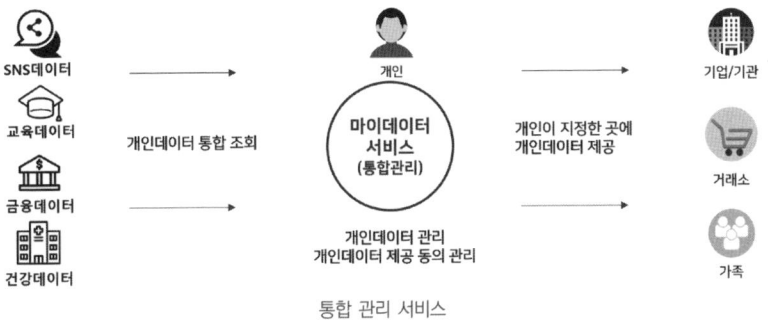

통합 관리 서비스

통합 관리 서비스는 개인 데이터 관리 기능 외에도 본인 인증, 동의 내역 관리, 데이터가 연결된 디바이스 관리, 개인 사용자가 제공받은 보상 관리 등 개인 데이터 수집 및 전송과 관련된 기능을 함께 제공할 수 있습니다. 통합 관리 서비스에서 제공 가능한 서비스 예시는 다음과 같습니다.

- 개인 사용자의 생애 주기 전반의 데이터 통합 관리
- 개인 사용자가 지정한 곳으로 개인 데이터 공유
- 개인 데이터 최신화 및 데이터 일괄 변경

- 개인 사용자에게 유용한 제품 및 서비스 추천
- 개인 사용자의 디지털 신분 정보 통합 관리
- 회원 가입 사이트 및 로그인 정보 통합 관리
- 서비스별 동의 내역 통합 관리

통합 관리 서비스는 개인 데이터의 수집, 관리, 전송을 중점에 두는 관리형과, 활용 서비스까지 함께 제공하는 활용형이 있습니다. 관리형의 경우, 개인 데이터 분석 등의 활용 서비스는 제공하지 않고 데이터 수집·전송 및 관리에 집중합니다. 활용형은 데이터 수집·조회 기능은 지원하지만, 데이터 관리보다는 데이터를 활용한 서비스 제공에 집중합니다.

(통합 관리 서비스 사례)간편한 개인 데이터 수집 및 공유: Digi.me[2)]

Digi.me는 개인 데이터 수집과 전송을 지원하는 서비스로 소셜 미디어, 금융, 건강/의료, 엔터테인먼트 등 다양한 분야의 개인 데이터를 간편한 방식으로 수집하고 사용자가 지정한 서비스로 전송합니다.

Digi.me는 개인 데이터를 드롭박스, 구글 드라이브 등의 개인별 클라우드 스토리지에 저장하고, 모든 데이터 처리는 스마트폰 내에서만 진행합니다. 데이터를 조회하거나 관리하기보다는 사용자가 자신의 데이터를 수집하고, 제3의 서비스로 전송하는 기능에 집중합니다.

개인이 자신의 스마트폰에 저장된 개인 데이터 중 외부로 전송할 데이터와 활용 서비스를 직접 선택하기 때문에, 서비스 가입 시 안내를 통해 개인 데이터 사고 발생 시 책임이 개인에게 있음을 강조합니다.

---

2) Digi.me 웹사이트 https://digi.me

구분	내용
소셜	페이스북, 트위터, 인스타그램, 핀터레스트 등에 업로드한 글, 사진, 친구, 팔로워, 코멘트 등
금융	페이팔, 비자, 마스터카드, 아메리칸 익스프레스 카드, 바클레이즈, 시티은행, 체이스은행, HSBC 등에 저장된 금융 거래, 지출 내역 등
건강/의료	Fitbit에 기록되는 주요 건강 데이터 아이슬란드의 보건국 건강 데이터 연계 미국 블루버튼 연계 영국 국민보건서비스 연계
엔터테인먼트	Sotify, Youtube에 기록되는 재생 목록, 플레이리스트 등의 데이터

Digi.me에서 수집하는 개인 데이터 범위

활용 서비스 기업은 Digi.me의 데이터 API를 통해 표준화된 데이터를 쉽게 전송받아 다양한 서비스 개발이 가능합니다. 현재 1,000개 이상의 소셜 미디어, 의료, 금융, 헬스/피트니스, 음악 및 엔터테인먼트 분야의 데이터를 제공합니다.

그리고 개인에게는 활용 서비스 목록을 제공합니다. 해당 서비스는 별도의 앱을 설치해야 이용 가능하지만, 데이터 전송 절차는 여러 번의 인증 과정 없이 쓸어 넘기기(스와이프) 한 번으로 간편하게 진행됩니다. 데이터 전송이 가능한 서비스 외에도 개인이 자신의 데이터를 원하는 곳에 활용할 수 있도록 Json 파일 다운로드를 지원하며 개인 데이터 삭제도 간단한 절차로 진행됩니다.

구분	서비스명	서비스 설명
건강	Consentary	코로나19 테스트 결과와 백신 증명서를 개인 사용자에게 안전하게 전송하는 개인별 디지털 건강 증명 서비스
건강	HealthyMe	약물, 예방 접종, 진단, 처방전 등을 포함한 주요 건강 데이터를 저장하고, 언제든 건강 기록 확인 가능
건강	Retina Risk	당뇨병성 망막 병증의 진행을 추적 및 모니터링하고 망막 병증 발생 조기 경고 및 사전 예방을 위한 정보 제공
건강/여행	VaxAbroad	사용자의 백신 접종 이력을 기반으로 여행지와 관련된 예방 접종 정보 제공
소셜 미디어	myPrime Nine	개인 사용자가 이용하는 모든 소셜 미디어 서비스를 대상으로 가장 인기 있는 사진을 찾고 공유
소셜 미디어	TFP	개인 사용자의 소셜 미디어 기록을 분석하여 개인의 평판에 영향을 줄 수 있는 글이나 사진 등을 삭제/수정하도록 제안하는 방식으로 온라인 평판 관리
소셜 미디어	Sand	페이스북, 인스타그램, 트위터, 핀터레스트, 플리커 데이터를 분석하여 사용자의 소셜 미디어 사용 패턴 분석
소셜 미디어	Happy, Not Happy	소셜 미디어 게시물을 분석하여 사용자의 감정 식별
소셜 미디어	Social Safe	소셜 미디어에 게시된 사진을 개인 사용자가 원하는 조건에 따라 검색, 필터링, 저장 또는 공유할 수 있는 서비스
유통	UBDI	연구 과제에 참여하여 개인 데이터를 제공하고 수익 창출 연구 과제 목적과 사용자의 데이터를 평가하여 매칭
금융	Finsite101	개인 사용자의 금융 데이터를 통합 관리하고, 소비 습관에 대한 분석과 자산 관리 조언 제공

Digi.me를 통해 이용 가능한 서비스 목록(2021.10 기준)

(통합 관리 서비스 사례) 개인 데이터 통합 관리와 활용 서비스 이용을 한 번에 : Cozy[3]

Digi.me가 수집과 전송에 중점을 두고 있다면 Cozy는 수집, 관리, 활용 서비스를 플랫폼 내에서 제공합니다. Cozy는 2012년 출시 이후 프랑스 정부의 마이데이터 프로젝트인 Mesinfos 프로젝트 및 리옹시의 리빙랩 프로젝트에서 개인 데이터 플랫폼으로 활용되었습니다.

세부서비스	서비스 설명
Bank	Cozy에 수집된 은행 거래 내역과 청구서 데이터 통합 조회 및 관리
Contact	Cozy에 수집된 연락처 정보 통합 조회 및 관리
Drive	Cozy에 수집된 연결된 데이터 파일 저장
Pass	데이터가 연결된 외부 서비스의 로그인 정보 저장 및 비밀번호 생성 지원
Store	연결 가능한 외부 서비스 목록 제공 및 데이터 연결(은행, 보험, 쇼핑, 교통, 에너지, 공공 서비스, 교육 등 분야의 서비스 목록 지원)

Cozy 제공 서비스

Cozy는 Bank, Pass 등 활용 서비스를 제공하며, 스토어를 통해 연결된 데이터를 해당 서비스에서 이용할 수 있습니다.

Bank는 통합 자산 관리 서비스로 은행 거래내역, 보험 및 통신 청구서 등을 한곳에서 조회하고 관리할 수 있는 기능을 지원합니다. 지출 내역의 자동 카테고리 분류 및 시각화 분석 등 기본적인 지출 관리 기능을 제공하고, 개인 및 가족 계정 통합 관리와 의료비 환급 서비스도 지원합니다.

Pass는 온라인 로그인 정보를 관리하는 서비스로 사용자의 수많은 로그인 정보를 안전하게 관리하고 잊어버리지 않도록 지원합니다. 로그인 정보

---

[3] COZY 웹사이트 https://cozy.io/en/

저장 외에 강력한 비밀번호를 만들 수 있는 비밀번호 생성 기능도 제공합니다. 복잡한 비밀번호지만 Pass에 저장하고 로그인 시 불러올 수 있으므로 로그인 정보를 안전하게 유지할 수 있습니다.

스토어는 Cozy에서 데이터를 수집할 수 있는 다양한 서비스 목록을 제공합니다. Cozy와 데이터가 연결된 서비스 목록 및 연결 상태는 메인 화면에서 확인할 수 있습니다.

(통합 관리 서비스 사례)A부터 Z까지 제공하는 개인 데이터 통합 관리 플랫폼 : Meeco[4]

Meeco는 개인 데이터 수집, 관리, 위임, 동의, 활용 등을 지원하는 플랫폼으로, 사용자가 다양한 디바이스를 보유한 경우 개별적인 개인 데이터 관리가 가능하며 자체적으로 자산 관리 서비스까지 제공합니다.

Meeco는 스마트 계약(Smart Contract)을 통해 데이터 진위 여부를 증명하고 개인의 데이터 통제를 지원합니다.

Meeco에서 수집하는 개인 데이터는 신뢰할 수 있는 데이터 소스에서 전송한 데이터, 사용자가 인증한 데이터, 검증된 증명서를 통해 확보된 데이터, 사용자가 자체 생성한 데이터 등입니다. 수집 분야는 디지털 신분 정보, 금융, 회계 및 법률, 건강 및 운동, 여행, 멤버십, 교통, 재산, IoT 및 웨어러블 디바이스, 사교 활동, 정부, 교육, 보유 디바이스 정보 등입니다.

---

4) Meeco 웹사이트 https://www.meeco.me

제공 기능	설명
수집	• 사용자의 데이터를 데이터 지갑이나 이벤트 체인에 추가하여, 데이터 제공자가 사용자의 블록체인 ID나 사용자의 지갑 주소를 받지 않음 • 데이터 제공자는 API를 통해 데이터 전송
위임	• 제3자가 데이터를 저장하지 않고 사용자의 데이터에 접근할 수 있도록 승인 • 제3자가 데이터에 접근 및 관리할 수 있는 권한을 주되, 위임 기간을 설정할 수 있음. 위임 기간 종료일 전에도 위임 취소 가능
공유	• Meeco는 사용자의 데이터 공개를 최소화하기 위해 3단계로 점진적인 공개 추구 (1) Drive by: 사용자의 현재 상태를 판단하기 위한 데이터 확인 과정으로 데이터 처리가 사용자 디바이스에서 실행되며, 제3자에게 데이터가 제공되지 않음 (2) Tell-me more: 사용자의 적격성을 판단하기 위해 데이터를 확인하는 과정으로 블록체인상에서 데이터 처리가 실행되며, 제3자에게 데이터가 제공되지 않음 (3) Transact: 사용자가 서비스를 제공받기 위해 자신의 데이터 중 필요한 것만 제공하는 과정으로 블록체인 및 제3자의 시스템에서 데이터 처리가 실행되며 사용자의 데이터가 실제로 제3자에게 제공됨
디바이스 관리	• 사용자가 다양한 디바이스를 가지고 있는 경우 디바이스별로 개인 데이터 저장 여부 지정 • 사용자가 접근 권한을 상실했거나 새 장치를 등록하고자 할 때 원격으로 데이터에 접속하고, 데이터 복구, 내보내기, 잠그기 등을 할 수 있는 기능 및 디바이스 초기화 지원

Meeco 서비스 주요 기능

(통합 관리 서비스 사례)지식 재산권과 데이터 신뢰성 확보 지원: Numbers[5]

Numbers는 미디어 콘텐츠의 신뢰성 및 지식 재산권 보호를 위해 작성자, 시간, 위치 등의 메타데이터 정보를 캡처하고 인증서를 생성하여 블록체인에 등록합니다.

---

5) Numbers 웹사이트 https://numbersprotocol.io/

개인은 자신이 생성한 데이터에 대해 완전한 통제권을 가지며 개인이 공유를 결정했을 때에만 데이터가 전송됩니다. 또한, 전송된 데이터는 별도의 조치가 없는 경우 전송 후 72시간이 지나면 자동으로 삭제됩니다.

> **서비스 시나리오**
> (1) 사진 기자가 Numbers 앱이 탑재된 전문가용 카메라 및 스마트 기기로 사진을 촬영하면 사진의 메타데이터 및 라이선스 정보 등이 저장 및 서명됨
> (2) 사진 기자가 언론사에 해당 사진을 공유(공유 대상, 공유 기간 등 조건 설정 가능)
> (3) 사진 기자가 허가한 언론사만 해당 사진을 사용할 수 있음
> (4) 해당 사진은 워터마크가 있으며(QR코드) 워터마크를 클릭하면 사진에 대한 정보(메타데이터) 확인 가능하여 사진에 대한 신뢰 확보 및 사진 기자의 라이선스 보호 가능

(통합 관리 서비스 사례)전자 증명서 및 공공 마이데이터 간편 공유 : 정부24 서비스[6]

행정안전부는 정부24 모바일 앱을 통해 전자 증명서와 공공 마이데이터 서비스를 제공 중입니다. 전자 문서 지갑은 행정 및 공공 기관이 보유한 각종 증명서를 전자적 형태의 증명서 혹은 데이터로 발급·보관하고, 은행, 카드사 등에 직접 방문 없이 제출할 수 있도록 지원합니다.

전자 증명서는 서류로 받았던 형태 그대로 모바일 앱에서 확인할 수 있고, 공공 마이데이터는 증명서에 포함된 항목을 데이터 형태로 전송할 수 있습니다. 공공 마이데이터 서비스는 증명서 전체 데이터를 보내거나 필요한 항목만 선택하여 전송할 수 있으며, 정기적인 전송도 지원합니다.

전자 문서 지갑에 저장된 전자 증명서와 공공 마이데이터는 각 정보의 유효 기간 내에서 재발급 없이 필요한 곳에 전송할 수 있습니다. 전자 문서

---

[6] 정부24 웹사이트 https://www.gov.kr/

지갑에 동일한 증명서 정보를 저장한 경우 전자 증명서와 마이데이터는 다른 형태로 제공되며, 마이데이터의 경우 데이터 자체가 아니라 개인이 데이터의 내용을 확인할 수 있는 명세서를 제공합니다.

(통합 관리 서비스 사례)공공 기관이 보유한 건강 데이터 통합 조회: 나의건강기록[7]

'나의건강기록'은 공공 기관이 보유한 투약 정보, 진료 이력, 건강 검진, 예방 접종 내역 등의 개인 건강 데이터를 파일로 다운로드하거나 전송할 수 있는 서비스입니다.

건강보험공단의 진료 이력 및 건강 검진 이력, 건강보험심사평가원의 투약 이력, 질병관리청의 예방 접종 이력을 개인 사용자들이 통합 조회할 수 있습니다. 또한 공유 기능을 통해 개인이 지정한 건강 데이터를 이메일, 메신저 등을 이용해 전송할 수 있습니다.

현재는 공공 기관이 보유한 건강 데이터만 조회할 수 있지만, 나의건강기록의 데이터 수집 범위를 향후 민간 의료 기관이 보유한 의료 데이터와 웨어러블 디바이스의 건강 데이터까지 확대할 계획입니다.

데이터 서비스: 유통 서비스 유형

유통 서비스 유형은 데이터 주체의 적극적인 의사 결정을 기반으로 다양한 형태의 개인 데이터 유/무상 거래를 지원합니다.

---

7) 4차위 및 관계 부처 합동, 국민 건강 증진 및 의료 서비스 혁신을 위한 마이헬스웨이(의료 분야 마이데이터) 도입 방안, 2021.2

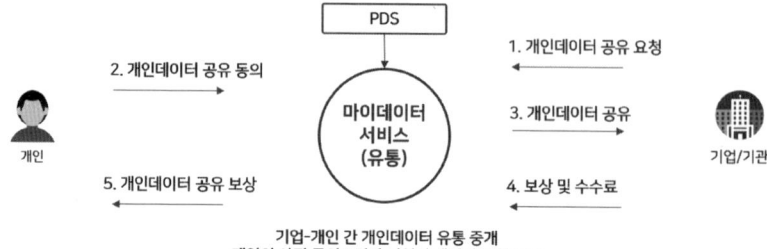

유통 서비스

데이터 경제가 가속화되면서 개인 데이터 시장이 급격히 성장하고 있지만 대부분 기업 중심의 유통 구조이며, 개인은 의사 결정과 가치 공유 모든 과정에서 소외되어 있습니다.

마이데이터 관점에서 데이터 유통의 가장 중요한 부분은 개인이 개인 데이터 판매 조건 및 판매 여부 등을 결정하는 것입니다. 데이터 유통 서비스 제공자는 개인의 의사에 따라 개인 데이터가 유통될 수 있는 거래 환경을 제공해야 합니다. 개인 데이터를 수집해서 판매하는 유통 서비스의 특성상 PDS 기능을 일부 제공하거나, PDS 서비스와 제휴 연계할 수 있습니다. 그리고 개인에게 데이터 유통에서 발생하는 수익을 분배합니다.

유통은 개인이 제3의 서비스를 이용하기 위해 식별 가능한 개인 데이터를 전송하는 것과 다릅니다. 유통이 결정된 개인 데이터는 개인 식별이 가능한 원천 데이터로 제공하지 않고, 구매 목적에 적합한 수준으로 비식별 처리합니다.

유통 서비스는 서비스 제공자의 역할에 따라 중개, 위탁, 직접 판매 방식으로 분류합니다.

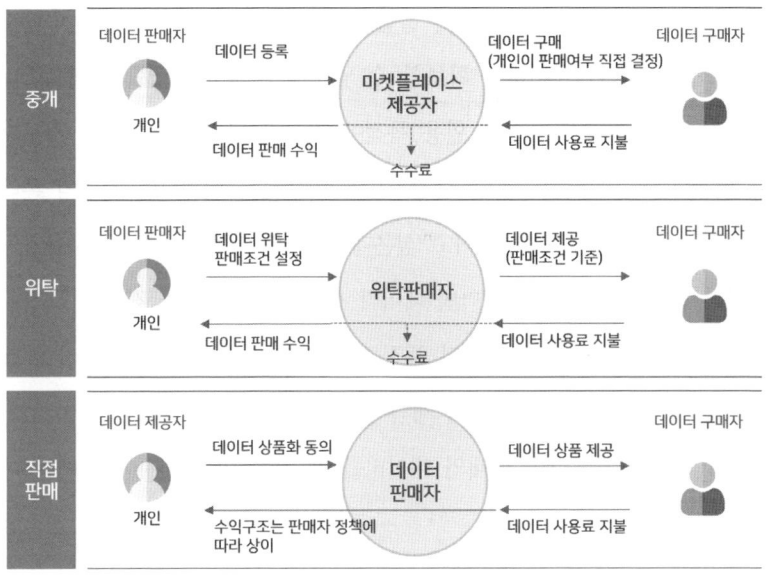

유통 서비스 판매 방식

- 중개: 데이터 판매자(개인)와 구매자가 거래를 할 수 있는 환경만 제공하고 거래 과정 및 실행에 개입하지 않음
- 위탁: 데이터 판매자(개인)가 판매 조건과 함께 데이터를 위탁하면 구매자가 제시한 조건에 따라 거래 여부 판단 및 조건에 맞는 거래를 실행함
- 직접 판매: 개인에게 개인 데이터 판매에 대한 동의를 받아 데이터를 수집한 뒤 가공 및 분석하여 상품화함. 기존 빅데이터 거래 방식과 유사하지만 개인이 데이터 상품화에 동의하고, 개인에게 데이터 판매 수익이 지급되는 점에서 차이가 있음

마이데이터 유통 서비스에서 서비스 제공자의 중요한 역할 중 하나는 데이터 구매자의 요구 사항과 개인의 데이터 제공 조건을 잘 매칭하는 것입니다. 물론, 중개 유형처럼 거래 기능만 제공하고 수수료를 수취하는 방식

의 서비스도 가능하지만, 개인이 불필요한 판매 요청을 받지 않고 구매자는 목적에 적합한 데이터를 확보할 수 있도록 지원하는 역할이 필요합니다. 구매자 입장에서 데이터 활용 목적에 적합한 고품질 데이터를 확보하는 것은 매우 중요한 일입니다. 강원도에 거주하는 밀레니얼 세대의 온라인 쇼핑 이용 트렌드를 분석하고 싶은데, 서울에 거주하는 50대 사용자도 데이터 판매에 참여할 수 있다면 데이터 신뢰성에 문제가 생깁니다.

유통 서비스 제공자는 데이터 품질 관리도 지원해야 합니다. 온라인 쇼핑 이용 데이터를 구매하였는데 개인이 제공한 데이터에 구매 내역이 없거나, 개인별로 서로 다른 형태의 데이터를 제공한다면 구매자 입장에서 데이터 활용성이 낮아집니다.

이 밖에도 지속적인 유통 서비스 운영을 위해 필요한 기능이 있습니다. 앞서 언급한 구매자-판매자 매칭 시 개인이 정한 조건에 따라 데이터가 제공되고, 개인에게 판매에 대한 대가가 정확히 전달되어야 합니다.

이를 위해, 개인 데이터 거래가 개인의 의사에 따라 실행될 수 있도록 구체적인 동의 절차를 제시해야 합니다. 예를 들어 거래 금지 기관을 지정하거나 상대적으로 덜 민감한 데이터의 자동 제공 조건 등을 지원할 수 있습니다. 그리고 데이터의 이용 기간, 판매 금액, 수수료, 사후 정산 조건, 거래 일시 등 개인이 해당 거래에 대한 정보와 거래 결과를 쉽게 파악할 수 있어야 합니다.

(유통 서비스 사례)PDS 기반 마켓플레이스: Bitsaboutme[8]

Bitsaboutme는 PDS와 데이터 마켓플레이스를 함께 운영합니다. 마켓플레이스는 중개 방식으로 운영하고, 구매자가 데이터 구매 목적을 포함한

---

8) Bitsaboutme 웹사이트 https://bitsabout.me

세부 사항을 등록하면 개인은 자신이 원하는 구매자를 선택합니다. 판매 대상 데이터는 개인의 PDS에 저장된 데이터입니다.

- 데이터 거래는 개인과 구매자 간의 계약이며, Bitsaboutme는 데이터의 안전한 유통을 지원하는 중개자 역할만 수행
- 데이터 가격은 구매자가 결정
- 개인은 데이터 판매 금액을 Bitsaboutme에 개설된 지갑이나 자신의 은행 계좌로 직접 받을 수 있음
- BitsaboutMe는 데이터 구매자로부터 사전에 정한 수수료 수취

(유통 서비스 사례)정보 은행을 통한 개인 데이터 유통: MEY[9]

MEY는 2020년 11월 일반 인증 마크를 획득한 정보 은행입니다. MEY는 개인이 직접 등록한 데이터와 서비스 이용 과정에서 축적된 데이터를 활용하여 개인에게 혜택을 주는 서비스입니다. 가장 핵심적인 서비스는 MEY 서비스를 이용하는 개인이 MEY 또는 제3의 기업에 데이터를 제공하고, MEY 포인트 등의 대가를 얻는 것입니다.

MEY는 개인이 서비스에 가입할 때부터 외부의 데이터를 수집해서 쌓아두는 방식이 아니라, 개인이 직접 제공하는 데이터를 지속적으로 수집하여 개인 데이터를 축적합니다. MEY는 이와 같은 방식의 데이터 확보를 위해 '내 데이터 저축' 기능을 제공합니다. 회원 가입 시에는 간단한 설문 조사를 통해 취향 및 생활 습관 등에 대한 정보를 입력하고 이후 데이터 요청 건에 따라 필요한 개인 데이터를 제공하게 됩니다. 이 과정에서 개인이 제공한 데이터는 '내 데이터 저축'에 축적되고 향후 동일한 데이터가 필요한 경우 기존 데이터를 활용할 수 있습니다.

---

9) 일본 IT 단체 연맹 웹사이트 https://www.tpdms.jp

세부 서비스	설명
내 데이터 저축	• 개인 데이터와 설문 응답, 사진, 영수증 등도 업로드하여 지속적인 데이터 축적 가능 • 사용자가 지속적으로 더 많은 데이터를 저장할 수 있도록 다양한 방식의 캠페인 실행
내 데이터 관리	• 개인 사용자가 직접 MEY에 저장된 데이터 관리 • 회원 가입 시 선택한 동의 조건 외에도 데이터 제공 및 캠페인 참여 시 데이터 이용 목적이나 제3자 제공 등에 대한 동의 등 데이터 관리 기능 지원 => 내 데이터의 변경, 데이터 제공 내역 조회, 데이터 제공 동의 철회, 제공 데이터의 이용 정지 요청 등
내 데이터로 혜택 얻기	• 개인 데이터를 제공하면 기업에서 다양한 수준의 보상 제공 • MEY에서 제공하는 다양한 캠페인에 참여하는 경우 MEY 포인트 획득 • MEY 포인트는 상품 및 타 포인트(제휴)로 교환 가능하며 현금화 불가
로그인 정보 관리	• 외부 서비스 로그인 정보(ID/Password) 등록 및 관리(웹브라우저 플러그인을 통해 간편 로그인 가능)

MEY 주요 서비스 사례

'내 데이터 관리'는 내 데이터 변경, 데이터 제공 내역 조회, 데이터 제공 철회, 데이터 이용 중지 요청 등 개인이 직접 MEY 서비스에 저장된 개인 데이터를 관리할 수 있습니다.

개인은 '내 데이터로 혜택 받기'를 통해 MEY 또는 제3의 기업의 데이터 제공 요청에 참여했을 때 MEY 포인트로 보상을 받을 수 있습니다. 보상의 크기는 MEY 및 기업이 결정하며 지급 시기도 경우에 따라 달라집니다.

'로그인 정보 관리'는 개인 사용자가 외부 서비스의 로그인 정보를 저장하여 쉽게 로그인 할 수 있는 서비스를 제공합니다.

정보 은행 인증 마크를 획득한 서비스 사례

정보 은행 인증 구분
• 일반 인증 : 정보 은행 서비스 기획, 운영, 실행 체제가 인증 기준에 적합하고, 안전한 서비스를 제공할 수 있음을 인증

- P 인증: 정보 은행 서비스 제공 전에 인증 기준에 적합함을 인증하는 것으로, 서비스를 개시한 이후 일반 인증을 취득해야 함

일반 인증을 획득한 서비스

서비스명	사업자명	인증일	서비스 개요
MEY	Mydata Intelligence*	2020.11.26	개인 데이터 제공에 대해 포인트 등의 혜택을 보상하는 데이터 유통 서비스
passpit	Datasign	2020.02.26	개인 데이터 통합 관리, 로그인 정보 관리, 데이터 유통 지원

*모회사인 덴츠테크로 운영권 양도(2021년 8월 27일)

P 인증을 획득한 서비스

서비스명	사업자명	인증일	서비스 개요
보험 데이터 뱅크 서비스	MILIZE	2021.03.11	개인 데이터 제공에 대해 포인트 등의 혜택을 보상하는 데이터 유통 서비스
지역형 정보 은행 서비스 (가칭)	중부 전력	2020.02.04	개인 사용자들이 지역별 정보 은행에 데이터를 신탁하고 데이터를 제공받는 기업들은 쿠폰, 포인트 등의 혜택 제공 20.3월 아이치현 토요타시 시범 서비스 실행
정보 제공 서비스(가칭)	J.Score (미즈호은행 & 소프트뱅크)	2019.12.24	다양한 개인 데이터를 AI로 분석하여 신용 점수를 제공하고, 기업에 개인 데이터 및 신용 점수 제공
지역 진흥 플랫폼(가칭)	펠리카 포켓 마케팅	2019.06.21	지역 경제 활성화를 지원하는 마케팅 지원 서비스로 개인 사용자가 개인 데이터를 등록하고 쿠폰, 캠페인 정보 등을 받음 지역 상인 등은 개인 데이터를 활용하여 맞춤형 마케팅
데이터 신탁 서비스(가칭)	미츠이 스미토모 신탁 은행	2019.06.21	오사카 지역을 대상으로 의료 기관에 저장된 개인별 의료 데이터를 동의 기반으로 수집 기업은 상품 개발 및 수요 분석 등을 위해서만 개인 데이터 활용 가능

출처: 일본 IT 단체 연맹 https://www.tpdms.jp(2021.10월 기준)

(유통 서비스 사례)개인 데이터를 상품화해서 판매하는 마켓플레이스 : Streamr[10]

Streamr는 데이터 마켓 플레이스와 데이터 유통 및 정산 기능을 가진 오픈 소스 플랫폼을 제공합니다. Streamr는 데이터 유통 과정의 거래 당사자 또는 중개자의 역할을 하지 않습니다. 당연히 거래에서 발생하는 수수료를 받지도 않습니다.

Streamr의 주요 역할은 실시간 데이터 전송 기술을 개발하는 것으로, Streamr 네트워크라고 불리는 기술을 기반으로 개인 데이터가 안전하게 이동할 수 있는 생태계를 지원합니다.

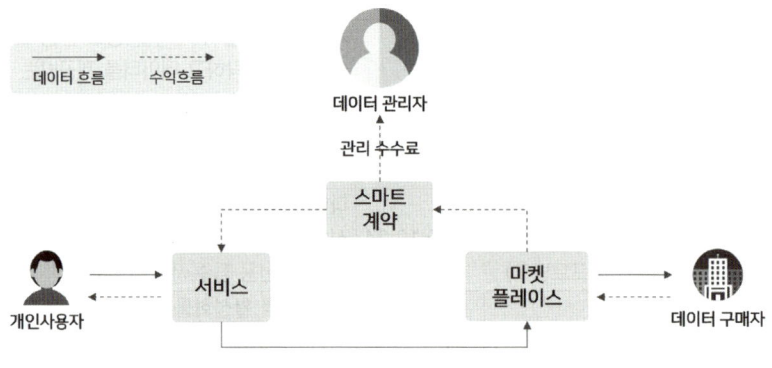

Streamr 개인 데이터 거래 사례

Streamr의 데이터 유통 생태계의 이해관계자는 관리자(데이터 상품 판매자), 데이터 제공자(개인), 데이터 구매자입니다.

관리자는 다양한 서비스를 운영할 수 있고 해당 서비스의 사용자들로부터 데이터 판매에 대한 동의를 받아 데이터 상품을 만들 수 있습니다. 관리자가 마켓플레이스에 등록한 데이터 상품이 판매되면, 스마트 계약을 통해

---

10) Streamr 웹사이트 https://streamr.network

사전에 정한 비율로 관리자와 데이터 제공자에게 수익이 자동 배분됩니다. 유통 서비스 방식 중 직접 판매에 해당하는 유형입니다.

스마트 계약을 이용한 수익 배분 방식은 데이터 제공자와 관리자 간의 신뢰 유지에도 도움이 됩니다. 관리자는 데이터 제공자의 수익 정보에 접근할 수 없고, 데이터 제공자는 사전에 약속한 수수료 비율에 따라 수익을 정산받을 수 있습니다.

데이터 상품을 판매하는 관리자는 데이터 품질 유지를 위한 권한이 있어, 약속한 수준의 데이터를 제공하지 않는 개인을 배제할 수 있습니다. 이를 통해 데이터 구매자는 신뢰할 수 있는 데이터를 확보할 수 있습니다.

이해관계자	역할
관리자 (데이터 상품 판매자)	• 관리 중인 서비스에서 생성되는 개인 데이터를 통합하여 상품으로 판매 • 데이터 품질을 유지하기 위해 필요한 데이터를 제공하지 않는 개인 배제 가능 • 데이터 판매 시 수수료를 수취하며 수수료 비율은 직접 결정 • 개인이 데이터 제공에 동의하는 시점에 수수료에 대한 명확한 안내 제공 의무
데이터 제공자 (개인 사용자)	• 데이터 판매 동의 • 데이터 품질 유지 의무 • 데이터 판매 시 수익 확보
데이터 구매자	• 마켓플레이스에서 데이터 구매 결정

Streamr의 유통 서비스 이해관계자별 역할

데이터 서비스: 분석 서비스 유형

분석 서비스는 가장 많이 알려져 있는 마이데이터 서비스 유형입니다. 분석 서비스를 통해 개인의 현재 상태에 대한 진단, 비교, 예측, 조언, 추천 등을 제시함으로써 개인의 의사 결정 지원, 그리고 개인별 가치와 취향을 고려한 새로운 발견과 경험을 지원할 수 있습니다.

- 건강, 자산 등 개인의 현재 상태에 대한 정보 제공 및 진단
- 비교, 예측, 조언, 추천 등 개인의 의사 결정 지원
- 개인의 가치와 취향을 고려한 새로운 발견과 경험 지원

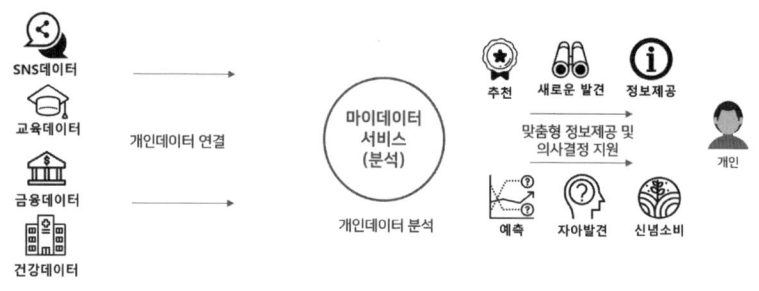

분석 서비스

가장 대표적인 서비스는 초개인화 맞춤형 추천 서비스입니다. 마이데이터 환경에서 개인의 생활과 관련된 수많은 데이터를 통합해서 분석할 수 있으므로 개인별 취향과 특성에 딱 맞는 제품 및 서비스를 추천할 수 있습니다.

분석 서비스는 어떤 데이터를 융합 및 활용하여 어떤 가치를 고객에게 제공할 것이냐에 따라 다양한 서비스로 구현될 수 있습니다.

다만, 분석 서비스 준비 시 잊지 말아야 할 것은 분석 결과에 대한 신뢰를 확보하기 위해 명확한 분석 근거와 개인이 받는 혜택을 직관적으로 알려주는 것입니다. 예를 들어, 높은 금리의 대출 상품을 이용하는 개인에게 더 유리한 대출 상품을 추천해 주면서, 절약 가능한 이자가 얼마인지 알려줄 수 있습니다. 더 신뢰할 수 있는 방안은 개인이 추천 및 조언 등을 받아들인 이후 실제로 발생한 혜택의 규모와 예상안을 비교하여 제시하는 것입니다.

(분석 서비스 사례)개인 고객과 판매자가 모두 혜택을 받는 맞춤형 캐시백 : Meniga Rewards[11]

여러분은 휴대폰과 이메일로 들어오는 마케팅 정보를 주의 깊게 확인하시나요? 언제 가입했는지도 기억나지 않는 온라인 쇼핑몰에서 보내는 광고, 휴대폰 번호 전 사용자가 가입했을 것으로 추정되는 웹사이트의 문자, 누구에게나 똑같이 보내는 쿠폰 등 현재의 나에게 전혀 도움이 되지 않는 마케팅 정보에 피로감을 느끼는 분들이 많을 텐데요.

기업 입장에서도 다수의 고객들에게 광고 문자를 보내는 것보다 목적에 따라 구매 전환 확률이 높은 고객을 선별해서 마케팅을 진행하는 것이 훨씬 효과적일 것입니다. 하지만 자체적인 멤버십 제도를 운영하기 어려운 소상공인의 경우 어떤 고객이 구매 횟수가 많은지, 고객의 취향이 어떤지 등을 파악하는 일은 쉽지 않습니다.

Meniga Rewards의 핵심 기능은 기업(소상공인 포함)이 등록한 마케팅 조건에 따라 고객의 구매 내역 및 현재 위치를 기반으로 개인별 캐시백 쿠폰을 발행하는 것입니다.

마케팅 조건에 따라 개인별로 다른 종류의 캐시백 쿠폰을 받게 되며, 고객의 위치 정보를 기반으로 오프라인 상점의 마케팅도 가능합니다. 캐시백은 쿠폰과 구매 내역을 분석하여 개인에게 자동으로 지급합니다.

[개인 고객 대상 캐시백 지급]
- 개인이 제공한 구매 내역을 분석하여 선호 브랜드 및 구매 행동 분석 후 개인화된 캐시백 쿠폰 제안

---

[11] Meniga, Meniga Product Brochure 2020, https://www.meniga.com/download/menigas-product-brochure

- 온라인 및 오프라인 구매 모두 지원
- 오프라인의 경우 개인의 현재 위치를 중심으로 캐시백을 받을 수 있는 매장 정보 알림

[기업 고객 대상 마케팅 플랫폼 지원]
- 중소기업 및 소상공인을 대상으로 마케팅 서비스 제공
- 신규 고객 확보, 충성 고객 유지 등 마케팅 목적에 적합한 고객 선정 지원 (ex. 월 소비 금액이 40만 원 이상인 고객 중 전체 금액의 20% 이상을 우리 브랜드에서 구매하는 단골 고객에게 드리는 캐시백 제안)
- 기업이 마케팅 정보를 입력하면 대상 고객 선정, 캠페인 실행, 성과 분석까지 제공

개인이 받는 캐시백 쿠폰에는 해당 캐시백이 제공된 이유와 세부적인 캐시백 조건 등이 포함되어 있습니다. 기업은 판매자 포털을 통해 직접 마케팅 캠페인을 생성하고 모니터할 수 있습니다. Meniga는 마케팅 조건에 관여하지 않으며 기업이 등록한 마케팅에 적합한 고객 선정 및 실행만 담당합니다.

(분석 서비스 사례)자산 정보를 한 번에 조회하고 맞춤형 금융 서비스 제공 : 금융 마이데이터 서비스

금융 마이데이터 서비스는 신용 정보법 개정 및 금융 마이데이터 사업자 허가제를 디딤돌 삼아 가장 빠른 속도로 시장이 형성되고 있습니다. 2021년 12월부터 금융 마이데이터 시범 서비스가 시작되었고, 금융 마이데이터 사업자들은 다양한 자산 통합 조회 및 맞춤형 자산 관리 서비스를 출시하고 있습니다.

개인 자산 관리 서비스(Personal Finance Management, PFM)는 개인의 은행, 카드, 투자, 신용 점수, 기타 유형 자산 등에 대한 데이터를 수집하여 통합 조회, 관리, 분석 서비스를 제공합니다. 금융 데이터를 통합 분석하여 개인에게 유리한 금융 상품을 추천하고, 불필요한 지출을 방지하는 사전 알림과 금융 사기 탐지 등의 서비스도 제공할 수 있습니다.

PFM 서비스 중 가장 잘 알려진 서비스는 미국의 민트(MINT) 입니다. 유료 서비스 중심이었던 자산 관리를 무료로 제공하면서도 계좌 통합 조회, 예산 및 지출 관리, 금융 상품 추천, 자산 목표 관리, 신용 점수 모니터링 등의 다양한 기능을 지원합니다. 그리고 Zillow(부동산), Kelly Blue Book(자동차 가치 평가) 등 금융 외 서비스와 연계하여 개인 생활 중 큰 금액이 소요되는 부동산 및 자동차 등의 예상 가치를 제공합니다.

국내 PFM 서비스의 경우 금융 마이데이터 허가제로 인해 비슷한 시기에 다수의 서비스가 출시됨에 따라 서비스 차별화에 노력을 기울이고 있습니다. 개인별 금융 자산 유형을 MBTI처럼 분석하여 같은 유형에 속한 타 사용자들과 비교 결과를 알려주거나, 고객 계좌의 7일 뒤 예상 잔액을 분석하여 연체 방지 혹은 여유 금액 활용 방안 등을 제시합니다. 고객의 실제 구매 패턴을 기반으로 가장 유리한 신용카드 포인트 적립 및 할인 혜택 등을 추천하고, 금융 소외 계층 혹은 씬파일러[12] 고객을 대상으로 한 신용 점수 평가 및 대출 서비스도 있습니다. MINT 사례처럼 금융 외 분야와 결합한 생활 금융 서비스도 제공합니다.

금융 마이데이터 서비스를 통해 개인이 정기적으로 지출하는 구독 서비스도 관리할 수 있습니다. 개인의 지출 내역에서 고정비를 자동 추출하여 구

---

12) 금융 거래 내역이 거의 없어 신용 등급을 정확하게 평가하기 어려운 고객

독 서비스 목록, 결제일 및 금액 등을 제공합니다. 국내의 경우 구독 서비스만 전문적으로 관리하기보다는 통합 자산 관리 서비스 내에서 고정비 지출 관리로 제공되는 경우가 많습니다. 구독 서비스 시장의 다양성 및 규모가 확대되고 있는 지금, 구독 서비스 관리 서비스에 대한 수요가 커질 것으로 예상하며 구독 서비스 사용료에 대한 관리를 넘어 개인별 상황 및 취향을 고려한 구독 서비스 추천, 가입·변경·해지까지 제공하는 서비스도 등장하고 있습니다.

(분석 서비스 사례)내 평판에 나쁜 영향을 줄 수 있는 소셜 미디어 콘텐츠 관리 : TFP

여러분은 과거부터 현재까지 소셜 미디어 서비스를 전혀 이용하지 않는 사람을 몇 명 정도 알고 계신가요? 자신이 유명인이 되었거나, 소셜 미디어 콘텐츠가 실명으로 공개되는 상황을 가정했을 때 걱정되는 내용이 바로 떠오르시나요?

TFP는 개인의 소셜 미디어 게시물을 분석하여 사회적 평판을 관리하는 서비스입니다. TFP는 Facebook, Instagram, Twitter, Flicker 등에 등록된 글이나 사진 중 개인 사용자의 평판에 영향을 줄 수 있는 콘텐츠를 찾아서 알려줍니다. 개인은 해당 콘텐츠에 대한 유지, 수정, 삭제 여부를 결정할 수 있습니다.

현재, TFP는 맥락에 관계없이 특정 단어를 검색해서 해당 단어가 포함된 모든 소셜 미디어 콘텐츠를 찾아냅니다. 아직 기초적인 수준이지만 최신 이슈를 잘 반영한 마이데이터 서비스 사례입니다. 향후 문장의 맥락을 반영한 콘텐츠 검색과 함께 데이터 주체의 권리 중 하나인 '잊힐 권리(삭제권)' 지원 등으로 확장 가능한 서비스입니다.

인프라 서비스: 인증 서비스 유형

마이데이터 서비스는 개인이 개인 데이터 사용에 대한 모든 의사 결정 권한을 가지고 있습니다. 필연적으로 의사 결정을 내리는 사용자가 진짜 본인임을 확인하는 것은 아주 중요합니다.

인증 서비스는 사용자의 본인 여부 및 전자 서명 등을 안전하고 편리한 방식으로 검증할 수 있도록 지원하는 서비스입니다. 본인 인증 외에도 개인의 다양한 신분 증명 및 디지털 ID 등을 한곳에서 관리하는 기능을 함께 제공할 수 있습니다.

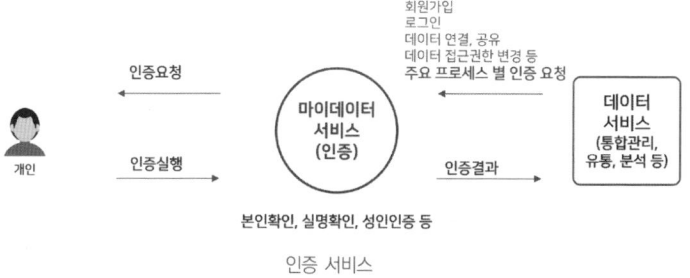

인증 서비스

마이데이터 서비스는 '인증'으로부터 시작합니다. 어떤 유형의 서비스를 제공하든 '인증'은 필수적인 기능입니다. 서비스 제공자가 직접 운영할 수도 있고, 외부 서비스를 활용할 수도 있습니다.

인증 분야에서는 디지털 환경에서 사용자가 직접 자신의 신원데이터를 관리하는 자기 주권 신원(Self-sovereigh identity, SSI)을 통해 개인 정보 유출 및 신분 도용 등의 문제를 해결하고자 합니다. 자기 주권 신원을 지향하는 서비스들은 주로 블록체인 기반 분산 ID(Decentralised Indentify, DID) 기술을 활용합니다.

국내에서는 전자 서명법 개정 등 정부의 새로운 본인 확인 및 인증 관련 정책 추진과 함께 민간 DID 서비스가 출시되었고, 해당 서비스들은 전자 증명서 제공 및 비대면 계좌 개설 시 실명 인증 등을 지원합니다.

(인증 서비스 사례)접근 통제를 위한 통합 ID 및 인증 관리: SeLF[13]

SeLF는 B2B 서비스로 기업에 필요한 포괄적인 신분 확인 및 물리적인 접근 통제를 제공합니다. 사무실 출입 시 필요한 출입 카드의 역할을 모바일 앱으로 대신하고, 필요시 실시간으로 접근 권한을 변경할 수 있습니다. SeLF의 주요 특징은 다음과 같습니다.

- SeLF를 도입한 기업(관)의 임직원들은 Wallet 앱에 자신의 신분 및 자격을 증명할 수 있는 데이터 저장
- 기업(관)은 접근 권한 부여 시 Wallet 앱의 신분 및 자격의 유효성과 신뢰성 검증
- 개인 데이터는 개인의 모바일 기기에만 저장되며 기업(관)은 데이터에 접근하지 않고 검증 결과만 확인
- 생체 인증을 포함한 다양한 신원 데이터를 관리할 수 있으며, 다수의 분산원장 네트워크 지원

인프라 서비스: 동의 관리 서비스 유형

데이터 경제에 접어들면서 전 세계적인 개인 정보 보호 규제 방향은 활용을 촉진하되 보호는 더 확실하게, 그리고 데이터 주체의 권리를 제대로 보장하는 쪽으로 변화하고 있습니다.

---

13) SeLF 웹사이트 https://self-ssi.com

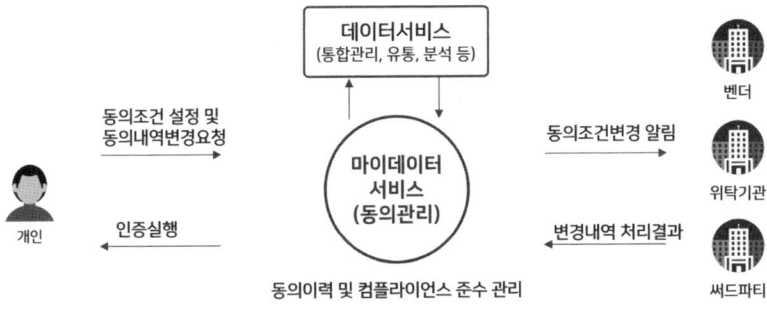

동의 관리 서비스

개인 데이터가 이동하고, 식별 가능한 데이터를 직접 활용하는 마이데이터 서비스에서 데이터 주체의 권리 보호와 컴플라이언스 준수는 매우 중요한 과제입니다.

마이데이터 서비스에서 개인의 동의는 서비스의 시작과 끝이라고 할 수 있습니다. 개인의 동의로 데이터가 이동하고, 동의를 철회하면 누구도 데이터를 이용할 수 없습니다. 개인 입장에서는 자신의 동의 조건에 따라 개인 데이터가 이용된다는 확신이 있어야 하고, 기업 입장에서는 서비스 운영 시 사용자의 동의 조건이 실시간으로 정확히 반영되는 시스템이 필요합니다.

동의 관리 서비스는 개인 데이터를 다루는 서비스 제공자를 대신해서 개인 데이터 이동·활용 등에 대한 개인의 동의 및 철회 등을 지원하고 동의 이력을 관리합니다.

여기까지만 설명하면 "회원 가입이 필요한 모든 서비스에서 자체적으로 제공하는 기능인데 왜 별도의 외부 서비스를 이용하지?"라는 의문이 드실 텐데요. 마이데이터 생태계가 성장할수록 하나의 서비스 제공자는 다수의 데이터 제공자 및 다수의 데이터 수신자와 연결되어 있을 가능성이 높습니다. 전송 요구권을 통해 특정 기업(관)이 보유한 데이터를 이용하는 제3의 서비스가 많아질 수 있고, 타 서비스의 개인 데이터를 전송받아 새로운 서비스를 제공하는 경우 서비스의 품질을 높이기 위해 데이터 제공자가 점점 많아질 가능성도 있습니다. 여기에 개인의 동의 조건이 각 서비스별로 다르게 구성되면, 데이터가 연결된 외부 서비스가 많아질수록 동의 관리의 복잡도가 높아집니다.

동의 관리 서비스는 기업의 동의 관리 시스템을 대신하는 역할뿐 아니라, 개인의 데이터 주권 보호를 우선으로 합니다. 이를 위해, 개인에게 간편하고 쉬운 동의 변경 및 처리 결과 확인 기능을 제공하여 신뢰를 확보합니다. 기업 또한 복잡한 컴플라이언스 위험을 줄이고 다수의 데이터 연결로 인해 증가하는 동의 관리 비용을 절감할 수 있습니다.

동의 관리 서비스는 일반적으로 다음의 기능을 제공합니다.

- 동의 관리: 국가별 규정에 적합한 동의 관리 형식 지원 및 개인의 동의 관련 요청을 기업(관) 데이터 공급망 전체에 걸쳐 자동으로 전달(제3자 포함)
- 데이터 주체 권리 관리: 개인의 데이터 권한(접근, 전송, 삭제 등) 요청 내역 및 처리 기한 관리
- 컴플라이언스 지원: 국가별, 산업별 관련 정책 및 규제 변화를 모니터링하고 규제 준수에 대한 알람 지원

동의 관리 서비스는 Piwik Pro, OSANO, DataGrail, Consent Manager 등 이미 상용 솔루션이 다양하며, 타 마이데이터 서비스 유형에 비해 시장 성숙도가 높은 편입니다. 전문 리서치 기관은 동의 관리 플랫폼 시장의 규모가 빠른 속도로 커질 것으로 예상합니다.[14]

---

14) 동의 관리 시장은 2021년부터 2027년까지 약 21.9%의 연간 성장률(CAGR)로 성장하여 12억 달러에 이를 것으로 전망(Research and Markets, 2021)

동의 관리 서비스 예시

(동의 관리 서비스 사례)개인 데이터 전송 중심 동의 관리: iGrant[15]

iGrant는 개인 데이터 전송에 대한 동의 관리를 지원하는 플랫폼으로 개인의 동의 조건 관리 및 이력 조회를 간편하게 지원합니다.

개인이 iGrant 앱을 통해 데이터 이동을 요청하거나 동의 조건을 변경하면, iGrant를 이용하는 기업들은 실시간으로 알림을 받습니다.

예를 들어, 개인이 A기업에서 B기업으로 데이터 전송을 승인하면 iGrant는 데이터 공유 계약을 체결하고 계약 내용을 A와 B기업에 전달합니다. B기업은 계약 확인 후 A기업에 데이터를 요청할 수 있습니다. 개인 사용자의 동의가 실제로 존재하는지는 iGrant 서비스를 통해 확인할 수 있습니다.

---

15) iGrant 웹사이트 https://www.igrant.io

(동의 관리 서비스 사례)개인 데이터 접근 및 활용에 대한 다양한 동의 조건 설정: Mydex[16]

Mydex는 영국의 대표적인 통합 관리 서비스입니다. 동의 관리에서 Mydex를 언급하는 이유는 복잡한 동의 관리 서비스를 개인이 직관적으로 이해할 수 있는 방식으로 제공하기 때문입니다.

통합 관리 서비스인 Mydex의 경우 개인 데이터를 가장 최신 버전으로, 동일하게 유지할 필요가 있습니다. 물론, 개인은 다수의 서비스에 있는 자신의 데이터를 한 번에 동기화하고 싶을 수도 있고, 아닌 경우도 있습니다. Mydex는 개인이 자신의 데이터에 대한 접근 및 활용 조건을 데이터별로 쉽게 조정하고 인지할 수 있도록 지원합니다.

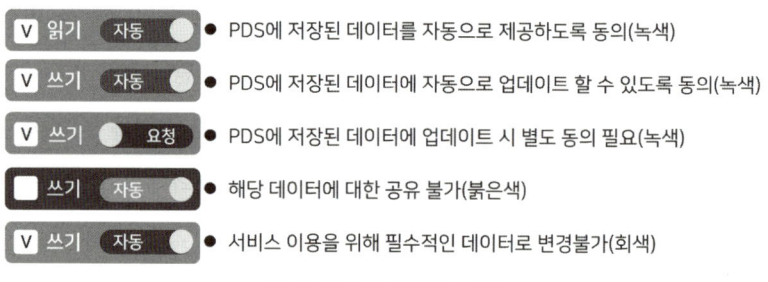

Mydex의 동의 관리 기능 사례

데이터별 동의 조건은 크게 활용 유형(읽기, 쓰기)과 건별 승인 요청 여부(건별 요청, 자동 승인)이고, 활용 가능 여부는 녹색(허가), 빨간색(거부), 회색(필수 제공 데이터)로 제공합니다.[17]

- 읽기(Mydex에서 전송) – 서비스 제공자가 PDS에 저장된 특정 데이터를 읽을 수 있음(공유)

---

16) Mydex 웹사이트 https://pds.mydex.org
17) 포괄적 동의, 사전 동의 등 서비스 제공 국가 및 산업 분야의 개인 정보 관련 규제 확인 필요

- 쓰기(Mydex에 전송) - 서비스 제공자로부터 새로운 데이터를 받거나 기존 데이터 업데이트
- 요청 - 서비스 제공자가 Mydex에 읽기 또는 쓰기 작업을 수행할 때마다 사용자의 승인 요청 필요
- 자동 - 서비스 제공자가 사용자에게 매번 승인을 요청하지 않아도 읽기 또는 쓰기 작업 수행 가능

인프라 서비스: 연계 서비스 유형

마이데이터 서비스의 가장 큰 특징은 개인 데이터의 이동입니다. 그런데 개인 데이터의 이동만큼 중요한 것은 데이터의 활용성을 보장하는 것입니다. 연계 서비스는 데이터의 이동성과 활용성을 모두 지원하며, 데이터 보유자로부터 개인 데이터를 수집하거나, 활용 서비스에 데이터를 전송할 수 있는 안전하고 표준화된 방식의 기술 환경을 제공합니다.

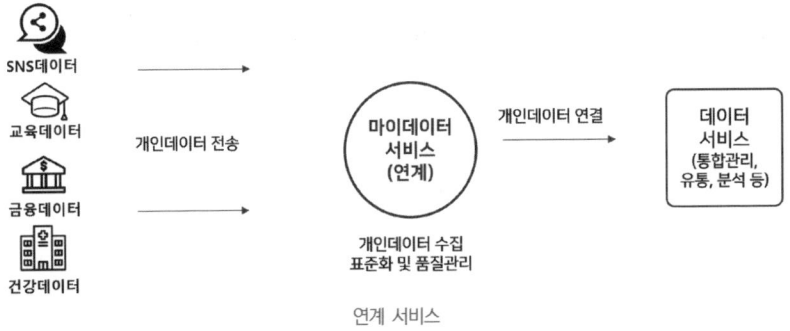

연계 서비스

대부분 B2B 시장이 형성되어 있으며 기업 입장에서는 마이데이터 생태계가 다양한 분야로 확대되는 경우 多:多 데이터 연결 시 발생하는 비용 및 운영 비효율을 절감할 수 있습니다.

연계 서비스는 다양한 분야의 데이터를 수집하여 제공하므로 개인 데이터 표준화 및 품질 관리가 중요합니다.

정부에서 추진하는 공공 마이데이터 유통 플랫폼이나 의료 분야의 마이헬스웨이 등도 데이터 연계 서비스를 제공합니다. 다양한 공공 기관 혹은 의료 기관에 분산된 데이터를 활용 가능하고 신뢰할 수 있는 방식으로 제공합니다. 해당 플랫폼들은 활용 서비스 제공자에게 훌륭한 연계 서비스 역할을 합니다.

금융 분야에서는 은행, 카드, 보험, 증권, 통신 등의 업권별로 데이터 전송을 위한 API 표준을 수립하고 각 금융 기관이 자체적으로 API를 구축하고 있습니다. 다만, 중소 규모 금융 회사를 위해 데이터 전송 환경을 제공하는 중계 기관을 운영하고 있습니다. 중계 기관이 연계 서비스 역할을 합니다.

하지만 모든 분야의 개인 데이터와 마이데이터 서비스에 대해 단 하나의 표준을 정하는 것은 불가능합니다. 가능하다고 해도, 개인 사용자의 의지와 관계없이 공유 대상 데이터의 범위를 지정하는 것은 마이데이터 취지를 벗어나는 방향입니다. 그래서 연계 서비스의 역할이 중요합니다.

(연계 서비스 사례)미국 핀테크와 금융 기관의 데이터 연결 서비스
: Plaid[18]

Plaid는 미국 및 캐나다 금융 기업(관)이 보유한 데이터와 핀테크 서비스를 연결하는 API 서비스 제공 기업입니다. 미국 핀테크 회사의 80% 이상이 Plaid를 이용하고 있고, 2020년 1월 비자(VISA)가 53억 달러에 인수했습니다. 유사한 서비스로 Yodlee가 있습니다.

Plaid는 앞서 사례로 든 MINT 및 Digi.me 등 금융 데이터를 수집하는 서비스에서 쉽게 만날 수 있습니다. 개인이 특정 금융 회사의 데이터 연결을 선택하면, Plaid에서 제공하는 데이터 연결 화면이 나타나고 간편한 동의 과정을 거쳐 해당 서비스로 데이터를 전송합니다.

(연계 서비스 사례)자동차 데이터를 서드파티에 제공
: 현대 디벨로퍼스(기아, 제네시스)

현대자동차는 커넥티드카 이용 고객의 차량 제원/운행/주행 거리/상태/운전 습관 데이터를 API로 제공합니다. 서드파티 기업은 데이터 API를 이용하여 자동차 보험, 중고차 거래 등의 신규 서비스를 개발할 수 있습니다.[19]

현대 디벨로퍼스 외에도 기아 디벨로퍼스, 제네세스 디벨로퍼스 서비스도 자동차 관련 데이터 API를 지원하여 고객 가치 향상을 위한 신규 비즈니스 발굴에 기여하고 있습니다. API는 2021년 10월 기준 무료로 제공 중입니다.

본 사례는 전형적인 연계 서비스는 아니지만, 대규모 개인 데이터를 보유한 기업이 이동권 의무화 이전에 선제적으로 데이터 이동 및 활용 환경을 제공한다는 점에서 의미가 있습니다.

---

18) Plaid 웹사이트 https://plaid.com/
19) 현대 디벨로퍼스 웹사이트 https://developers.hyundai.com/web/v1/hyundai/main

API 종류		활용 사례
계정 정보 제원 정보 운행 정보 차량 상태 주행 거리 운전 습관 등	자동차 보험	운전자의 정확한 운전 습관을 분석하여 보험료 할인 혜택 제공
	차량 관리	주유, 정비, 주행 등 차량 관리 기록 시 현대자동차의 누적 주행 거리 데이터를 자동으로 확인하여 주유 시점 예측
	중고차	신뢰할 수 있는 차량별 운행 기록 분석 및 차량 상태 정보 제공
	차량 편의	정확한 자동차 위치 정보를 제공하여 경로상의 매장 추천, 인카 딜리버리 서비스 제공

현대 디벨로퍼스 API 종류 및 활용 사례

**(연계 서비스 사례) 빅테크 기업 간 개인 데이터 공유 프로젝트
: Data Transfer Project**[20]

본 사례는 상용화된 서비스는 아니지만 빅테크 기업의 의미 있는 행보로 소개합니다. 구글, 마이크로소프트, 메타(구 페이스북), 트위터, 애플, 스머그머그 등은 2017년부터 Data Transfer Project(DTP)를 시작하였습니다. 이 프로젝트는 개인의 서비스 선택권 보장 및 서비스 경쟁력 향상을 목표로 사진, 비디오, 즐겨찾기 정보, 게시물 등에 대한 서비스 간 이동성 및 상호 호환성을 지원하는 플랫폼을 제안합니다.

DTP는 사용자의 편의성을 최우선으로 고려하면서도, 서비스 제공자가 기존 시스템에 DTP의 플랫폼을 쉽게 적용할 수 있도록 구축합니다.

- 인증 및 파일 전송은 기존의 검증된 표준(ex. OAuth, REST 등)을 준수하며 새로운 표준 정립 지양

---

20) Data Transfer Project 웹사이트 https://datatransferproject.dev

- 서비스 사업자의 핵심 인프라스트럭처에 영향을 주지 않고 기존의 API 및 인증 메커니즘을 활용할 수 있는 방식으로 구축
- 언제, 누구라도 DTP 인프라스트럭처를 이용할 수 있도록 유연한 설계

구글은 DTP 진행 과정에서 테이크아웃 서비스의 전송 기능을 확장하고 있습니다. 최근에는 구글 포토에 저장된 사진을 플리커로 전송할 수 있도록 지원하고 있습니다.[21] 메타의 경우 페이스북에 저장된 사진을 구글 포토, 드롭박스 등으로 전송하는 서비스를 제공합니다.[22]

다양한 관점에서 마이데이터 서비스 바라보기

6가지 마이데이터 서비스 유형은 개인 데이터가 이동하는 과정에서 필요한 기능과 주요 사용자(개인/기업)를 중심으로 분류한 것입니다. 앞에서 설명한 서비스 유형별 사례처럼 같은 유형 내에서도 서비스는 다양하게 나타날 수 있습니다.

하지만, 국내의 경우 아직까지는 맞춤형 추천을 통한 중개 수수료 수익 확보에 초점을 맞추고 있습니다. 서비스를 기획할 때 사용자 중심, 즉 사용자의 수요와 불편한 점에서 아이디어를 찾아야 한다는 얘기는 많이 들어보셨을 텐데요. 마이데이터 서비스도 다르지 않습니다.

다양한 마이데이터 서비스 아이디어를 위해 사용자 유형과 개인 데이터의 범위를 확장해서 생각해 보면 어떨까요?

---

21) Google Blog https://blog.google/technology/safety-security/data-portability
22) How to Transfer Your Facebook Photos and Videos to Another Service, 2021.1.2. https://www.pcmag.com/how-to/how-to-transfer-facebook-photos-videos-to-google-photos

현재 대다수 PFM 서비스들은 직장을 통해 정기적인 수입이 있는 1명의 성인 사용자를 대상으로 합니다. 경제 교육이 필요한 어린이, 청소년부터 다수의 수입원을 가진 프리랜서와 N잡러, 플랫폼 노동자, 그리고 임대 사업자, 연금 생활자, 경제 공동체를 이루는 가족 단위까지 사용자 유형별로 특화된 PFM 서비스를 고려해볼 수 있습니다.

사용자 유형이 달라지면 분석 관점도 달라집니다. 사용자별로 문제의식이나 수요가 다르기 때문입니다. 소득이 불규칙한 프리랜서는 다양한 소득원과 수입 규모를 고려한 저축과 지출에 대한 금융 조언이 필요합니다. 용돈을 받는 어린이 및 청소년에게는 모의 투자, 부모님에게 용돈 받기 미션 등 게이미피케이션 요소를 도입한 금융 교육을 서비스할 수 있습니다.

생활비를 함께 관리하는 룸메이트, 자산 관리를 공동으로 하는 부부 등 2명 이상의 사용자에게는 공동 자산 관리 서비스를 제공할 수 있습니다. 공동 자산 관리 서비스는 동호회의 회비 관리에도 활용할 수 있습니다. 동호회 회원들이 모두 같은 은행을 이용하지 않아도 회비 계좌 소유자의 동의를 받아 회원들이 입출금 내역을 함께 확인할 수 있습니다.

개인 데이터의 범위도 마찬가지입니다. 4명이 함께 찍힌 사진은 누구의 데이터일까요? 내가 지출 내역에 메모해 둔 함께 식사한 친구의 이름은 개인 데이터 전송 시 함께 보낼 수 있을까요? 데이터 경제가 중요하다는데 유산 상속 시 개인 데이터를 재산으로 인정할 수 있을까요?

다양한 유형과 상황에서 만들어진 개인 데이터를 고려해 보고, 이 데이터의 이동과 활용 시 필요한 부분을 서비스화할 수 있습니다. 예를 들어, 다수의 개인이 관련된 데이터 활용 시 모두의 동의를 자동으로 관리하거나 나 외의 사람은 비식별 처리하는 서비스도 생각해볼 수 있습니다.

실제 사례로 네덜란드의 디지털 금고 서비스인 Schluss는 본인 사망 시 개인 데이터에 접근 가능한 대리인을 지정하는 서비스를 추진 중입니다. 대리인은 개인 데이터에 대한 모든 관리 및 관련 프로세스에 대한 권한을 가집니다. 현재 Schluss는 네덜란드 공증 기관에서 법적 허가를 얻기 위해 준비 중입니다.[23]

데이터 주체 중심의 마이데이터 서비스, Mydata by Design

마이데이터는 개인 데이터 패러다임이 데이터 주체인 개인을 중심으로 재편되는 변화를 뜻합니다. 마이데이터 서비스 제공자는 이 변화의 의미를 유지하고 지속하기 위해 마이데이터의 4가지 특징인 투명성, 신뢰성, 통제권, 가치 공유를 잊지 않아야 합니다.

첫 번째, 마이데이터 서비스의 투명한 운영입니다. 한 번쯤은 마케팅 목적의 전화를 받아보셨을 텐데요. 마케터는 내가 동의를 해서 전화를 했다고 하는데 언제, 어디서 동의를 했는지 전혀 기억이 나지 않고, 통화가 종료된 이후에 찾아보려고 해도 어디에서 확인해야 하는지조차 찾기 어려운 경우가 많습니다. 마이데이터 서비스에서는 개인이 자신의 데이터에 대해 누가, 어떻게, 어떤 데이터를 이용하는지 쉽게 확인할 수 있어야 합니다.

두 번째, 마이데이터 서비스의 신뢰성은 안전한 개인 데이터 관리 환경을 구비하고, 사용자에게 제공되는 정보에 대한 근거를 제공하는 것입니다.

개인 데이터를 처리하는 서비스 제공자는 안전한 시스템 환경을 마련해야 합니다. 개인 데이터를 처리하는 서비스 제공자가 갖춰야 하는 보안 규정을 준수하여 데이터 주체가 안심할 수 있도록 준비해야 합니다.

---

23) Schluss 웹사이트 https://schluss.org/

보안만큼 중요한 것은 서비스 제공자에 대한 신뢰입니다. 개인 데이터의 이동과 활용 시 서비스 제공자 혹은 제3자의 이익을 위해 개인의 이익을 해하거나, 개인의 의사와 다르게 이용하지 않아야 합니다. 현실적으로 개인은 서비스 제공자의 비윤리적 활동을 찾아내기 어렵습니다. 감독 당국이 있는 경우 서비스 제공자의 이해 상충 행위를 점검할 수도 있지만 우선적으로 서비스 제공자와 개인 간의 신뢰가 중요합니다.

한 예로, 국내 선도적인 자산 관리 서비스에서는 신용카드 추천 시 고객의 실제 지출 내역을 분석하여 신용카드를 바꿀 경우 얻을 수 있는 예상 혜택을 월별로 제시합니다. 고객은 자신이 얻게 될 혜택을 숫자로 직접 확인하고 신용카드 변경 여부를 결정할 수 있습니다.

세 번째, 통제권은 개인이 마이데이터 서비스를 이용하는 과정에서 어떤 개인 데이터를, 누구에게, 어떤 목적으로 전송하거나 활용하게 할 것인지를 쉽고 편한 방식으로 관리하는 것입니다.

지금까지 개인은 기업이 제시하는 제3자 제공 동의서에 동의 여부만 결정할 수 있었습니다. 마이데이터 서비스는 자신의 데이터를 활용하는 목적과 기관을 개인이 선택할 수 있습니다.

네 번째, 가치 공유는 개인 데이터 활용의 결과로 발생하는 가치를 개인에게 제공하는 것입니다. 가치는 정량적일 수도 있고, 정성적일 수도 있습니다. 핵심은 개인 데이터 생태계에서 데이터 주체인 개인이 소외되지 않는 것입니다. 마이데이터 서비스를 통해 개인에게 제공할 수 있는 대표적인 가치 공유 방식은 다음과 같습니다.

구분	가치 공유 유형	설명
정량적 가치	판매형	개인 데이터 유통으로 발생한 이익 환원 혹은 배분 (ex.개인 데이터 유통)
	교환형	일회성으로 기업이 원하는 개인 데이터를 제공하고 얻는 이익(ex.설문조사, 캠페인 참여 등)
	수익 배당형	마이데이터 서비스를 통해 기업이 얻은 이익 중 일부를 개인에게 배당
	비용 절감형	맞춤형 쿠폰, 할인 정보, 가격 비교 등을 통해 개인의 비용 절감 지원
정성적 가치	온미맨드형 (on-memand)	개인별 가치관이나 건강 등을 지킬 수 있도록 지원
	사회 공헌형	공익 및 연구 목적에 개인 데이터를 제공하여 사회 발전에 공헌

가치 공유 방안

마이데이터 서비스는 단순히 개인 데이터를 쉽게 수집해서 활용하는 것만을 지향하지 않습니다. 마이데이터 서비스를 '마이데이터답게' 만들기 위한 기본적인 원칙이 필요합니다.

EU GDPR은 프라이버시 바이 디자인(Privacy by Design)[24] 원칙을 가지고 있습니다. 프라이버시 보호와 마이데이터의 핵심 가치는 일맥상통합니다. 어떤 서비스를 제공하든지 프라이버시 보호를 고려한 기획과 구현이 필수적인 것처럼, 마이데이터 서비스도 서비스 기획 단계부터 마이데이터의 핵심 가치를 고려해야 합니다. 본 장에서는 이 원칙을 마이데이터 바이 디자인(Mydata by Design)으로 설명합니다.

---

24) 서비스를 기획하거나 시스템 등을 구축하려는 경우, 기획 및 설계 단계에서부터 프라이버시를 고려하여 이용자의 프라이버시 보호 및 개인 데이터에 대한 통제권을 보장하면서 서비스 및 시스템의 편리성을 해치지 않도록 기능 구현

> **[Mydata by Design]**
> 서비스를 기획하거나 시스템 등을 구축하는 경우, 기획 및 설계 단계에서부터 마이데이터 원칙을 고려하여 개인 사용자 중심의 개인 데이터 이동, 관리, 활용을 보장할 수 있도록 구현하는 것

마이데이터 바이 디자인(Mydata by Design) 적용 시 개인의 권리를 보장하면서도 개인 데이터가 생태계에서 안전하게 흐르도록 하는 최소한의 요건이 있습니다. 한국데이터산업진흥원에서는 마이데이터 서비스 안내서를 통해 공통 기능으로 설명하고, 금융 마이데이터 서비스 가이드라인에서도 유사한 내용을 지원 기능으로 언급합니다.[25]

한국데이터산업진흥원에서 강조하는 공통 기능은 다음과 같습니다.[26]

분류	주요 항목	설명
동의	알기쉬운동의	• 데이터 주체는 자신의 정보가 활용되는 목적, 기관, 범위에 대해 쉽게 이해할 수 있는 형태로 동의서를 제공받아야 하며, 활용 목적, 기관, 범위를 선택할 수 있어야 함
	동의관리	• 데이터 주체는 서비스 이용 중 언제라도 쉽고 편한 방식으로 동의내역을 변경(신규동의, 철회, 재동의)할 수 있어야 함
내려받기 및 공유	개인데이터 내려받기	• 데이터 주체는 서비스에 저장되어 있는 자신의 정보를 기계가독형 형태로 다운로드할 수 있어야 함 • 다운로드 방식은 디바이스로 내려 받기와 메일, 메신저 등을 통한 전송을 포함함 (포맷, 항목, 기간 선택 가능)
	선별공유	• 마이데이터 서비스 제공자는 데이터 주체가 지정한 제3의 서비스로 개인이 지정한 범위의 개인데이터를 기계가독형 형태로 전송해야 함
데이터 영수증	이용내역관리	• 데이터 주체는 개인데이터 수집 및 이용(동의, 내려받기, 공유 등)에 관한 내역을 이해하기 쉬운 방식으로 실시간 확인할 수 있어야 함 • 동의, 활용(수집/이용, 내려받기, 공유 등)에 대한 건별 상세내용이 담긴 영수증을 제공해야 함

마이데이터 서비스 공통 기능(한국데이터산업진흥원)

---

25) 한국데이터산업진흥원, 마이데이터 서비스 안내서, 2019
    금융위원회, 금융 분야 마이데이터 서비스 가이드라인/금융 분야 마이데이터 기술 가이드라인, 2021
26) 공통 기능 관련 상세 내용은 '마이데이터 서비스 안내서' 참고

첫 번째로 알기 쉬운 동의는 개인에게 자신의 데이터가 활용되는 목적, 기관, 범위에 대해 이해할 수 있는 용어와 형태로 동의서를 제공하는 것입니다.

이때, 동의서에는 최소한 내가 한 동의의 결과로 발생하는 상황에(마케팅 전화가 오거나 포인트 추가 적립 등) 대한 정보를 함께 제공하는 것이 좋습니다.

하지만 모바일과 같이 한정된 화면 안에 필요한 정보를 효율적으로 담기 어려운 것이 현실입니다. 관계 부처에서 전문가들과 함께 알기 쉬운 동의를 위한 동의서 구성 가이드라인을 준비 중입니다.

두 번째, 동의 관리는 개인이 서비스를 이용하는 중에도 동의 조회, 철회, 재동의 등 의사 결정을 변경할 수 있도록 지원합니다. 동의를 받을 때보다 동의를 철회하는 방식이 쉽게 제공되어야 하고, 동의 관리 메뉴는 이용자가 접근하기 쉬운 위치에 있어야 합니다.

세 번째, 내려받기는 사용자가 서비스에 저장되어 있는 자신의 데이터를 재사용할 수 있는 형태로 다운로드하거나, 메일, 메신저 등을 통해 전송하는 것을 포함합니다.

데이터 제공 시 기계 가독형(Machine-readable) 혹은 사람이 읽을 수 있는 형태(Human-readable)를 모두 지원해야 합니다. 개인 사용자가 직접 데이터를 관리할 목적일 때 Json이나 XML 형태만 지원하게 되면 난감한 상황이 생깁니다. 다른 서비스에 제공할 목적으로 데이터를 다운로드 받았는데 이미지 파일만 제공하면 내용을 텍스트로 변환하고 검증하는 번거로움이 발생합니다. 그래서 마이데이터 서비스에서는 사용자의 목적에 따라 데이터 형태를 선택할 수 있도록 권고합니다.

네 번째, 마이데이터 서비스 제공자는 개인이 지정한 서비스로, 개인이 지정한 범위의 개인 데이터를 기계 가독형 형태로 전송해야 합니다. 선별 공유의 핵심은 전송과 선택입니다. 원활한 선별 공유를 위해 데이터 이동권 법제화와 거버넌스도 함께 마련되어야 합니다.

마지막 이용 내역 관리는 동의 및 개인 데이터 처리 내역을 개인이 확인할 수 있도록 제공하는 것입니다. 한국데이터산업진흥원에서는 이 내역을 데이터 영수증으로 부릅니다. 물건을 사면 영수증을 받는 것처럼, 내 데이터 이용에 대한 영수증을 받는 것입니다.

지금까지 마이데이터 서비스의 개념부터, 서비스 유형, 원칙까지 설명해 드렸습니다. 마이데이터 서비스의 핵심을 정리하면 개인 중심의 데이터 활용과 다양한 관점입니다. 개인 중심의 데이터 활용은 몇 번을 강조해도 모자라지 않습니다. 마지막으로, 개인 데이터 이동 및 활용 과정을 지원하는 다양한 마이데이터 서비스는 지속 가능한 마이데이터 생태계 조성에 필수 요소임을 다시 한번 강조하면서 마이데이터 서비스 소개를 마치겠습니다.

※ 참고

본 장에서 예시로 든 서비스 사례들은 대부분 서비스 초기 단계로 아직 사업성을 검증받지 않았거나, 국가별 제도의 차이로 국내 적용이 어려운 경우도 있습니다. 다양한 관점의 마이데이터 서비스를 소개하는 목적으로 언급한 사례임을 고려해 주시기 바랍니다.

마이데이터 법 제도

- 꼬여버린 실타래 풀기

임태훈

마이데이터 법 제도
- 꼬여버린 실타래 풀기

마이데이터에 법과 제도가 필요한 이유

지금부터는 마이데이터와 관련 있는 법과 제도에 대해 이야기해 볼까 합니다. 앞서 살펴본 것처럼, 마이데이터는 일종의 패러다임, 사상입니다. 이런 사상이 사회 전반에 자율적으로 정착하려면, 많은 시간과 비용이 소요됩니다. 이해관계자 간 이익이 담보되지 않는 한, 강제성이 없다면 아무리 좋은 사상이라도 시장은 쉽게 받아들이려 하지 않을 것입니다. 개인에 비해 힘이 센 기존 플랫폼들로부터 데이터 주권(오너십, 소유권 등)을 개인에게 돌려주려면 법적 근거가 꼭 필요해 보입니다.

마이데이터의 핵심이 되는 법 제도는 '데이터 이동권'이라고 할 수 있습니다. 기본적으로 정보 주체의 개인 정보 자기 결정권, 열람권(사본 발급 포함), 개인 정보의 제3자 제공 등이 보장되어야 합니다. 우리나라의 경우, 정보 주체의 개인 정보 자기 결정권은 판례로, 열람권(사본 발급 포함)과 개인 정보의 제3자 제공 등은 개인 정보 보호법 등으로 제정되어 있습니다.

데이터 오너십

개인에게 데이터 오너십(ownership)이 있다고 아직 법으로 정하지는 않았습니다. ('오너십을 소유권으로 번역해서는 안 된다.'는 법학과 교수님의 의견에 따라, 오너십이라고 썼습니다.) 데이터가 물건이어야 개인이 가질 수 있는데, 데이터가 물건이냐에 대해서 아직 합의된 바 없기 때문입니다. 다른 나라에서도 이 문제에 대해 조금씩 논의가 진행되고 있을 뿐, 명확한 답을 내놓지 못하고 있습니다.

원칙상 물건을 만든 사람이, 물건을 가질 권리가 있다고 합니다. 그래서 개인에게 데이터 오너십이 있다고 주장하는 쪽은, 개인이 데이터를 만들어 내기 때문에 개인이 데이터를 가질 권리가 있다고 봅니다. 특히 요즘처럼 많은 물건들이 인터넷과 연결되어 데이터를 쏟아내는 시대에는 이런 주장이 옳다는 생각이 듭니다.

반면 개인에게 데이터 오너십이 없다고 주장하는 쪽은, 개인 데이터의 범위를 확정하기도 어렵고, 복제 용이성, 비배제성, 비경합성 등의 특징이 있어, 개인이 사실상 소유하기 어렵다는 입장입니다.

정보 주체의 개인 정보 자기 결정권

정보 주체의 개인 정보 자기 결정권은, 말 그대로 개인이 자기의 정보에 대해서 결정권을 가진다는 뜻입니다. 그런데, 이 권리는 헌법이나 개인 정보 보호법 등 법률에 명시되어 있지는 않지만, 헌법 재판소의 판결문에 언급되어 있습니다.

판결문에는 헌법상 기본권인 개인 정보 자기 결정권은 '자신에 관한 정보가 언제 누구에게 어느 범위까지 알려지고 또 이용되도록 할 것인지를 그 정보 주체가 스스로 결정할 수 있는 권리, 즉 정보 주체가 개인 정보의 공개와 이용에 관하여 스스로 결정할 권리'라고 정의하고 있습니다. (헌재 2005. 5. 26. 99헌마513)

개인 정보 자기 결정권으로 보호하려는 내용을 기본권들 및 헌법 원리들 중 일부에 완전히 포섭시키는 것은 불가능하므로 그 헌법적 근거를 굳이 어느 한두 개에 국한시키는 것은 바람직하지 않은 것으로 보고, 개인 정보 자기 결정권은 이들을 이념적 기초로 하는 독자적 기본권으로서 헌법에 명시되지 않은 기본권이라고 보고 있습니다.

개인 정보는 그야말로 개인의 정보입니다. 2020년 2월 개정된 우리나라 개인 정보 보호법 제2조에는 개인 정보가 다음과 같이 정의되어 있습니다. 이전 개인 정보 보호법의 개인 정보에 새롭게 가명 정보가 추가되면서, 정의에도 가명 처리에 대한 내용이 들어갔습니다.

개인 정보는 살아 있는 개인에 관한 정보로, 죽은 사람의 정보는 해당하지 않습니다. 예전 모 기업의 고객 관리 담당자가, "회원의 생사 여부만 알아도, 돌아가신 회원에게 전화를 걸거나 우편물을 보내는 결례를 범하지 않게 될 것이고, 고객 관리 비용도 상당히 절감할 수 있을 것"이라며, 생존 여부는 공공 정보가 아니냐고 주장하셨던 기억이 납니다. 죽은 사람의 정보는 개인 정보가 아니지만, 유족의 개인 정보이기도 하여 생사 여부를 공개하기는 쉽지 않습니다.

개인 정보 보호법은 개인을 대상으로 하기 때문에, 법인이나 단체의 정보는 그 대상에 해당하지 않습니다. 법인명, 사업자 등록 번호, 영업장의 주소와 전화 번호, 대표자 성명 등은 개인 정보가 아닙니다. 기업의 영업 비밀은 '부정 경쟁 방지 및 영업 비밀 보호에 관한 법률'에 따라 보호를 받습니다.

개인 정보 보호법 제4조에는 정보 주체의 권리를 명시하고 있는데요. 3항의 열람권에는 사본의 발급을 포함합니다. 그리고 제35조는 개인 정보의 열람에 대해 소상하게 규정하고 있습니다. 시행령 제41조는 열람 절차를 설명하고 있고요.

현재 새로 개정된 개인 정보 보호법에 따라 시행 규칙이 다시 만들어지고 있습니다만, 개정 전 시행 규칙의 별지 서식에서는 열람 형태를 열람·시청, 사본·출력물, 전자 파일, 복제물·인화물, 기타로 정하고 있었습니다. 문제는 이 전자 파일 형태의 사본 발급이 의무가 아닌 선택 사항이라는 것입니다. 그래서 4차 산업 혁명의 시대에(파일로 주신다면 유용하게 쓸 것을) 굳이 종이로 출력해 주셔도, 이용자는 뭐라 탓할 수 없는 것이지요.

개인 정보 열람을 요구해 보신 적이 있나요? 없으시다고요? 아닙니다. 분명히 있으실 것입니다. 주민등록표등본, 가족 관계 증명서 등 열람 및 발급해 보신 적 있으시잖아요. 국가에 등록하신 개인 정보가 잘 유지, 관리되고 있는지 열람하고, 그 증거를 문서 형태로 받는 것입니다.

문서에 따라 PDF로 받으실 수도 있고, 아니면 프린트기로 출력해야 합니다. PDF도 전자 파일이지만, 진정한 기계 가독형 전자 파일이라기엔 좀 부족한 감이 있습니다. 사람이 보기 위한 문서이니까요. 하긴 이전에는 꼭 동사무소에 가서 구청장 직인이 찍힌 종이를 받아와야만 했으니까 많이 발전한 것이지요.

PDF 파일로 받을 수 있는 근거가 바로 이 조항입니다. 전자 파일로 줄 수도 있는 것이지요. 다시 말씀드리지만 의무 사항이 아닙니다. 개인 정보 처리자가 마련한 방법과 절차에 따라 요구하여야 합니다.

스크래핑과 열람권

개인 정보 처리자가 파일로 사본을 발급해 주지 않을 때, 유용한 기술이 있습니다. 바로 스크래핑(Scrapping)입니다. 법 제도 부분이지만, 스크래핑 기술에 대해 잠깐 얘기하고 넘어갈까 합니다. 우리나라 스크래핑 엔진 기술은 미국에 수출할 정도로 수준이 높다고 합니다. 당연히 개인 정보 처리자들을 비롯한 데이터 보유 기관들은 스크래핑을 탐탁하지 않아 합니다.

스크래핑은 스크린 스크래핑과 전문 처리 스크래핑으로 구분할 수 있습니다. 스크린 스크래핑을 아주 단순화하여 예를 들면, 메일 등의 인터넷 서비스에 로그인하여 마우스로 화면을 긁어(드래그), 선택된 모든 데이터를 수집하는 것입니다.

본인 동의를 얻어, 토큰(token) 값으로 저장해 놓은 아이디와 비밀번호로 로그인하고, 본인의 데이터를 수집하기 때문에 위법이라 하기가 어렵습니다. 게다가 서비스 기업이 사본 발급 기능을 제대로 갖추고 있지 않은 경우, 내 정보를 열람하기 위해 스크래핑할 수밖에 없었다고 주장한다면 더욱 그렇겠죠.

데이터를 갖고 있는 기관이나 기업 입장에서는, 모르는 사이에 데이터가 빠져나가고, 스크래핑 엔진으로 시스템에 과부하가 걸리는 등의 이유 때문에 가급적이면 스크래핑을 막으려 합니다. 또 스크래핑으로 수집된 데이터가 무분별하게 사용될 경우, 기업이 데이터 유출 책임을 지게 될 수도 있다는 우려도 큽니다.

그렇다고 스크래핑을 막으면, 데이터를 활용할 수 있는 길이 막혀 서비스가 중단되고 민원이 발생하기 때문에, 스크래핑을 알면서도 막지 않는 경우도 있다고 합니다. 물론 스크래핑을 막기 위해 발생하는 비용도 만만찮게 발생하고요.

마이데이터 관점에서, 스크린 스크래핑은 정보 주체가 제공할 데이터를 선택할 수 없다는 단점이 있습니다. 화면 전체의 데이터를 모두 수집한 뒤, 필요한 항목의 데이터만 선택하고, 나머지는 버리는 방식입니다. 개인 정보 최소 수집의 원칙에서 벗어나죠. 그리고 나머지를 잘 버렸는지 정보 주체가 확인하기도 어렵습니다.

이런 데이터 과잉 수집 문제를 보완하여, 정보 주체가 선택한 데이터만 스크래핑하도록 허용하는 방식을 '전문 처리 스크래핑'이라고 하는데요. 데이터를 보유한 쪽과 데이터를 수집하는 쪽이 사전에 서로 프로토콜을 정하고, 권한을 가진 경우에만 접근을 허용하여 스크래핑하는 방식입니다.

API를 통한 개인 데이터 수집과 활용이 훨씬 적절하겠지만, 기업이 개인 데이터 열람 기능을 충분히 제공하지 않는다면, 개인의 열람권 행사의 수단으로 전문 처리 스크래핑이 필요할 수도 있습니다.

개인 데이터의 다운로드

미국의 스마트 공시(Smart Disclosure) 제도는, 마이데이터 법 제도에서 매우 중요한 해외 사례입니다. 데이터 주체가 개인 데이터를 다운로드 받을 수 있도록 버튼을 만들어 준 제도로, 어찌 보면 매우 단순하지만, 큰 의미를 갖습니다. 개인 데이터의 다운로드가 왜 중요할까요? 다운로드는 열람권을 실현하는 중요한 수단 중 하나가 될 수 있습니다. 원칙에 충실하다고 해야 할까요?

대부분의 서비스 기업들은 개인 데이터 다운로드 기능을 만들어 놓지 않았습니다. 로그인 후, 화면으로 내 정보를 확인할 수 있게 해 주거나, 메일로 연 1~2회 정도 개인 정보 활용 현황 등을 보내주는 데 그치지요.

해외에는 좀 더 적극적으로 열람권을 행사할 수 있도록 다운로드 서비스를 제공하는 기업도 있습니다. 구글과 페이스북 등인데요. 구글에는 '내 데이터 다운로드 서비스'가 있습니다. 구글 검색창에 '내 데이터 다운로드'를 치면 됩니다. 구글 계정을 입력하고 데이터 다운로드 서비스에 들어가면 이메일과 문서, 일정, 사진과 유튜브 동영상 시청 기록 등 다양한 개인 활동 기록들을 파일로 다운로드 받을 수 있습니다.

넷플릭스도 동영상 시청 기록을 다운로드 받을 수 있게 해 놓았습니다. 그것도 기계 가독형 CSV(Comma Separated Values)로 받을 수 있습니다. 그리고 아마존에서도 구매 내역(Create an Order History Report)을 역시 CSV 형태의 파일로 다운로드할 수 있습니다.

우리나라 인터넷 쇼핑몰에서는 약 6개월간의 구매 이력을 화면으로 볼 수는 있습니다. 예전에 옥션(Auction)에는 엑셀 파일로 다운로드할 수 있는 버튼이 있었는데, 지금은 없어졌더라고요. 아마 우리나라 인터넷 기업 중 대부분은 이런 다운로드 서비스를 제공하지 않을 텐데요.

실제 유명 포털 관계자에게 왜 이런 기능이 없는지 물어봤는데, "내 정보 메뉴 있어요. 그거 보면 됐지, 다운로드가 왜 필요해요? 만들어 놔도 이용자들이 거의 안 쓸 텐데. 서비스 한 번 만들어 놓으면 유지 관리 엄청 힘든데…"라고 말을 짧게 하시더군요. 물론 회사를 걱정하시는 마음은 이해하지만, 자신의 권리를 찾는 일이기도 한데 말입니다.

아무튼 다시 본론으로 돌아와서, 제 경험을 통해 다운로드 서비스가 왜 중요한지 말씀드리고자 합니다. 벌써 한 십여 년 전의 일입니다. 아내와 저는 맞벌이 부부였고, 가사와 육아를 공동 분담하기로 했습니다. 제가 인터넷 최저가 검색의 달인이다 보니, 어느 순간 분유와 기저귀를 주문하는 일이 제 몫이 되어 버렸습니다. 그렇게 한 1년간 주문을 하다가, 안 되겠다 싶어 아내에게 분유와 기저귀 값을 공동 부담하면 좋겠다고 말했지요.

그랬더니 아내가 "뭘 얼마나 주문했는지 보여주면서 얘기해야지! 결재 올리세요."라고 말하더군요. 저는 여기저기 쇼핑몰 주문 내역을 복사하여 엑셀에 붙여 넣기 했습니다. 지저분하게 필요 없는 이미지와 데이터들이 많이 복사가 되어서, 정리하는 데 손이 많이 갔습니다. 그나마 날짜가 지나서 볼 수 없는 주문 내역도 많았고요.

그런데 옥션에는 다운로드 버튼이 있었습니다. 엑셀 파일로 깔끔하게 다운로드되더군요. 필터를 걸어 분유와 기저귀 주문 내역만 걸러내어 아주 편하게 정리할 수 있었습니다. 그 이후로 가급적 옥션에서 주문했는데, 다운로드 버튼을 없애 버렸더라고요.

데이터는 누군가에겐 쓰레기일 수 있지만 누군가에겐 정말 유용한 자원일 수 있습니다. 데이터를 어디에 쓸 것인지 물어보고 납득할 만한 설명을 들었을 때 데이터를 주겠다는 생각은 바람직하지 않습니다. 데이터를 가진 쪽은 어떤 서비스를 만들지 알려주면 그 서비스에 필요한 데이터를 주겠다고 합니다. 데이터가 필요한 쪽은 어떤 데이터를 갖고 있는지 알려주면 그 중에서 고르겠다고 말합니다.

닭이 먼저냐 달걀이 먼저냐 같아요. 아무래도 데이터를 가진 쪽이 우월한 위치에 있으니 필요한 쪽은 서비스 모델을 열심히 설명합니다. 그런데 데이터를 가진 쪽은 서비스가 영 시원찮아 보입니다. "좀 약한데요? 그런 거 이미 많잖아요."

다시 한번 강조하고 싶습니다. 데이터를 어디에 쓸 것인지 물어보고 납득할 만한 설명을 들었을 때 데이터를 주겠다는 생각은 바람직하지 않습니다. (내가 생각하기에) 별로 좋아 보이지 않은 서비스도 누군가에겐 꼭 필요한 서비스일 수 있습니다. 게다가 서비스가 좋다 나쁘다 판단하여, 데이터를 제공할지 말지 결정할 시대는 이미 오래전에 지나가 버렸습니다. 남은 자원이 '데이터'인 시대입니다.

마이데이터 서비스의 평가 기준?

기업과 정부는 서비스 모델이 무엇인지 신경을 많이 씁니다. 많은 사람이 쓰는 서비스를 만들어야 성공한 것으로 평가받기 때문인가 봅니다. 기업이야 그렇다 쳐도 정부 정책마저 '이용자 수'만을 평가 기준으로 잡는 것은 바람직하지 않습니다. 투표율이 낮아도 선거 제도를 없앨 수는 없으니까요.

지원 정책의 취지와 상관없이 서비스 모델만 강조하는 것은, 장기적으로 데이터 생태계를 만드는 데 바람직하지 않다고 생각합니다. 왜 모든 정부 지원 사업들이 어떤 서비스를 만들 것인지를 평가하는지 궁금합니다. 서비스는 시장(기업)이 고민해야 하는 것 아닌가요?

그렇다면 마이데이터 지원 사업의 평가 기준은 무엇이어야 할까요? 마이데이터 사상을 확산하기 위해서는 '규제와 지원'이 모두 필요하다고 생각합니다. 규제는 데이터 이동권의 실행이고, 지원은 예산 지원이 최고지요. 정보 주체의 데이터 이동권이 달갑지만은 않은 대기업에겐 법적 규제가 필요합니다. 그리고 자발적인 참여를 유도하기 위한 예산 지원도 필요합니다.

그래서 마이데이터 지원 사업의 평가 기준은 개인 데이터를 보유한 기업(플랫폼)들이 API 등으로 제공하는 '개인 데이터 항목 수'로 하면 어떨까 싶습니다. 정부의 예산 지원을 통해, 플랫폼이 보유한 개인 데이터를 API 형태로 표준에 맞춰 제공하는 것이죠. 이렇게 개인 데이터를 제공하는 곳이 많이 생겨나면 서비스 모델은 자연히 만들어지게 될 것입니다. 지금처럼 서로 다른 마이데이터 플랫폼과 비슷비슷한 서비스들을 만드는 데 예산을 들일 필요가 없습니다. 다시 한번 국가 차원의 데이터 거버넌스가 필요한 이유입니다.

데이터 이동권

싸이월드의 서비스가 종료되면서 글, 그림, 음악, 도토리, 미니미 등 이용자들이 남긴 데이터를 어떻게 처리할 것인가의 문제가 부각되었습니다. 이용자 개인보다 싸이월드와 같은 플랫폼의 힘이 크기 때문에, 싸이월드가 데이터를 다운로드 받게 해 주기만을 기다리는 수밖에 없었습니다. 다운로드 받은 후, 어떻게 열어봐야 하는지도 싸이월드의 판단에 맡겨야 하고요.

상대적으로 힘이 약한 이용자들을 위해서, 플랫폼은 개인 데이터를 다운로드 받을 수 있게 해 줘야 하고, 이용자들이 다른 서비스로 갈아타겠다면 데이터를 이동시켜 주도록 법으로 정할 필요가 있습니다. 이것을 '데이터 이동권'이라고 부릅니다.

시간과 돈이 들고, 회원들의 개인 데이터를 다른 회사에 넘겨줘야 하니 당연히 잘 나가는 플랫폼들은 마이데이터 사상이 달갑지만은 않겠죠. 그렇지만 어떤 서비스든 천년만년 1위일 수는 없습니다. 언제, 누가, 새로운 서비스를 만들어 왕좌를 노릴지 모릅니다. 오히려 이용자들의 편의를 생각하는 서비스가 더 좋은 선택일 수 있습니다.

2017년 마이데이터 정책을 준비하면서, 2000년 초 공무원들로부터 들었던 공공 정보 개방의 반대 의견들을, 이번에는 기업들로부터 들을 수 있었습니다. 공공 데이터와 마찬가지로 해법은 역시 근거법 제정과 참여 유도를 위한 예산 지원입니다. 공공 데이터법처럼 한 10년이 걸리려나 싶었는데, 2020년 데이터 이동권 개념이 포함된 신용 정보법이 개정되었습니다. 물론 신용 정보법 모든 조항에 찬성하진 않지만, 데이터 이동권인 신용 정보 전송 요구권은 금융 마이데이터 산업의 발전에 도움이 될 것입니다.

데이터 3법 개정에서 아쉬운 점은 세 가지입니다. ① 데이터 3법이라고 부르면서 정작 그 법들은 정보법(개인 '정보' 보호법, 신용 '정보'법, '정보' 통신망법)이었습니다. 차라리 정보 3법이라고 불렀어야죠. ② 데이터 이동권이 개인 정보 보호법에 포함되어 분야에 상관없이 적용되었어야 하는데,

금융 분야를 대상으로 하는 신용 정보법에 포함되었습니다. 분야별로 데이터 이동권을 각각 재개정해야 할지도 모릅니다. ③ 가명 정보에 관한 내용이 개인 정보 보호법과 신용 정보법에 이중으로 규정되어 있는 등, 데이터 융합의 시대에 데이터를 분야별로 구분해야 하는지 의문입니다.

신용 정보법의 데이터 이동권은 다음과 같습니다.

> 제33조의2(개인 신용 정보의 전송 요구) ① 개인인 신용 정보 주체는 신용 정보 제공·이용자 등에 대하여 그가 보유하고 있는 본인에 관한 개인 신용 정보를 다음 각 호의 어느 하나에 해당하는 자에게 전송하여 줄 것을 요구할 수 있다.

민원 처리법에는 민원인이 본인의 민원 처리에 필요한 서류를 요구할 수 있는 '민원인의 요구에 의한 본인 정보 공동 이용' 조항이 포함되어 있습니다.

> 제10조의2(민원인의 요구에 의한 본인 정보 공동 이용) ① 민원인은 행정 기관이 컴퓨터 등 정보 처리 능력을 지닌 장치에 의하여 처리가 가능한 형태로 본인에 관한 행정 정보를 보유하고 있는 경우 민원을 접수·처리하는 기관을 통하여 행정 정보 보유 기관의 장에게 본인에 관한 증명 서류 또는 구비 서류 등의 행정 정보(법원의 재판 사무·조정 사무 및 그 밖에 이와 관련된 사무에 관한 정보는 제외한다)를 본인의 민원 처리에 이용되도록 제공할 것을 요구할 수 있다.

그리고 전자 정부법에도 개인의 행정 정보를 컴퓨터가 처리할 수 있는 형태로 원하는 곳에 전송할 수 있는 권리가 포함되어 있고요.

> 제43조의2(정보 주체 본인에 관한 행정 정보의 제공 요구권) ① 정보 주체는 행정 기관 등이 정보 처리 능력을 지닌 장치에 의하여 판독이 가능한 형태로 본인에 관한 행정 정보를 보유하고 있는 경우에는 해당 행정 기관 등의 장으로 하여금 본인에 관한 증명 서류 또는 구비 서류 등의 행정 정보(법원의 재판 사무·조정 사무 및 그 밖에 이와 관련된 사무에 관한 정보는 제외한다. 이하 '본인 정보'라 한다)를 본인이나 본인이 지정하는 자로서 본인 정보를 이용하여 업무(「민원 처리에 관한 법률」 제10조의2에 따라 처리하는 민원은 제외한다)를 처리하려는 다음 각 호의 자(이하 '제3자'라 한다)에게 제공하도록 요구할 수 있다.

분야별로 개별법에 각각 데이터 이동권 조항을 신설할 필요는 없습니다. 그럴 경우, 데이터를 융합하여 서비스를 만들 때, 따라야 하는 법들이 점점 많아지고, 이에 지친 서비스 기업들은 법률이 너무나 산재해 있다고 하소연하게 될 것입니다. 결국 정보 통신망법과 개인 정보 보호법의 유사 조항이 하나로 합쳐진 것처럼, 분야별 데이터 이동권은 개인 정보 보호법의 데이터 이동권으로 통합되고, 명칭도 아마 '개인 데이터 활용 보호법'으로 바뀔지도 모릅니다.

데이터 이동권은 적극적 제3자 제공의 근거가 되는 매우 중요한 조항입니다. 마이데이터 사상을 실천하는 최적의 수단이 아닐까 싶습니다. 이 조항이 없으면 기존 플랫폼들의 자발적 참여에만 의존해야 합니다. 많은 플랫폼들이 자발적으로 참여하면 좋겠지만, 아무래도 한계는 있습니다. API 만드는 비용, 인력, 서비스 등 시간과 비용이 들어가니까요. 그래서 규제 정책과 지원 정책이 모두 필요합니다.

신용 정보법과 마이데이터

2019년부터 데이터 3법이 통과되어야 경제가 살아날 듯 연일 기사가 쏟아져 나왔습니다. IT업계에서 지지 성명을 발표하기도 하고, 반대를 하면 야단맞을 것 같은 그런 분위기였습니다. 자세히 들여다보면 진일보한 면도 있지만 아쉬운 면도 있습니다. 그래도 개인 정보를 보호의 대상에서 '보호와 활용'의 대상으로 바꾼 계기가 되었다고 생각합니다.

데이터 3법은 개인 정보 보호법, 신용 정보법, 정보 통신망법을 말하며, 이 중 마이데이터와 관련 있는 법은 신용 정보법입니다. 개인 정보 보호법과 정보 통신망법의 개정 내용은 마이데이터와 연관성이 거의 없습니다.

잠깐 옆길로 빠져보겠습니다. 마이데이터가 아닌 빅데이터에 관한 내용입니다. 개인 정보 보호법과 신용 정보법의 가명 정보 관련 조항을 비교한 표입니다. 누가 좌측과 우측이 뭐가 다른지 설명을 해 주셨으면 좋겠습니다. 아무리 봐도 별 차이가 없어 보여서요.

개인 정보 보호법(2020.2.4.공포)	신용정보법(2020.2.4.공포)
'가명 처리'란 개인 정보의 일부를 삭제하거나 일부 또는 전부를 대체하는 등의 방법으로 추가 정보가 없이는 특정 개인을 알아볼 수 없도록 처리하는 것	'가명 처리'란 추가 정보를 사용하지 아니하고는 특정 개인인 신용 정보 주체를 알아볼 수 없도록 개인 신용 정보를 처리(~중략~)하는 것
'처리'란 개인 정보의 수집, 생성, 연계, 연동, 기록, 저장, 보유, 가공, 편집, 검색, 출력, 정정(訂正), 복구, 이용, 제공, 공개, 파기(破棄), 그 밖에 이와 유사한 행위	'처리'란 신용 정보의 수집(조사를 포함한다. 이하 같다), 생성, 연계, 연동, 기록, 저장, 보유, 가공, 편집, 검색, 출력, 정정(訂正), 복구, 이용, 결합, 제공, 공개, 파기(破棄), 그 밖에 이와 유사한 행위
개인 정보 처리자는 통계 작성, 과학적 연구, 공익적 기록 보존 등을 위하여 정보 주체의 동의 없이 가명 정보를 처리	통계 작성, 연구, 공익적 기록 보존 등을 위하여 가명 정보를 제공하는 경우. 이 경우 통계 작성에는 시장 조사 등 상업적 목적의 통계 작성을 포함하며, 연구에는 산업적 연구를 포함한다.
통계 작성, 과학적 연구, 공익적 기록 보존 등을 위한 서로 다른 개인 정보 처리자 간의 가명 정보의 결합은 보호 위원회 또는 관계 중앙 행정 기관의 장이 지정하는 전문 기관이 수행	신용 정보 회사 등은 자기가 보유한 정보 집합물을 제3자가 보유한 정보 집합물과 결합하려는 경우에는 제26조의4에 따라 지정된 데이터 전문 기관을 통하여 결합

게다가 데이터 3법 개정의 주요 내용 중 하나가 정보 통신망법과 개인 정보 보호법의 중복된 법 조항을 개인 정보 보호법으로 일원화한 것이라던데, 왜 개인 정보 보호법과 신용 정보법은 비슷한 내용을 이원화한 것으로 보이죠?

데이터를 굳이 일반(?) 개인 정보와 개인 신용 정보로 나누어 두 위원회가 각각 관할하게 되었습니다. 게다가 결합 전문 기관을 두 위원회나 중앙 행정 기관 등 관련 부처별로 지정할 수 있게 되니, 데이터 결합을 위해 어디를 찾아가야 할지 혼란이 있을 듯합니다. 융합 서비스를 강조하면서도 분야별로 데이터를 나누는 이유가 있을까요?

정보 통신망법과 마이데이터

데이터 3법에서 정보 통신망법의 개정은 마이데이터와 그리 연관이 있지는 않습니다. 개정 전 정보 통신망법 제30조의2에는 정보 통신 서비스 제공자는 주기적으로 개인 정보의 이용 내역을 통지하도록 규정하였습니다. 개정 후에는 정보 통신망법에서는 이 조항이 삭제되었고, 개인 정보 보호법 제39조의8(개인 정보 이용 내역의 통지)로 이관되었습니다.

> 제39조의8(개인 정보 이용 내역의 통지) ① 정보 통신 서비스 제공자 등으로서 대통령령으로 정하는 기준에 해당하는 자는 제23조, 제39조의3에 따라 수집한 이용자의 개인 정보의 이용 내역(제17조에 따른 제공을 포함한다)을 주기적으로 이용자에게 통지하여야 한다. 다만, 연락처 등 이용자에게 통지할 수 있는 개인 정보를 수집하지 아니한 경우에는 그러하지 아니한다.

그래서 서비스 사업자는 메일 등을 보내서 개인 정보를 어떻게 이용하고 있는지 알려줍니다. 그러나 개인 정보 이용 내역을 통지해 준다고 하면서도 정작 나의 어떤 개인 정보를, 어떤 회사가, 언제부터 언제까지, 어떤 목적으로 사용하는지 정확히 파악하기는 어렵습니다. 제공하는 서비스가 다양하고, 표준화된 양식이 없다 보니, 개인 정보 이용 내역을 통지하는 서비스도 기업마다 다릅니다. 통지 내역을 눈여겨보는 이용자도 많지 않을 것입니다.

마이데이터 서비스가 자리를 잡아, 데이터 주체가 수집과 활용을 관리하게 되면, 데이터 주체는 개인 데이터 활용 내역을 보다 상세히 알고 있어야 합니다. 마이데이터 실증 서비스에 '데이터 영수증(Data Receipt)'을 반드시 구현하도록 조건을 달아놓은 이유이기도 합니다.

데이터 영수증은 물건을 사고 돈을 낸 후 받는 영수증과 같은 개념입니다. 데이터 주체의 데이터를 활용한 기업 또는 기관이 그 내역을 데이터 주체에게 알려주는 것입니다. 데이터 영수증은 기존의 개인 정보 이용 내역 통지보다 좀 더 실효성 있는 수단이 될 수 있습니다.

데이터 영수증은 개인 데이터 출처에 따라 분류하여 발행 가능하며 개인 데이터 수집 시에도 발급 가능합니다. 수집 시 데이터 영수증에 명시할 주요 항목은 개인 데이터 수집 및 이용을 시작한 날짜(시작일), 개인 데이터 수집 및 이용 목적, 수집하는 개인 데이터 항목명, 개인 데이터 보유 기간 및 이용 기간, 영수증의 ID 등입니다.

데이터 영수증은 개인이 자신의 데이터를 스마트폰이나 PC 등에 다운로드할 때에도 발행이 가능합니다. 이 경우 데이터 영수증에 명시할 주요 항목은 다운로드한 날짜, 다운로드 방식(폴더 저장, 이메일 전송, 메신저 전송 등), 다운로드한 개인 데이터의 항목명과 형식 등입니다.

개인 데이터를 제3자에게 제공하는 경우 발행하는 데이터 영수증은, 개인 정보 보호를 위한 효과적인 수단이 될 수 있습니다. 제3자 제공 시 발행하는 데이터 영수증의 주요 항목은 개인 데이터 제공을 시작하거나 실행한 날짜, 구체적인 제공의 목적, 제공자(본인 또는 마이데이터 서비스 사업자), 개인 데이터를 제공받은 기관(기업)명, 제공한 개인 데이터 항목, 제공한 개인 데이터를 제공받은 기관(기업)의 보유 및 이용 기간, 데이터 영수증 ID 등입니다.

나라마다 법에서 정한 동의 방식이 다르기 때문에, 글로벌 서비스를 이용하려면 표준이 필요해 보이는데요. 칸타라(Kantara) 동의 영수증 구현 표준(Consent Receipt Specification Ver.1.1.0)이 있습니다. 이 표준은 개인 데이터 활용 동의에 대한 영수증을 제공하기 위한 기술적 구현 방안을 제시합니다. 데이터 영수증의 기술적 구현 방안, 민감 정보 등에 대한 고려 사항, 데이터 영수증 예시를 제공합니다. 동의 영수증은 Json으로 구현하여, 사람이 읽을 수 있는 형태로 제공하는 것이 원칙이라고 합니다. 데이터 영수증에 포함된 항목은 동의 방식, 민감 정보 여부, 수집 대상 개인 데이터, 수집 목적, 활용 방식(제3자 공유 여부, 공유 대상 기관(업) 등), 동의 효력 기간 등입니다.

국제 표준 기구 ISO(International Standard Organization)에서도 동의 방식에 대해 표준을 만들었습니다. 개인 데이터의 활용에 대해 세계가 주목하고 있다는 방증입니다. 개인 정보 분야 전문 변호사님께서 "우리나라 동의 방식이 전 세계에서 가장 까다롭다. 그렇다고 개인 정보가 보호되는 것도 아니다."라고 평가하시더군요. 우리나라의 동의 제도도 국제 기준에 맞춰 바꿔어야 합니다.

의료법과 마이데이터

마이데이터로 가장 주목받는 분야가 바로 의료와 금융입니다. 우리나라뿐만 아니라 미국, 스웨덴, 영국, 프랑스 등에서도, 의료와 금융 서비스가 활용 사례로 소개되곤 합니다. 건강과 돈이야말로 개인의 삶을 좌우하는 큰 요소이기 때문이지요. 건강과 돈에 관한 데이터는 활용성이 뛰어나, 서비스 모델로 만들었을 때 효과도 크고요. 또 사람이 살면서 병원도 여기저기, 은행도 여기저기 다니기 때문에, 각각의 의료 기관과 각각의 금융 기관에 저장되어 있는 개인 데이터를 하나로 모아야 할 필요성도 크게 부각됩니다.

금융 분야는 신용 정보법을 통해, 금융 마이데이터 산업이 곧 자리 잡을 것으로 생각됩니다. 그리고 의료 분야는 4차 산업 혁명 위원회와 보건복지부가 준비한 '마이헬스웨이(MyHealthway)'가 의료 마이데이터 산업의 핵심 역할을 할 것으로 생각합니다.

그런데 말입니다. 우리나라 의료법에는 제3자 제공 규정이 없다고 합니다. 무슨 말이냐 하면, 병원에서는 진단서 등 진료 기록을 환자 본인에게만 준다는 뜻입니다. 가족이 환자 본인 대신 진단서를 발급받을 수는 있습니다. 바로 아래 조항 때문인데요. 가족이 나 대신 진단서를 뗄 경우에도, 환자의 동의서와 가족의 신분증 등 증빙이 필요합니다.

> 의료법
> 제21조(기록 열람 등) ① 환자는 의료인, 의료 기관의 장 및 의료기관 종사자에게 본인에 관한 기록(추가 기재·수정된 경우 추가 기재·수정된 기록 및 추가 기재·수정 전의 원본을 모두 포함한다. 이하 같다)의 전부 또는 일부에 대하여 열람 또는 그 사본의 발급 등 내용의 확인을 요청할 수 있다. ~중략~ 〈신설 2016. 12. 20, 2018. 3. 27.〉
> ② 의료인, 의료 기관의 장 및 의료 기관 종사자는 환자가 아닌 다른 사람에게 환자에 관한 기록을 열람하게 하거나 그 사본을 내주는 등 내용을 확인할 수 있게 하여서는 아니 된다. 〈개정 2009. 1. 30, 2016. 12. 20.〉
> ③ 제2항에도 불구하고 의료인, 의료 기관의 장 및 의료 기관 종사자는 다음 각 호의 어느 하나에 해당하면 그 기록을 열람하게 하거나 그 사본을 교부하는 등 그 내용을 확인할 수 있게 하여야 한다. 다만, 의사·치과의사 또는 한의사가 환자의 진료를 위하여 불가피하다고 인정한 경우에는 그러하지 아니하다. 〈개정 2020. 8. 11.〉
> 1. 환자의 배우자, 직계 존속·비속, 형제·자매(환자의 배우자 및 직계 존속·비속, 배우자의 직계 존속이 모두 없는 경우에 한정한다) 또는 배우자의 직계 존속이 환자 본인의 동의서와 친족 관계임을 나타내는 증명서 등을 첨부하는 등 보건복지부령으로 정하는 요건을 갖추어 요청한 경우
> 2. 환자가 지정하는 대리인이 환자 본인의 동의서와 대리권이 있음을 증명하는 서류를 첨부하는 등 보건복지부령으로 정하는 요건을 갖추어 요청한 경우
> ~이하 생략~

그러나 보건복지부의 '진료 기록 열람 및 사본 발급 업무 지침(2019.10.16.)'에 따라, ① 환자의 온라인 본인 인증 가능 ② 환자가 자필 서명한 동의서·위임장의 사본 또는 전자 문서, 스캔본, 팩스 전송 가능 ③ 이메일로 진료 기록 사본 전송 가능 ④ 환자의 요청에 따라 의료 기관이 제3자에게 진료 기록 송부가 가능합니다.

그리고 의료법 제21조에 해당하는 '환자에 관한 기록'에는 의료 기관이 환자의 치료·진단 과정에서 보유하게 된 모든 기록과 진단서나 처방전, 진료 확인서 등의 제증명서도 포함한다고 하여 의료 분야 마이데이터 서비스도 어느 정도 가능한 상황입니다.

그러나 법이 아닌 보건복지부의 지침만으로는 의료 기관들이 잘 움직이지 않기 때문에, 데이터 이동권이 포함된 입법도 발의되어 있습니다. 의료 데이터는 굉장히 민감한 개인 정보입니다. 그래서 병원의 입장에서는 진단서를 개인(환자)에게만 주고 싶어 합니다. 잘못 전달했다가는 정말 큰일이 일어날 수 있으니까요.

이 때문에, 마이데이터 실증 서비스 지원 사업에서도 의료 분야의 마이데이터 서비스는, 반드시 개인의 스마트폰 앱에 진료 데이터를 다운로드한 후, 다시 제3자에게 보내도록 조건을 달았습니다. 의료 이외의 다른 분야는 개인 데이터를 다운로드할 필요 없이 바로 제3자에게 보낼 수 있습니다.

이렇게 의료법에 제3자 제공 조항이 없고, 현실적으로 환자 본인이나 직계 가족만 진단서를 뗄 수 있으니, 환자가 병원에 전화해서 내 진단서를 보험 회사로 보내라고 하기 어렵습니다. 게다가 개인이 돌려받을 수 있는 보험료가 소액인 경우에는, 병원에 직접 가서 진단서를 떼고 다시 사진을 찍어서 문자나 팩스로 보험사에 보내야 하는 절차가 귀찮을 수밖에 없습니다. 보험료가 소액인 경우에는 그냥 포기해 버리죠.

병원 컴퓨터에 저장되어 있는 개인의 진료 데이터를 개인의 동의를 받아서 보험사 컴퓨터로 전송하면 됩니다. 기술적으로 어려운 일은 아닙니다.

국민권익위원회가 2009년부터 실손 보험 청구를 간소화하도록 권고했고, 이후 관련 법안들이 발의되었는데요, 번번이 의료 기관들의 반대, 보험사들의 적극적이지 않은 자세로 인해 국민들만 불편을 겪고 있습니다. 의료 기관들의 입장에선 업무 부담이 늘어날 수 있고, 보험사들의 입장에선 소액 보험료 청구가 늘어날 수 있어 양자 모두 반대의 입장이 큰 것이죠.

2020년 7월에도 실손 의료 보험의 보험금 청구 절차를 간소화하는 보험업법 일부 개정 법률안이 발의되었습니다. 2021년에는 실손 보험 간소화 청구 서비스가 대한민국 데이터 119 프로젝트의 대표 서비스로 지정이 되었습니다. 의료 분야에 데이터 이동권이 도입되어 의료 마이데이터 서비스가 개발된다면, 실손 보험 청구를 위한 별도의 법안을 발의하지 않아도 됩니다. 데이터 이동권은 병원이 개인에게 의료 데이터를 이동(다운로드)하거나, 제3자인 보험 회사 등에게 이동하는 것 모두 포함합니다.

참고로 보건복지부는 개인 정보 보호법 개정을 통해 자료 전송 요구권이 신설되면, 환자(정보 주체) 요청 시 의료 데이터의 제3자 간(예: 의료 기관과 타 기관 간) 전송이 가능하다고 보고 있습니다. 즉, 의료법에 데이터 이동권을 제정하지 않아도 된다는 의견입니다. 다만, 전자적 개인 의료 데이터 접근권의 실효성을 확보하기 위해 필요시 의료법 및 제도의 개선, 과금 체계 마련 등에 대해 추가 검토하겠다는 입장입니다.

향후 의료법이 개정된다면, '기록' 대신 '데이터', '환자' 대신 '의료 데이터 주체'로 표현해야 할 수도 있습니다. 치료를 다 마치고 환자가 아닌 상태에서, 기록의 일부인 데이터를 요청할 수 있으니까요.

전자 정부법과 마이데이터

공공 부문에도 마이데이터 개념이 꼭 적용되어야 합니다. 그리고 사실 이전부터 마이데이터라는 말을 안 붙였을 뿐 개념은 적용되어 있었습니다. 바로 '행정 정보 공동 이용망'이라는 이름으로요. 행정 정보를 이 기관과 저 기관이 공동으로 이용하면서 주민이 제출해야 하는 서류들을 점점 줄여 나가는 것이죠. 다만, 주민이 다운로드한다거나 제3자에게 파일로 전달한다는 개념(데이터 이동권)까지는 이르지 않았습니다.

우리나라 정부24는 민원 업무를 정말 획기적으로 개선한 훌륭한 시스템입니다. 주민 센터, 구청으로 서류를 떼러 가기 위해 휴가를 낼 필요도 없어졌습니다. 프린트기로 출력한 문서를 제출하거나, PDF 파일로 저장하여 이메일로 보내면 됩니다. 물론 아직도 꼭 방문해야 발급받을 수 있는 민원 서류들이 있습니다만, 예전에 비하면 민원으로 인한 수고로움은 많이 줄어들었습니다.

공공 부문에 마이데이터가 적용되면서, 국민들은 주민 등록증이나 운전 면허증을 스마트폰에 넣어 가지고 다닐 수 있게 되었습니다. 국민들이 자신의 데이터 사본을 전자적인 형태로 발급받는 것입니다. 그리고 그 데이터를 제3자에게 보낼 수 있게 되었습니다. 스마트폰에 넣는다고 말씀드렸습니다만, 사실 클라우드 기반 정부24 앱의 전자 문서 지갑에 넣어두는 것입니다.

스마트폰을 잃어버리거나, 잠깐 다른 사람이 쓴다거나 할 때, 개인 정보가 유출될 우려가 있기 때문에, 본인만 접근할 수 있는 클라우드 기반 저장소에 암호화된 상태로 전자 문서를 보관합니다. 그리고 비밀번호 입력 등의 확인 절차를 거쳐 저장소에 접근하게 됩니다. 지갑에서 지갑으로 전송된 증명서는 블록체인 보안, 시점 확인 기술 등 보안 기술이 적용되어 위·변조가 불가능합니다. 정부24 앱말고 자기 스마트폰에 다운로드 받을 수도 있는데, 이때는 비밀번호를 설정할 수 있습니다. 제3자에게 보낸 증명서는 유효 기간이 있어서, 이후에는 자동 삭제됩니다.

전자 문서 지갑으로 발급받은 증명서는 행정, 민간 기관 등에 파일로 제출하며, 증명서의 유효 기간 내에서 여러 번 제출하는 것도 가능합니다. 전자 증명서를 다른 사람(또는 기관)에 제출할 경우, 보낼 곳의 전자 문서 지갑 주소를 입력하여 전송하거나 주소 QR 코드를 스캔하면 됩니다.

코로나19가 확산되면서 공공 부문 마이데이터 서비스가 실생활에 적용되기도 했습니다. 바로 공적 마스크 판매인데요. 행정안전부와 식약처는 전자 증명서를 제시하여 공적 마스크를 대리 구매할 수 있도록 하였습니다.

그래서 주민 등록 등본 종이 증명서뿐만 아니라 전자 증명서로 내도 공적 마스크를 구입할 수 있었습니다. 그리고 만 10세 이하 어린이나 만 80세

이상 고령자의 경우, 가족이 대신 전자 문서 지갑에 발급받은 전자 주민 등록 등본을 보여주고 대리 구매할 수 있었지요. 정말 빠르고 정확하게, 공공 부문에 마이데이터가 정착되어 가고 있다는 느낌입니다.

미국의 마이데이터 법 제도

미국 마이데이터의 시작은 오바마 행정부에서 추진한 '스마트 공시(Smart Disclosure) 제도'라 할 수 있습니다. 마이데이터에 관심이 있으신 분들은 이미 스마트 공시에 대해 들어 보셨을 겁니다. 스마트 공시는 복잡한 데이터를 표준화하고, 기계 가독형 파일로 만들어 소비자의 의사 결정에 도움이 되도록 공시(公示)하는 것입니다. 미국 스마트 공시 제도의 근거는 소비자 프라이버시 권리법(Consumer Privacy Bill of Rights, 2011)입니다.

개인의 의료 기록, 휴대폰 요금 내역, 에너지 사용 내역 등 소비자 자신의 정보를 활용하여 본인에게 적합한 제품과 서비스를 선택할 수 있게 하는 것이지요. 개인에 관한 정보는 개인 본인에게만 공개하고, 그 데이터를 가지고 있는 정부·기업은 보안이 유지된 상태에서 데이터를 각 개인에 공개하게 됩니다.

미 정부 최고 기술 책임자(Chief Technology Officer: CTO) 토드 박(Todd Park)이 마이데이터 프로젝트를 진행하며, 색깔(파랑, 초록, 빨강, 주황)별로 단추(버튼)를 만들어 스마트 공시 서비스를 제공하였습니다. 파랑은 의료, 초록은 전력(에너지), 빨강은 교육, 주황(오렌지)은 태양열 분야입니다. 교육 분야는 빨강 버튼이었으나, 이후 명칭이 '마이 스튜던트 데이터' 버튼으로 바뀌었습니다.

토드 박은 우리나라 박씨가 맞고요. 교포 2세입니다. 유튜브에 토드 박이 블루 버튼을 설명하는 동영상이 있으니 관심 있으신 분들은 찾아보셔도 좋을 듯합니다. '스마트하게 공시를 한다.' 바로 버튼을 눌러, 병원 진단서와 전기 사용 고지서 등을 기계 가독형 파일로 다운로드 받는 것입니다. 특히 잘 알려진 버튼이 의료 분야 블루 버튼인데요. 퇴역 군인청(Veterans Affairs)을 비롯한 의료 분야 공공 기관 또는 의료 시설의 홈페이지에 이 블루 버튼이 있습니다.

본인 인증을 거쳐 이 버튼을 클릭하면, 미국 전역의 블루 버튼 서비스에 연결되어 있는 병원으로부터 본인의 치료 기록을 파일로 다운로드 받을 수 있습니다. 그리고 민간 서비스 기업이 만든 건강 앱을 설치해서 다운로드 받을 수도 있습니다.

다운로드 받은 파일은 다른 앱에서 이용할 수도 있습니다. 예를 들면, 보험 앱을 연동하여 진료 데이터를 공유한 후 보험료를 청구한다거나, 위급한 상황에 SOS 신호를 보낼 수 있는 서비스에 가입할 수도 있고요.

땅덩어리가 넓어서 진단서를 떼러 병원에 가기도 쉽지 않은 미국의 사정을 감안하면, 정말 스마트한 방법입니다. 왜 퇴역 군인청이 먼저 시작했을까 생각해 보면, 아마도 군인들이 전략적으로 이동이 잦고, 그렇다보니 병원도 여기저기 이용하게 되어 전자 파일 다운로드가 반드시 필요하지 않았을까 추측해 봅니다.

블루 버튼 서비스는 처음에는 퇴역 군인 대상이었지만, 65세 이상 노인 등 취약 계층 대상 의료 서비스 CMS(Center for Medicare and Medicaid services), 현역 군인 대상 의료 서비스 TRICARE 등으로 확대되었습니다. 그리고 참여하는 병원도 꽤 많이 늘었다고 합니다.

2017년 여름, 마이데이터 실증 사업을 준비하며 미국 로스앤젤레스와 샌디에이고로 출장을 갔던 일이 생각나네요. 스마트 공시 관련 기관과 기업들을 방문하여 인터뷰했었는데요. 블루 버튼의 휴메트릭스(Humetrix)사, 그린 버튼의 SDGE(San Diego Gas and Electric), 마이스튜던트 버튼의 LAUSD(Los Angeles Unified School District) 이렇게 3곳입니다. 3종의 버튼이 꽤 활발히 사용되고 있었습니다.

휴메트릭스사는 '아이블루버튼(iBlueButton)' 등의 건강 관련 앱을 개발하여 서비스하는 곳입니다. 이름에서 알 수 있듯이 블루 버튼을 이용한 앱이고요. 이 회사 대표는 프랑스 출신 의사로, 프랑스 대통령에게 블루 버튼을 프랑스에 도입하자고 조언했다고 합니다. 프랑스 정부도 블루 버튼의 위력을 아는지라 관련 정책을 내놓았는데, 이름하여 '블루 버튼 상떼(Santé)'였습니다. 상떼는 위생, 보건, 건강 뭐 이런 뜻이죠.

아이블루버튼 앱을 깔고 실행시킨 후, 병원을 선택하고, 본인 인증을 거쳐 자신의 진료 데이터 20여 가지 항목을 파일 형태로 다운로드할 수 있습니다. 다운받은 파일은 앱을 통해 다른 서비스에도 이용할 수 있는데요.

예를 들어, 진료 데이터를 QR 코드로 만들어 위급 상황에 가족이나 911, 응급실에 보내는 거죠. 사전에 이용자가 지정해 놓은 사람만 이 QR 코드를 읽을 권한을 부여받습니다. SSL(Secure Socket Layer) 보안이 적용됩니다.

만약 이용자가 응급 상황을 다른 사람에게 알리고 싶은데, 말로 설명하기도 쉽지 않고 누구에게 알려야 하는지 판단도 잘 안 되고, 의식이 점점 없어진다 싶을 때 SOS 버튼을 누릅니다. 그러면 이용자가 사전에 지정한 곳으로 진료 데이터와 긴급 상황 알림 문자가 전송됩니다.

이 앱의 장점은 911이나 구급차가 출동할 때 환자에게 맞는 응급 치료 키트를 싣고 갈 수 있어 환자에게 가장 적합한 치료를 할 수 있다는 것입니다. 평소 어떤 질환이 있었는지 안다면, 필요한 의료 장비와 약품을 준비하는 데 훨씬 수월할 테니까요.

또 진료 데이터를 스마트폰에 다운받아 두면, 해외로 출장이나 여행을 갈 때 안심이 되기도 합니다. GPS 기반으로, 진료 데이터가 현지어로 자동 변환되어 혹시 외국에서 병원에 갈 일이 생기면 의사 선생님에게 변환된 기록을 보여주는 거죠.

아픈데 말까지 안 통하는 상황이라면 의사 선생님이나 환자 모두에게 큰 도움이 될 것입니다. 여행사가 이런 상품을 부가 서비스로 제공해 줘도 좋을 것 같고요. 특히 어르신들을 모시고 가는 효도 관광 상품이라면, 더욱 필요한 서비스인 것 같습니다. 당장 이용할 수 있는 서비스는 아니고, 의료 데이터 표준 등 해결해야 할 과제들이 많습니다.

휴메트릭스사의 서비스 특징 중 짚고 넘어갈 부분이 하나 있습니다. 바로 보안에 관한 것인데요. 미국에서도 개인 정보 보호 문제로, 의료 기관으로부터 데이터를 직접 개인 스마트폰으로 다운로드 받으며 휴메트릭스사의 클라우드나 서버에는 저장하지 않는다고 합니다.

우리나라에서도 이 문제에 대해 수차례 질문을 받았습니다. 서비스 회사의 클라우드나 서버에 개인 데이터를 저장하는 경우, 이용자에게 알리고 동의를 받아야 합니다. 생각해 보면 매우 당연한 절차입니다.

여러 병원들의 서로 다른 시스템으로부터 진료 데이터를 받게 되면 자연스럽게 표준 문제가 불거집니다. 미국은 건강 데이터 분야 표준 S&I (Standards and Interoperability) 프레임워크와 데이터 전송 및 콘텐츠 표준 템플릿 표준 HL7 C-CDAs를 이용합니다.

미국 의사들은 블루 버튼 서비스에 반대하지는 않을까요? 의사들은 의료 보험의 양도 및 책임에 관한 법률(HIPPA : The Health Insurance Portability and Accountability Act)에 따라 진료 내역 등의 건강 데이터를 제공해야 한다고 합니다. 정부 정책이어서 큰 반대 없이 따르는 편이라고 하고요. 정부는 블루 버튼 서비스 참여 기관(병원 등)에게 5만 달러 가량의 초기 시스템 구축 비용을 지원하고, 이후 건강 데이터 공유 시 진료

비 1~2%의 추가 인센티브를 지원한다고 합니다.

다음으로 SDGE의 그린 버튼 서비스에 대해 말씀드리겠습니다. SDGE는 구글과 함께 파워미터(PowerMeter)라는 위젯을 개발하여, 이용자가 SDGE에 로그인하지 않고 구글에서 전력 사용량을 볼 수 있는 시범 서비스를 시작하였습니다. 그러다가 오바마 행정부 스마트 공시 정책의 일환으로, 2011년 11월 그린 버튼 다운로드 서비스를 본격 실시하였습니다.

그린 버튼을 통해 이용자는 전력 사용량을 직접 다운로드할 수 있으며, 그린 버튼 커넥트 마이데이터(Green Button Connect MyData)로 실시간 사용량을 확인하거나, 월별 전력 사용량 및 과금 정보를 API로 제3의 서비스 기업에 실시간 제공할 수 있습니다.

SDGE는 이런 제3의 서비스 기업의 비즈니스에 관여하지는 않지만, 서비스 내용, 법적 제약 사항, 계약 내용 등을 검토한 후 문제가 없는 경우 해당 고객의 정보를 실시간 또는 다운로드 방식으로 제3의 서비스 기업에 제공합니다.

SDGE는 제3의 서비스 기업으로부터 고객 데이터 제공을 대가로 비용을 받지는 않으며, 그린 데이터 얼라이언스(Green Data Alliance)에서 조성한 정부-기업 펀드로부터 일부 지원을 받아 서비스 비용을 충당한다고 합니다. 이외에 정부로부터 그린 버튼 서비스에 대한 지원금을 받고 있지는 않았습니다.

SDGE가 고객의 정보를 제3의 기업에 제공하는 근거는 '이용자 제공 동의'이며 이를 근거로 이용자가 데이터 이동권을 행사할 수 있었습니다.

마지막으로 교육 분야 마이스튜던트 버튼입니다. 마이스튜던트 버튼은, 학교나 학원 등의 교육 기관별로 시스템이 너무 달라서, 다른 버튼보다는 성공적으로 확산되지 못했다고 평가받고 있었습니다.

이런 평가에도, LAUSD의 마이데이터 서비스는 활용성이 높아 보였습니다. 이 서비스는 교사, LAUSD와 계약 관계인 자(코디네이터, 카운슬러 등), 지역 교육 관계자, 중앙 정부 관계자 등이 웹으로 지역의 모든 학교의 학업 성취도, 학생별 학습 정도, 학생 정보를 열람할 수 있는 서비스입니다.

학생의 학업 성취도 동향, 취약 교과목 현황, 교수·학습 간 격차의 정도 등을 지역, 학교, 학생 단위로 파악할 수 있습니다. 그리고 교육 정책에 대한 데이터 기반 의사 결정이 가능하도록 교사, 정책 담당자 등에게 데이터를 제공합니다.

당시 학생이 자신의 데이터를 다운로드할 수 있는 시스템(MISIS: My Integrated Student Information System)은 개발 중이었는데, 지금은 완성되었더군요. 타 분야(특히 블루 버튼)와는 다르게 학생들의 교육 데이터에 대한 오너십은 각급 학교나 학원 등의 교육 기관에 있기 때문에, 이를 LAUSD나 교육부가 일괄 처리할 수는 없습니다.

LAUSD MyData에 모든 국공립, 사립 학교가 의무 가입해야 하는 것은 아닙니다. 각 학교 및 교육 기관이 가입을 선택할 수 있으며, 가입한 학교나 교육 기관의 정보만 통합하여 제공합니다.

마이데이터 버튼을 통해 선생님과 카운슬러 등은 학생들의 이름과 ID, 소속 학교, 학년과 점수, 응시한 시험 CAHSEE(California High School Exit Examination) 결과, 등급 등을 조회할 수 있습니다. 또한, 학생별 리포트를 조회할 수 있으며, 각 항목을 클릭하여 상세 현황을 조회할 수 있습니다. 교과목별, 세부 성취도 항목별 시험 성적, 학교별, LAUSD와 같은 연합회별, 주(State)별 교육 성취도 통계를 도출해 볼 수 있으며, 이를 근거로 교육 정책을 수립할 수 있습니다.

일본의 마이데이터 법 제도

일본은 코로나19 재난 지원금을 받는 데 1인당 8~9장의 서류를 제출해야 하는 등 절차가 매우 복잡해서 1~2달이 걸린다는 뉴스 보셨을 겁니다. 그리고 재난 지원금을 온라인으로 신청할 때는 마이 넘버 카드를 통해 등록해야 하는데, 이 카드의 보급률이 15%에 불과하고, 또 새로 발급받는 것도 시간이 엄청 오래 걸리나 봅니다.

마이 넘버 카드는 우리나라의 주민 등록증과 같은, 본인 확인을 위한 숫자가 적힌 카드입니다. 일본은 주민 등록 번호가 없었기 때문에, 국민들에게 새로 개인 고유 번호를 부여하고자 2016년경에 마이 넘버 카드 제도를 시작하였습니다.

그리고 이 마이 넘버를 이용하여 개인 맞춤형 건강·복지 서비스를 받을 수 있는 마이나포털(Mynaportal)이라는 사이트가 있습니다. 이 사이트에 마이 넘버와 주소지, 연령, 가족 관계 등을 등록하면 살고 있는 지역의 지자체에서 실시하는 건강 및 복지 서비스를 안내해 줍니다. 마이나는 마이 넘버의 일본식 발음입니다.

이 사이트를 통해서 일본 정부 부처나 공공 기관, 기업에 저장되어 있는 개인 데이터를 불러오거나 정부 기관이나 기업 등 제3자에게 데이터를 전달할 수 있습니다. 즉, PDS(Personal Data Service) 기능도 하는 사이트입니다.

마이 넘버 카드의 전자 인증서를 사용하여, 마이나포털에 접속할 수 있는데요. 포털과 연계되어 있는 내각부(행정 기관)나 민간 기업 등의 공지 사항을 받아볼 수도 있고요, 인터넷 뱅킹 페이 이지(Pay-Easy)와 신용카드 결제 등을 통한 공과금 납부도 가능합니다.

각 행정 기관이 보유하는 개인 데이터를 검색, 확인하거나 행정 기관 간 주고받은 개인 데이터 내역을 확인할 수 있다고 합니다. 거주 지역의 육아 관련 서비스를 검색하여 온라인으로 신청할 수 있는 원스톱 서비스도 가능합니다.

우리나라 NHN사가 개발한 메신저 서비스 라인(LINE)과 제휴되어 있어 라인을 통해 받은 '마이짱 메시지'로 별도 인증 없이 로그인하여 마이나포털 이용이 가능하다고 합니다.

하지만 마이나포털의 기능을 일본 국민들이 제대로 활용하고 있는지는 확인할 길이 없습니다. 마이 넘버 카드 발급률이 15%밖에 되지 않는 것을 감안하면 이 서비스 가입자 또한 매우 적을 것으로 추측됩니다.

일본의 마이데이터 현황을 조사할 때마다, 마이나포털에 몇 명이 가입되어 있고, 몇 종의 개인 데이터가 연결되어 있는지, 또 제3의 서비스에는 얼마나 이용하였는지 성과를 보고한 문서를 찾아보았으나 찾지 못했습니다. 온라인 검색 결과에는 없지만 출간된 보고서는 있지 않을까 싶어 일본 현지에 거주 중인 지인을 통해 자료 조사를 의뢰하였으나, 역시 구할 수 없었습니다. 성과가 저조한 탓인 것 같습니다.

이번 코로나19로 재난 지원금을 지급할 때도 이 마이 넘버 카드를 통해 온라인 신청이 가능했지만, 우편 신청보다 오히려 시간이 더 걸렸다고 합니다. 일본은 우리나라와는 다르게 5~60대 고령층이 PC를 더 잘 다루고 청년층은 PC를 잘 사지도, 집에 있어도 잘 쓰지도 않는다는군요. 이것이 일본의 전자 정부 추진을 더디게 하는 근본적인 원인이 아닐까 싶습니다.

일본이 추진하고 있는 마이데이터 제도 중 한 가지 눈여겨볼 것이 있습니다. 바로 정보 은행(Information Bank)입니다. 이는 일본이 우리나라보다 더 빨리 고령화 사회로 접어든 것과 관련이 있습니다. 정보 은행은 정말 돈을 입출금하는 (일본의 미츠비시 은행과 같은) 은행에 내 개인 정보를 맡기고, 은행이 대신 정보를 팔아서 그 수익을 개인에게 돌려주는 역할을 합니다. 일종의 개인 정보 신탁 관리업이라고 해야 할까요? 나의 어떤 정보를, 얼마에, 어디에 팔아야 할지 결정하기도 쉽지 않은 노인들이 아예 은행에 판단을 맡기는 것이죠.

돈을 은행의 자산 관리인에게 맡겨 놓으면 알아서 부동산에 투자하기도 하고 주식을 사고팔기도 하여 재산을 불리고, 수익이 발생하면 수수료를 받아가는 것과 같은 방식입니다.

다만 자산 관리사가 고객의 투자 성향을 파악하여 맞춤 상품을 고르듯이, 고객은 개인 데이터 관리사(가칭)에게 "내 정보를 마케팅 목적으로는 판매하지 말고, 연구나 교육 목적으로만 판매해라.", "내 휴대전화 번호는 10엔 미만으로는 판매하지 말아라." 등의 조건을 달 수도 있을 것입니다.

우리나라의 현행 개인 정보 보호법에 따르면, 개인 정보는 일괄 동의로 수집할 수 없고, 유형(카테고리) 고지를 허용하지 않기 때문에 개인 정보를 정보 은행에 뭉텅이로 맡길 수 없습니다.
게다가 개인 정보 자기 결정권과 개인 정보 처리에 대한 동의를 인격권의 일종으로 보는 견해가 우세한데요. 다른 사람이 나 대신 포괄적으로 이 권리를 대리할 수 없다는 견해가 많습니다. 우리나라에서 일본의 정보 은행과 같이 개인의 정보를 대신 포괄 위탁받아 판매하려면 별도의 법률 개정이 필요할 것 같습니다.

그렇다고 일본 현행법에 데이터 이동권이 제정되어 있는 것도 아닙니다. 일본은 마이데이터의 추진 근거로 관민 데이터 활용 추진 기본법 제12조의 '관민 데이터 유통 촉진을 위한 개인 참여 방법 마련'을 들고 있습니다. 관민 데이터란 '전자적 기록으로서 국가 또는 지방 공공 단체 또는 독립 행정 법인 또는 다른 사업자에 의해 그 사무 또는 사업의 수행에 있어서 관리되고 사용되거나 제공되는 것'입니다.

다른 나라의 데이터 이동권이나 개인 데이터의 제3자 제공 규정에 비하면 기업들이 따를까 싶을 정도로 강제력이 약해 보입니다. 정보 은행을 추진하는 근거도 총무성과 경제 산업성이 합동으로 발표한 '정보 신탁 기능 인증에 관한 지침'뿐입니다. 일본 개인 정보 보호법에 개인이 정보 은행에 개인 정보를 포괄 위탁할 수 있다는 조항이 있는 것도 아니고요.

일본은 개인 정보 보호법에 목적이 특정된 경우에는 정보 주체의 동의 없이 개인 정보를 수집하고 활용할 수 있도록 정해 놓았습니다. 그리고 제3자 제공 동의의 경우, 일정 범위에서 옵트아웃(opt out) 방식을 적용할 수 있도록 허용하고 있습니다. 옵트아웃은 정보를 일단 먼저 쓰고 보는 것입니다. 이후에 정보 주체가 동의하지 않으면, 회원에서 빼 버리는 것이죠. 옵트인(opt in) 방식은 사전에 동의를 받아서 개인 정보를 활용하는 것입니다.

일본은 정보 주체에게 개인 정보 제공에 관해 고지를 할 때에도 우리나라와 같이 엄격하게 규제하고 있지 않다고 합니다. 법적 근거는 없지만 우리나라보다는 좀 더 완화된 상황에서 정보 은행 서비스를 시도하고 있는 것입니다.

한편, 일본 정부는 저출산 고령화 문제의 해결 방안으로 맞춤형 의료 서비스를 개발하는 데 주목하고 있습니다. 그리고 바로 이 맞춤형 의료 서비스를 만드는 데 없어서는 안 될 개념이 바로 마이데이터인 것이죠. 후지쯔 등 일본의 기업들은 일본 정부의 기조에 맞춰 마이데이터, 정보 은행 시범 서비스 개발 사업에 참여하고 있습니다. 특히 의료 분야 시범 사업이 지역 단위로 추진되고 있는데, 일본은 지역별로 건강 보험 체계가 다르다고 합니다.

영국의 마이데이터

영국은 2020년 9월 '스마트 데이터의 다음 단계(Next Steps for Smart Data)'라는 보고서를 냈습니다. 여기서 스마트 데이터는 고객 데이터를 승인받은 제3의 서비스 사업자와 안전하게 공유하는 것입니다. 마이데이터의 개념과 큰 차이가 없습니다.

스마트 데이터 정책의 사례로 오픈 뱅킹을 꼽으며, 머니박스(Moneybox)와 지로(Xero)같은 금융 스타트업들과 함께 영국 핀테크 시장의 성장을 이끌어낸 성공적인 정책이었다고 자평합니다.

스마트 데이터 정책에는 오픈 뱅킹 외에도 금융 분야의 오픈 파이낸스(Open Finance), 에너지 분야의 마이데이터(Midata), 연금 분야의 연금 대시보드(Dashboards), 커뮤니케이션 분야의 오픈 커뮤니케이션(Open Communications) 등이 있습니다. 각 분야별로 데이터 이동이 가능하게 됩니다.

영국은 오픈 뱅킹 제도를 통해 250개 이상의 회사들이 1백만 명 이상의 고객과 중소기업에 서비스를 제공하고 있다고 합니다. 스마트 데이터 정책은 이상의 4개 분야 외에도 교육, 소매, 교통, 건강 분야에도 확대할 것이라고 합니다.

〈스마트 데이터 정책 영향 평가 보고서(Regulatory Powers for Smart Data Initiatives impact assessment, 2020)〉에 따르면, 오픈 뱅킹과 에너지, 통신 등의 분야에서 소비자가 서비스를 바꾸거나 요율 등을 바꿔서 얻게 되는 이익을 추정하면 많게는 연간 180억 파운드, 적게는 연간 8천만 ~ 5억 파운드에 달할 것이라고 합니다. 추정 범위가 꽤 넓네요. 아무튼 소비자의 금전적 이득이 클 것으로 추정한답니다.

법과 제도, 어떻게 해야 할까?

데이터는 융합을 통해 더 큰 효과를 낼 수 있으니, 분야별로 데이터 이동권을 제정해야 하는지, 다시 한번 범정부 차원의 심사숙고가 필요해 보입니다. 시간이 좀 걸려도 좀 더 정교하게, 체계적인 법이 되도록 심사숙고해야 합니다.

우리나라 개인 정보 보호법은 복잡하고 엄격한 규제로 인해, 개인 정보의 활용 범위를 지나치게 제한하고 있습니다. 그러면서도 정보 주체의 개인 정보 자기 결정권을 효과적으로 보장하지도 못합니다.

개인 정보를 수집하고 활용하기 위해서는 사전에 명시적으로 동의를 받아야 합니다. 제3자 제공 시에도 물론 동의를 받아야 하며, 동의의 내용이 조금만 바뀌어도 다시 정보 주체의 동의를 받아야 합니다. 이런 엄격한 동의 만능주의는 사물들이 데이터를 쏟아내는 시대에는 반드시 개선될 필요가 있습니다.

개인의 데이터를 활용하는 데 엄격한 동의가 필요한데, 정작 정보 주체인 이용자들은 동의의 내용을 잘 읽어보고 결정하지 않습니다. 대략 필수 조건에만 체크하고 선택 조건에는 체크하지 않는 정도로 동의의 의사 표시를 한 후 서비스를 이용하게 됩니다. 이로 인해, '동의 규제의 역설'이 발생합니다. 서비스 기업들은 동의만 받으면 끝입니다.

현재의 동의 방식은 포괄 동의, 카테고리 동의 방식으로 바뀌어야 합니다. 건강 검진 중 혈액 검사로만 발생하는 데이터 항목이 200여 개가 넘기도 한답니다. 만약 이용자가 200여 개가 넘는 데이터를 하나하나 따져서 제3자에게 제공할지 말지 결정해야 한다면 이용자도 불편하고 서비스 화면으로 구현하기도 쉽지 않을 것입니다. 그냥 '혈액 검사'라는 중분류 정도의 항목을 체크하여 중분류에 속한 세분류의 항목들은 제3자 제공할 수 있도록 해야 합니다. 현재의 개별적이고 명시적인 동의 방식은 포괄 동의 혹은 카테고리(유형) 동의 방식으로 바뀌어야 할 것입니다. 또 경우에 따라서는 사후 동의도 가능해야 합니다.

마이데이터 서비스가 전체 산업 생태계에 자리를 잡으려면 아직 갈 길이 멀어 보입니다. 분야별로 데이터 이동의 근거가 마련되고 현행 동의 방식이 개선되어야 마이데이터 산업이 성공할 것입니다. 마이데이터 산업이 성공해야 개인 데이터의 보호와 활용이 균형을 찾게 될 것입니다.

마이데이터 기술

– 반드시 기억하고 시작해야 할 것들

김규억

마이데이터 기술
- 반드시 기억하고 시작해야 할 것들

우리는 발생하는 수많은 정보를 분석해서 새로운 의미를 찾기 위해 많은 빅데이터 분석을 합니다. 빅데이터 분석은 일반화할 수 있는 정보로 정리하기도 하고, 빅데이터 속에 숨어 있는 중요한 정보를 찾아내기도 합니다. 이런 빅데이터 분석에 나와 연결된 데이터를 활용한다면 나만의 맞춤형 결과를 찾아낼 수도 있습니다. 이것이 앞장에서 보신 대로, 바로 마이데이터입니다.

마이데이터를 적용하려는 기업이 점차 늘어나고 있고, 다양한 서비스를 찾아내는 노력을 하고 있습니다. 마이데이터를 적용하기 위해서는 여러 가지 각도로 기술을 고민해야 하는데, 일반적인 소프트웨어 개발로 접근하기 전에 고려해야 하는 사항들이 많이 있습니다. 지금부터 알아보죠.

기술보다는 서비스 흐름이 중요

최근 들어 금융 기관을 중심으로 마이데이터 사업화에 대한 관심도가 높아지고 있습니다. 많은 곳에서 "우리는 마이데이터 사업자로 선정되었다"라고 홍보를 하고 있지만, 일반 사람들이 보기에는 마이데이터 사업자가 무슨 일을 해주는 건지 알 수가 없는 것이 현실입니다. 마이데이터 사업자로 선정된 곳에서도 마이데이터로 어떤 새로운 서비스를 시작하게 되는지 소비자들에게는 어떤 이점을 줄 것인지 알려주지 않고 있습니다. 마이데이터를 활용한 서비스가 무엇이 있는지, 어떻게 활용할 수 있는지를 아는 마이데이터 사업자는 생각보다 많지 않습니다. 마이데이터 서비스 흐름을 전혀 고려하지 않기 때문입니다.

마이데이터를 적용한 시스템을 구축하기 위해서는 우리 회사가 마이데이터를 적용하여 어떤 서비스를 할 것인지 정하는 것이 중요합니다. 어떤 서비스를 할지 생각하지 않고 어떻게 만들지 고민하는 것은 시동도 걸지 않은 자동차 액셀을 밟는 것의 경우입니다.

많은 기술자는 새로운 소프트웨어나 시스템을 구축할 때 서비스나 비즈니스를 제외한 채 기술만 얘기하는 경우가 있습니다. 저도 그렇고요. 그런데, 서비스가 정해지지 않은 상태에서는 그 누구도 필요한 기술이 무엇인지 모를 수밖에 없습니다. 마이데이터도 마찬가지입니다. 내가 만들고자 하는 서비스를 먼저 정하고, 서비스에서 필요한 데이터가 무엇인지 찾은 후에 서비스하려는 소프트웨어를 만들어야 합니다. 서비스마다 필요한 데이터가 다르기 때문이지요. 기술자는 이 점을 꼭 기억해야 합니다.

아키텍처는 개념 모델이 중요

마이데이터 사업자의 기술을 자문하면서, 가장 많이 받는 요구사항이 아키텍처를 그려달라는 것입니다. 소프트웨어 개발을 경험한 분이시라면 아키텍처에 대해 모르는 분이 없으실 겁니다. 소프트웨어 시스템을 구축하기 위해서 큰 그림을 그리는 작업이라 매우 중요한 산출물 중의 하나입니다. 아키텍처는 소프트웨어 아키텍처, 인프라 아키텍처, 데이터 아키텍처 등이 있지만 크게 개념 모델(Conceptual Model), 논리 모델(Logical Model), 물리 모델(Physical Model) 등 3단계로 발전시켜 나가게 됩니다. 말하자면 개념 모델을 제대로 못 그리면 시스템 구축은 물 건너간다는 얘기입니다. 하지만 아키텍처를 그릴 때 처음부터 물리 모델을 먼저 고민하는 경우가 많습니다. 개념도 안 잡힌 상태에서 논리 모델이나 물리 모델을 먼저 생각한다면 당연히 좋은 아키텍처가 나올 수 없다는 얘기입니다. 앞서 얘기한 서비스 흐름이 중요하다고 얘기했는데요. 함께 정리하면, 서비스 흐름을 잘 파악해서 개념 모델을 만들고, 그 이후에 논리 모델이나 물리 모델의 아키텍처를 고민해야 합니다.

데이터 중심으로 설계해야 하는 마이데이터

시스템을 만들 때는 소프트웨어 개발사 중심으로, 만들고 나면 시스템을 운영하는 운영사 중심으로 준비하고 활용하게 됩니다. 시스템을 사용하는 서비스 이용자를 중심으로 소프트웨어를 만들어야 한다고 하지만 소프트웨어가 굴러가는 데에만 신경을 씁니다. 그래서 소프트웨어를 설계할 때도 사용자의 편의보다는 소프트웨어의 편의를 고려해서 만드는 것이 현실입니다. 하지만 마이데이터는 개인의 데이터가 어디에서 어디로 들어와 저장되고 전달되는지 흐름에 대한 기초 설계가 가장 중요합니다. 물론, 마이데이터를 활용하는 소프트웨어 시스템을 개발할 때는 기존 방법대로 잘해야겠지요. 데이터 흐름에 대해 먼저 고민한 후 소프트웨어를 생각해야 한다는 얘기입니다.

마이데이터를 사용하는 주체

앞에서 서비스 흐름과 데이터 중심으로 설계되어야 마이데이터 적용에 무리가 없다고 했습니다. 서비스 흐름에 따라 데이터를 사용하는 주체가 누구인지, 서비스를 수행하는 주체가 어떤 데이터를 요청하고 받는지 확인되도록 설계해야 합니다. 마이데이터를 사용하는 주체는 크게 개인, 제공 기관, 활용 기관, 운영 기관 등 네 개로 구성됩니다.

개인은 마이데이터를 만들고, 만든 마이데이터를 요구하고, 또 활용하라고 명령하기도 합니다. 개인이 마이데이터의 중심이라고 하는 이유가 여기에 있습니다. 제공 기관은 자체 서비스를 이용하면서 개인이 만들어 놓은 데이터를 최초로 보관하고 있는 곳입니다. 우리가 병원에 가서 진찰을 받으면 진료 데이터가 만들어져 병원에 보관하게 되는데, 이때 병원이 마이데이터 제공 기관이 됩니다. 개인이 마이데이터를 원하는 곳에 전달하도록 명령할 수 있는데, 이곳을 활용 기관이라고 합니다. 그렇다면 제공 기관으로부터 활용 기관으로 마이데이터를 전달해주는 매개가 필요하겠죠. 이것이 바로 운영 기관이고, 마이데이터 사업자들이 구축해야 하는 주체입니다. 이 운영 기관을 우리는 마이데이터 플랫폼 사업자라고 말할 수 있습니다.

주체	역할
개인	개인은 자신의 데이터 사용을 제어 서비스를 제공, 활용하는 기업, 기관, 조직과 관계 유지
제공 기관	개인이 온라인 또는 오프라인으로 서비스를 받으며 생성하는 데이터의 수집, 보관 개인이 원하는 마이데이터를 원하는 곳으로 전달
운영 기관	개인은 원하는 시점에 운영 기관에 접속하여 자신의 마이데이터에 접근, 관리, 사용

	개인, 제공 기관, 활용 기관 사이에서 이루어지는 마이데이터의 흐름을 통제 운영 기관은 마이데이터로 별도 서비스는 하지 않고 생태계 내 주체들을 연결해주고 안전하게 데이터가 공유되도록 중계
활용 기관	여러 데이터 보유 기관으로부터 마이데이터를 가져와 저장 저장된 마이데이터를 그대로 또는 융합하여 개인이 원하는 곳으로 전달

마이데이터 사용 주체

주체끼리는 무엇을 주고받을까요? 개인은 제공 기관이 가지고 있는 내 데이터를 내놓으라고 해서 운영 기관에 저장하도록 명령합니다. 그렇게 하려면 첫 번째로, 개인이 운영 기관에 명령을 수행할 수 있는 소프트웨어가 필요하겠지요. 두 번째로, 운영 기관은 내 데이터를 제공 기관에 요청합니다.

제공 기관은 내 데이터를 제공하는 소프트웨어를 제공해야 합니다. 이때, 제공 기관이 자신의 서비스도 아닌데 굳이 소프트웨어를 만들지는 않을 겁니다. 하지만, 마이데이터가 권장되고 관련 법 제도도 만들어지고 있어 조만간 대부분 제공 기관이 마이데이터를 전달하는 소프트웨어를 제공하게 될 겁니다. 조금만 기다려 봅시다. 제공 기관이 마이데이터를 위한 소프트웨어 개발을 최소화하기 위해 API(Application Programming Interface)를 권장합니다. 제공 기관과 운영 기관이 가지고 있는 소프트웨어에 영향을 미치지 않고 마이데이터만 주고받는 프로토콜(Protocol)이라고 생각하시면 됩니다. 이렇게 운영 기관에 많은 사람의 마이데이터가 모이면 이런 데이터를 이용해서 새로운 서비스를 만드는 곳이 있을 겁니다. 이러한 곳을 활용 기관이라고 하죠.

활용 기관은 자신이 필요한 마이데이터를 운영 기관에 요청하여 받습니다. 운영 기관으로부터 받은 마이데이터로 활용 기관은 다양한 서비스를 만듭니다. 마이데이터는 누구 것인지 알 수 있어서 개인 맞춤형 서비스를 제공할 수 있습니다. 활용 기관은 서비스를 만들어 개인에게 제공합니다. 개인은 결국 자신에게 맞는 서비스를 받기 때문에 자신의 마이데이터를 공짜로 제공하거나 막 뿌리는 것은 아닙니다. 이처럼 개인, 제공 기관, 운영 기관, 활용 기관은 서로 도움을 주고받는 관계이고, 마이데이터 서비스가 성공하기 위해서는 이들이 얼마나 유기적으로 연결되느냐에 달려 있습니다.

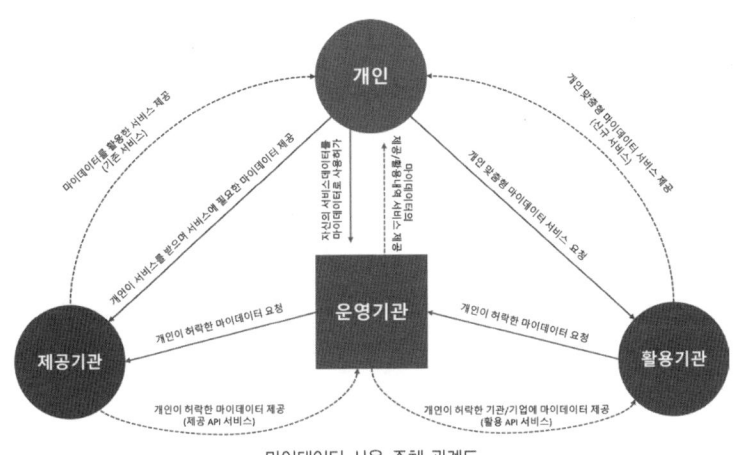

마이데이터 사용 주체 관계도

마이데이터를 위한 개념 모델

지금 얘기한 것은 아키텍처 설계에 중요합니다. 아키텍처를 설계하기 위해서는 개념 모델을 정교하게 정리해야 하는데, 이 내용을 명심하고 있으면 개념 모델을 그리기 매우 쉽습니다. 개념 모델을 잘 그리면 논리 모델,

물리 모델을 더 쉽게 그릴 수 있는 것은 다들 알고 있을 겁니다. 그럼 지금까지 얘기한 내용으로 개념 모델을 한번 그려 볼까요. 모델에는 마이데이터 사용 주체인 개인, 제공 기관, 활용 기관, 운영 기관을 기본으로 서비스와 데이터 흐름을 정리하고 있습니다. 아래 그림은 마이데이터를 저장하고 융합하여 새로운 데이터를 만들어 활용 기관에 다양한 데이터를 제공하는 운영 기관을 좀 더 세분화해서 보여주고 있습니다. 제공 기관에서 받은 마이데이터를 저장하는 마이데이터 저장소는 제공 기관별 마이데이터를 합친 융합 데이터를 생산하고 저장합니다. 저장된 일반(마이데이터), 융합 데이터는 활용 기관에 제공하고, 개인은 자신의 마이데이터를 어느 제공 기관에서 가져오고 어느 활용 기관에 제공할 것인지 확인합니다.

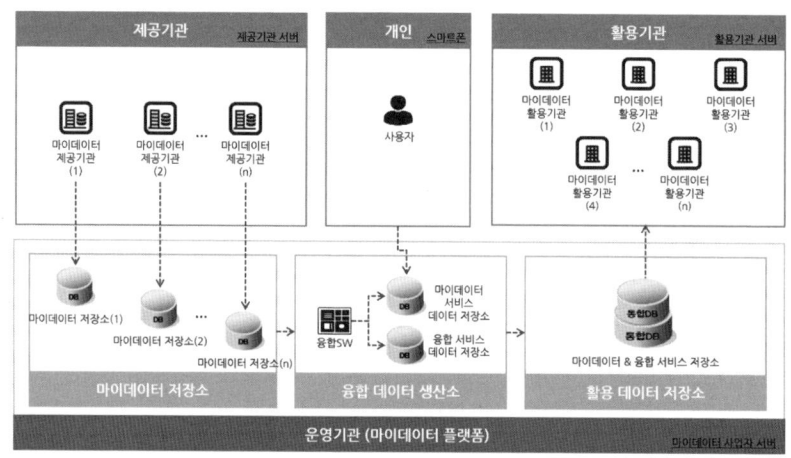

마이데이터 개념 모델

마이데이터를 위한 소프트웨어

이제, 위 개념 모델에서 필요한 소프트웨어를 찾아볼까요? 이 책을 보시는 분들이 소프트웨어 기술자가 아니어도 어디에 소프트웨어가 필요한지 금방 이해하실 겁니다. 첫 번째로 제공 기관에서 운영 기관으로 마이데이터를 전달하는 API가 필요한데, 반드시 API로 제공할 필요는 없습니다. 파일로 내려받거나 일괄 전송 방법으로 소프트웨어를 제공해도 됩니다. 다만, 필요한 시점에 원하는 데이터를 실시간으로 전송하기 위해서는 API를 적극적으로 권장합니다.

두 번째로, 운영 기관에서 두 개 이상의 마이데이터나 공공 데이터 포털 같은 곳에서 제공하는 빅데이터와 마이데이터를 합쳐 융합 데이터를 만드는 소프트웨어가 필요합니다. 만약, 운영 기관에서 융합 데이터를 서비스하지 않는다면 이런 소프트웨어는 나중에 만들어도 됩니다. 물론 운영 기관에서 데이터를 받아 저장하는 소프트웨어는 당연히 만들어야겠지요. 대세에 지장이 없어 표시하지 않았습니다.

세 번째로, 운영 기관에서 저장하고 만든 마이데이터와 융합 데이터를 활용 기관에 제공하는 API를 만들어야 합니다. 운영 기관의 소프트웨어는 마이데이터를 위한 소프트웨어이기 때문에 반드시 API로 만들어야 합니다. 활용 기관은 계속 추가가 되기 때문에 여러 방법으로 소프트웨어를 운영하면 관리가 어려워지고 계속 유지 보수가 필요하게 됩니다. API로 만들어두면 하나, 둘, 수십, 수백 개의 활용 기관이 생겨도 다시 만들 필요가 없기 때문입니다.

마지막으로, 개인이 운영 기관과 얘기할 수 있는 앱(APP)을 만들어야 합니다. 개인이 각자의 스마트폰을 이용하여 자신의 마이데이터를 제공 기관과 활용 기관에서 쓸 수 있도록 이를 지원해주는 APP을 만들어야 합니다. 마이데이터 사업자는 이 APP을 잘 만드는 것을 소프트웨어 개발의 시작으로 봐야 합니다.

　마이데이터를 활용하는 주체를 위해서 부가적으로 필요한 소프트웨어는 웹(WEB)이나 앱(APP)에서 일반적으로 만드는 기능을 추가하면 됩니다. 얼마나 편한 사용자 인터페이스를 만드냐에 따라 우리 마이데이터 플랫폼에 많은 사용자가 늘어날 수 있겠지요.

　자, 지금까지는 필요한 소프트웨어에 대한 설명이었습니다. 이제 누가, 언제 만들어야 하는지 생각해야겠네요. 만약, 법적으로 개인의 데이터를 보관하는 제공 기관에 마이데이터를 적용하라고 강제한다면, 우리는 제공 기관이 당연히 API를 만들 것으로 생각할 겁니다. 하지만 그러한 법이 있어도 제공 기관이 모두 API를 만들어야 한다는 것이 아니라 마이데이터를 요구하는 개인에게 무조건적으로 제공하는 것을 법이 강제한다고 봐야 합니다. 그래서 마이데이터 플랫폼 사업자인 운영 기관은 제공 기관과 긴밀히 협의해야 합니다. 활용 기관은 운영 기관에서 만든 API를 참고하면서 서비스를 만들어 가면 되고, 만약 더 필요한 데이터가 있다면 운영 기관과 협의해서 API가 추가되도록 해야 합니다.

　소프트웨어를 개발하다 보면 개발자는 자신이 만든 기능이 얼마나 많이 사용되는지를 간과하는 경우가 많습니다. 무슨 얘기냐 하면, 큰 노력과 시간을 들여서 개발했는데 한두 사람이 몇 번 쓰지 않는 경우도 꽤 많이 있습니다. 우선순위를 확인할 때, 마이데이터 운영에 필요한 기능을 최우선으로 두고, 사용자나 운영자가 활용하는 기능은 많은 사람이 빈번하게 사용하는 기능에 높은 우선순위를 부여하는 것이 좋습니다.

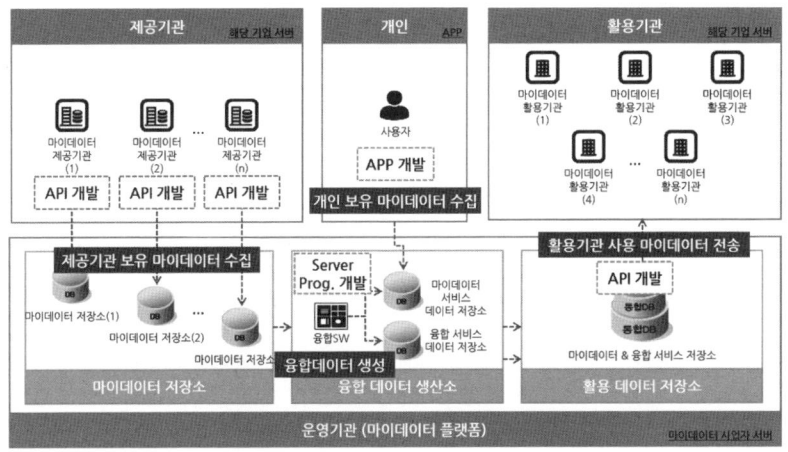

마이데이터 서비스에서 소프트웨어가 필요한 곳

현재 마이데이터를 서비스하는 곳

가끔 인터넷이나 TV 광고를 보면 '마이데이터 사업자 선정'이라는 말을 종종 보게 됩니다. 이번 장에서는 지금 만들어진 마이데이터 서비스가 어떤 모습인지 살펴보도록 하죠.

지금 알려진 대표적인 마이데이터 서비스는 금융에서 시작되었습니다. 여러분들도 잘 아는 오픈 뱅킹(Open Banking)입니다. 금융사마다 필요한 APP을 설치하는 불편을 줄이기 위해 금융사마다 기본적인 금융 서비스를 API로 만들어 외부에서 사용할 수 있게 해준 것이죠. 자기 은행의 업무를 오픈했다는 뜻으로 해석할 수 있네요.

아래 그림이 복잡하게 나온 것 같지만 한마디로 정리하면 은행이나 증권사에서 API로 필요한 데이터를 준다는 내용입니다. API로 제공하니 새로운 이용 기관이 추가되어도 해당 금융사에서는 별도로 할 일이 없는 거죠.

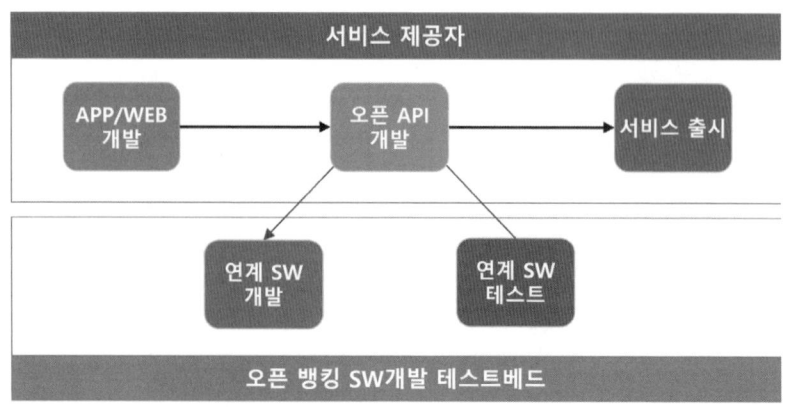

오픈 뱅킹 서비스를 위한 소프트웨어 개발 방법

 금융사가 "API를 열어놨으니 알아서 잘 만드세요"라고 말하면 핀테크 기업에서는 알아서 소프트웨어를 만들 수 있을까요? API는 소프트웨어 프로그램의 함수로 만들어져 있습니다. API 이름을 호출해야 하고, 호출할 때는 파라미터(Parameter)라는 기본값을 전달해야 합니다. 금융사에서 API를 만들었으니 당연히 호출하는 방법과 규칙을 알려줘야 합니다. 고객 상담실을 둬서 알려줄 수는 없으니 문서로 정리하여 공고하는데, 이것을 API 명세서라고 합니다. 금융 API 명세서는 금융결제원에서 관리하고 있고, 공개되어 있습니다.

계약해지 API 명세서

[01. 설명]
사용중인 서비스 플랫폼에 등록된 사용자의 계약을 해지합니다. 계약해지는 해당 서비스기관에 등록된 내용까지

[02. 요청 메시지 형태]

HTTP URL	http://mydata.open-api.co.kr/contract/cancel
HTTP Method	POST 방식
Content Type	application/x-www-form-urlencoded; charset=UTF-8

[03. 요청 메시지 명세]

HTTP	항목	값	Type	설명
Header	Authorization	Bearer <access_token>		계약시 서비스 플랫폼으로부터 받은 Token값
Body	ServiceID	"12345"		서비스 종류
	User_Number	"12345678901234567890"	char(20)	이용자번호

[04. 응답 메시지 명세]

HTTP	항목	값	Type	설명
Body	api_id	"1234567890"	char(10)	API 고유번호
	api_request_date	"20211201010101010"	char(17)	요청일시
	response_code	"12345678"	char(8)	API 응답코드
	response_message	"OK"	char(100)	API 응답메시지
	biz_id	"12345678901234567890"	char(20)	서비스기관고유번호
	biz_date	"20211201"	char(8)	서비스해지일자
	biz_response_code	"999"	char(3)	서비스기관응답코드
	biz_response_message	"OK"	char(100)	서비스기관응답메시지

API 명세서(예)

　　API 명세서를 살펴보면, 요청 메시지 URL은 호출하고자 하는 API가 위치한 URL을 말합니다. API는 함수를 호출하는 형식이라고 말했습니다. 그래서 URL을 호출할 때 파라미터값을 넣어줘야 합니다. 요청 메시지 명세에 호출 파라미터의 정보를 보여주고 있습니다. 반대로 요청했으니 응답

을 받아야겠죠. 응답 메시지 명세가 API의 결과가 어떤 형식인지를 보여주고 있습니다. 마이데이터 제공 기관이나 운영 기관도 만든 API의 명세서를 작성하면 마이데이터 서비스 업체가 알아서 사용하기 때문에 별도로 운영 인력이 필요하지 않습니다. 왜 API를 권장하는지 아시겠죠?

이 외에도, 금융과 관계없는 기업에서 금융 서비스를 제공하는 경우가 늘어나고 있습니다. 포털 서비스에서 보험 서비스를 제공하고, 메신저 서비스에서 은행 서비스를 제공하는 것도 볼 수 있습니다. 앞으로, 타 분야와 융합한 마이데이터 서비스가 계속 늘어날 것입니다.

마이데이터 플랫폼을 만들기 위해 미리 알아두어야 하는 것

앞에서 마이데이터를 서비스하는 중심 주체는 운영 기관이라는 것을 알게 되었습니다. 운영 기관이 없으면 제공 기관과 활용 기관을 이어주는 것이 어렵기 때문에 운영 기관이 제공하는 마이데이터 플랫폼이 필요합니다. 지금부터 마이데이터 플랫폼에 대해 알아보겠습니다. 아키텍처는 앞에서 얘기한 것처럼 개념 모델, 논리 모델, 물리 모델까지 3단계로 만듭니다. 이 책에서는 개념 모델을 강조하고 있으니 개념 모델에 대해서 알아보고, 논리 모델과 물리 모델은 마이데이터 플랫폼 사업을 하는 곳에서 현실에 맞게 만들면 됩니다.

아래는 마이데이터 플랫폼을 만들기 위해서 고민해야 하는 부분을 소프트웨어 공학적으로 살펴본 그림입니다.

서비스인 업무 설계(Business Modeling)는 누가(Actor), 무엇(Data)을 가지고 어떻게(Process) 일을 하는지 설계하고, 데이터 설계(Data

Modeling)는 마이데이터를 포함한 데이터가 어떤 형태로, 어디에서 수집되고 저장되는지 설계합니다. 그리고 아키텍처 설계(Architecture Modeling)는 마이데이터 플랫폼을 위해 어떻게 인프라를 구성해야 하는지, 필요한 소프트웨어는 무엇인지, 애플리케이션은 어떤 형태로 개발해야 하는지를 설계합니다.

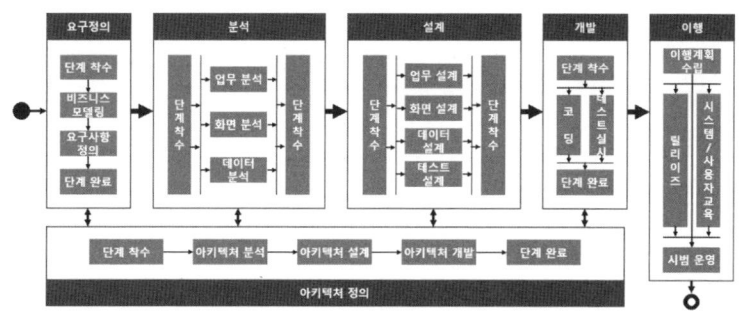

마이데이터 플랫폼 구축을 위한 개발 방법론 적용(예시)

앞에서 살펴본 것처럼 마이데이터 플랫폼의 개념 모델을 명확히 작성했다면, 아래 표를 참조하면서 아키텍처를 설계하면 됩니다.

구분	내용
업무 설계	업무 참여자 사이의 역할 및 관계와 개인과 보유 기관, 운영 기관, 활용 기관 간의 관계에 대한 흐름과 효과를 나타내는 작업 데이터와 정보의 주요 흐름, 업무 참여자에게 제공되는 주요 효과를 나타내는 작업
데이터 설계	시스템에서 데이터를 찾아내는 작업 데이터베이스에 저장할 테이블의 구조를 디자인하는 작업 데이터 관리 요소를 계획하는 작업

구분		내용
아키텍처 설계	애플리케이션 아키텍처 설계	애플리케이션을 설계하고 구축하는 데 사용하는 패턴과 기술을 계획하는 작업 애플리케이션을 구축할 때 따라야 할 로드맵을 제공하여 체계적인 구성을 계획하는 작업
	소프트웨어 아키텍처 설계	통합 시스템 운영에 필요한 모든 소프트웨어와 관련된 것을 계획하는 작업 시스템의 한 구조나 여러 개의 구조로 각 요소, 외부로 드러나는 특성, 그간의 관계를 계획하는 작업
	인프라 아키텍처 설계	서버, 네트워크 구성 요소, 운영 체제, 데이터 스토리지 등의 하드웨어와 관련된 사항을 계획하는 작업 클라우드 사용에 필요한 사항을 계획하는 작업

마이데이터 플랫폼 설계에 필요한 설계 활동

지금부터 우리는 위 세 가지 설계에 대해 살펴보고, 이 책의 목적인 마이데이터 플랫폼을 설계해 볼 겁니다. 물론, 이 책에서 제시되는 내용은 개념적이고 일반적인 내용으로 이해해야 합니다. 여러분이 만드는 서비스를 고민할 때 이런 방법이나 순서가 일반적이라고 알려주는 것입니다. 마이데이터 플랫폼을 설계하는 데 별도의 독창적인 방법이 있지는 않고 일반적인 소프트웨어 개발 방법론을 기반으로 하고 있다고 기억하면서 읽으시면 됩니다.

서비스(업무) 설계

마이데이터 서비스에는 무엇이 있는지 한번 살펴보겠습니다. 이 책에서 제시하는 서비스 모델은 일반적인 예를 나타낸 것입니다. 여러분이 마이데이터 플랫폼을 직접 설계할 때는 참고해서 설계하시면 됩니다. 제가 현장에서 서비스를 설계하고 서비스 흐름을 정할 때는 '비즈니스 모델링'이라는 산출물을 만들었습니다. 비즈니스 모델링을 해야 어떤 흐름으로 일을 하고, 중간에 어떤 데이터가 필요하고 만드는지 알 수 있습니다. '업무 흐름도'라고도 합니다. 누가, 무엇을 가지고, 어떤 일을 하고, 무엇을 만드는지 결정합니다.

여기서 잠깐 생각해 보죠. 서비스 모델을 설계하면 무엇을 알 수 있을까요? 아키텍처나 플랫폼, 소프트웨어, 애플리케이션 같은 것을 만들려면, 앞에서 얘기한 바와 같이 만든 것이 어떻게 움직이는지 정리해 봐야 전체적인 그림을 그릴 수 있습니다. 가장 먼저 서비스를 설계하는 이유가 여기에 있습니다. 큰 그림이 그려지면, 어떤 정보가 필요한지, 앱(APP)이나 웹(WEB)으로 만들려면 어떤 하드웨어가 필요한지, 시중의 어떤 소프트웨어를 준비해야 하는지를 쉽게 알 수 있습니다. 프로그래머와 같은 기술자는 이런 작업을 귀찮아한다고 생각하는 경우가 많은데, 귀찮다기보다는 소프트웨어로 서비스를 하려는 사업자가 서비스에 대한 큰 그림을 그리지 않고 시작하는 경우가 더 많습니다. 어떻게 움직이는지 모르는데 큰 그림을 그릴 수 없고, 큰 그림이 없는데 필요한 소프트웨어가 무엇인지 불명확해지고, 코딩도 목적에 비켜 갈 수밖에 없죠.

소프트웨어 개발이 실패하는 다양한 이유가 있겠지만, 조사한 논문이나 연구 보고서를 살펴보면 개발팀에서 요구 사항을 제대로 알지 못해서라는 것이 가장 많이 나옵니다. 요구 사항을 분석하면 어떤 서비스가 필요한지, 어떤 순서로 일을 하는지, 필요한 정보가 무엇인지, 어떤 결과를 내어야 하는지를 알게 됩니다. 일반적으로 서비스에 대한 이해도가 낮은 상태에서 소프트웨어를 개발하고 있다는 얘기입니다. 개발팀의 능력 부족이라기보다는 서비스 모델 설계가 그만큼 어렵습니다. 서비스 모델 설계는 소프트웨어 개발에 가장 기본이 되고 있지만, 서비스를 만드는 사람은 쓰는 사람이 어떻게 쓸 것인지 자의적으로 판단할 것이라 생각하고, 사용하는 사람은 소프트웨어를 만드는 사람이 자기 생각을 다 알고 있다고 판단합니다. 이런 현상은 소프트웨어의 완성도를 떨어뜨리고, 만들어 놓고도 바로 고쳐야 하거나 쓰지 않아서 버려야 하는 경우의 원인이 됩니다. 이 점을 기억했으면 좋겠습니다.

마이데이터에 필요한 서비스

이 책에서는 일반적인 서비스에 대해서만 고민했습니다. 우리가 일반적인 소프트웨어 시스템을 만들 때 생기는 고민은 무엇일까요? 우선, 우리는 금전적 이득을 얻기 위해 만든 서비스를 사용자에게 제공하고자 앱 혹은 웹으로 소프트웨어를 개발합니다. 사용자가 내가 만든 서비스에 손쉽게 접근하고 만족스럽게 사용하도록 고민해야 하는데, 최근에는 UI/UX(User Interface/User experience)라는 기술로 만드는 경우가 많습니다. 사용자가 특정 사용 공간에 들어 있다면, 사용자 그룹의 특성을 반영한 CX(Customer experience) 기술을 적용합니다.

본론으로 돌아와서, 사용자 앱/웹을 만들었다면, 제공 기관과 운영 기관을 연결하는 서비스가 필요하겠지요. API나 배치 소프트웨어를 만들면 가능할 겁니다. 이와 반대로, 운영 기관과 활용 기관을 연결하는 서비스도 필요합니다. 활용 기관에서 어떤 서비스를 만드는지에 대해서는 운영 기관에서 관여할 바가 아닙니다. 우리가 고민해야 하는 것은 활용 기관에서 필요한 데이터를 전달해주는 서비스입니다. 가끔 마이데이터 사업자가 마이데이터를 이용한 서비스를 만들어야 한다고 오해할 수가 있는데, 이는 운영 기관인 마이데이터 사업자가 활용 기관 역할도 하는 것입니다. 우리가 소프트웨어 시스템을 만들면 일반적으로 만들어야 하는 관리 서비스를 추가해야 하지요. 채널 관리, 권한 관리, 데이터 분석 관리, 데이터 저장 관리, 운영 관리, 서비스 관리 같은 서비스를 말합니다. 내가 만들려는 서비스에 따라 서비스를 정하면 됩니다. 아래 그림은 마이데이터에서 제공 가능한 서비스 모델을 알려주고 있습니다. 제공 기관에 마이데이터가 있는 것처럼, 개인이 가지고 있는 스마트폰에도 마이데이터가 존재합니다. 예를 들면, 개인이 이동하는 위치를 저장해주는 GPS 정보 같은 것입니다. GPS 정보 자체가 마이데이터는 아니고, 내가 언제, 어디에 있었다는 정보가 모두 연결되어 저장되어야 마이데이터라고 할 수 있습니다. GPS 정보 외에도 정말 많은 종류의 데이터가 스마트폰에 있습니다. 이러한 데이터를 운영 기관인 마이데이터 플랫폼에 모으는 서비스도 필요할 수 있습니다. 뒤에서 다시 알아보겠습니다.

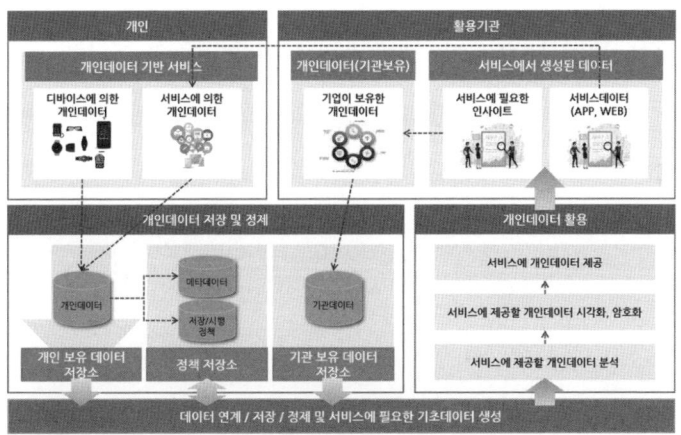

마이데이터 서비스 모델

데이터 설계

데이터 설계도 해야 할 일이 많이 있습니다. 데이터 흐름도, 엔티티 정의서, 프로세스와 데이터 관계도 같은 산출물도 많이 만들어야 하고요. 이 책에서는 데이터 설계도 일반적인 얘기를 하며 개념을 이해하도록 하겠습니다.

먼저, 데이터의 종류 관점에서 살펴보죠. 마이데이터 서비스에서 사용하는 데이터는 모두 여섯 가지로, 개인 데이터, 제공 기관 데이터, 개인과 제공 기관 데이터를 합친 데이터, 운영 기관 데이터, 마이데이터 서비스 데이터입니다. 개인 데이터는 개인이 가지고 있는 스마트폰에 있는 데이터를 말합니다. 제공 기관 데이터는 개인이 제공 기관에서 서비스를 받고 만든 데이터를 말하고요. 두 가지를 모은 데이터가 마이데이터 플랫폼의 입력 데이터입니다. 입력 데이터를 추출, 적재, 정제, 융합하는 과정을 거쳐 운영 기관 데이터를 생성하고요. 마지막으로, 운영 기관인 마이데이터 플랫폼에서 활용 기관에 제공하는 데이터를 마이데이터 서비스 데이터라고 할 수 있습니다.

이런 데이터는 명칭은 다르지만 똑같은 데이터이기도 합니다. 데이터의 역할, 목적에 따라 구분을 해 보는 겁니다. 이렇게 해야 데이터의 속성, 수집, 저장, 가공 방법을 정할 수 있습니다.

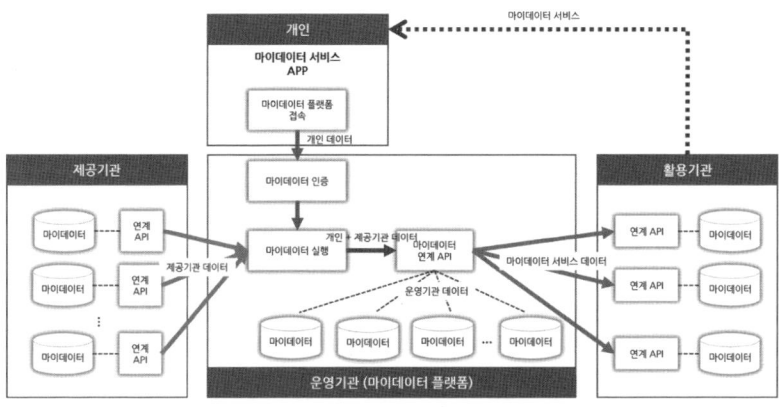

마이데이터에서 사용되는 데이터 종류와 흐름

우리는 위 그림에서 마이데이터 서비스의 데이터 종류에 대해 살펴보았습니다. 알아보기 쉽게, 만들거나 사용하는 주체가 누구인지를 구분해서 그림에 표시했습니다. 이번에는 서비스 모델에 데이터 설계를 살펴보겠습니다.

마이데이터 주체인 개인, 제공 기관, 운영 기관, 활용 기관의 서비스와 관련된 데이터를 아래 그림에 표시했습니다. 개인과 제공 기관이 가진 마이데이터를 운영 기관에 모으고, 모은 마이데이터를 활용 기관에 넘기고 있습니다.

아래 그림에서 주의 깊게 봐야 하는 부분은 기관 보유 데이터입니다. 지금까지 운영 기관인 마이데이터 플랫폼에는 마이데이터만 다룬다고 얘기했습니다. 개인 제공 기관에서 받은 마이데이터를 활용 기관에 넘기는 서비스와 두 개 이상의 마이데이터를 합쳐서 만든 융합 데이터를 활용 기관에 넘기는 서비스가 있었습니다. 거기에, 기관이 다양한 자체 서비스를 진행하면서 만든 데이터인 기관 보유 데이터를 운영 기관인 마이데이터 플랫폼에 전달한다면 마이데이터 플랫폼은 더 많은 종류의 융합 데이터를 만들 수 있고, 활용 기관에서는 자신이 보유 중인 데이터를 활용하는 방법을 늘릴 수 있습니다.

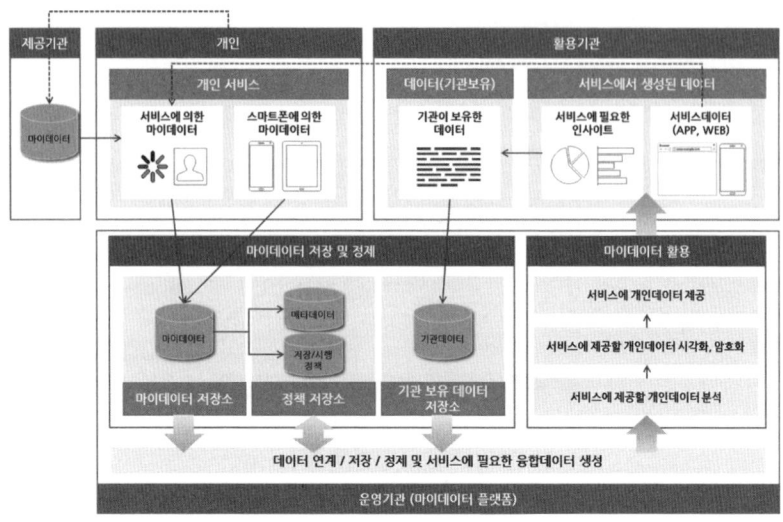

데이터 관점의 마이데이터 서비스 모델

    기관 보유 데이터에 대해 한 번 더 살펴볼까요. 기관 보유 데이터는 꼭 개인 식별 데이터를 포함하고 있지 않아도 되기 때문에 지금도 상상 이상의 데이터를 기관에서 만들고 수집해서 가지고 있습니다. 하지만, 이렇게 많은 양질의 데이터를 자체적으로 활용하기에는 한계가 있습니다. 기관이 보유한 데이터는 지금 서비스 분야에 한정된 데이터가 대부분이기 때문입니다. 기관에는 필요하다고 생각해서 모은 데이터가 그 어디에서도 쓰이지 않는 경우가 많이 있습니다. 하지만, 지금은 필요 없어도 다른 데이터와 합쳐 새로운 서비스를 만들 수 있다면, 대다수 기관은 자신의 데이터를 기꺼이 내놓을 겁니다. 물론 운영 기관에서 마이데이터를 받아 자신의 데이터와 합칠 수도 있지만, 마이데이터 플랫폼에는 수많은 마이데이터가 있어 이를 모두 분석하기는 어렵습니다. 마이데이터 플랫폼의 역할이 점점 늘어나네요. 그래서 운영 기관에서는 항상 데이터 융합으로 새로운 서비스를 만드는 연구를 해야 하고, 다양한 분야의 기관과 데이터 융합에 대해 논의하는 효율적인 채널을 마련해야 합니다.

마이데이터 플랫폼 설계

개념 모델을 어떻게 그려야 한다는 형태나 규칙이 있는 것은 아니지만, 주체를 나누고 전체적인 서비스 흐름이나 데이터 흐름을 나타내어야 이 모델이 무슨 일을 하는지 이해할 수 있습니다. 가끔 이게 무슨 개념 모델이냐, 아키텍처냐 하는 말을 종종 하는 개발자가 있는데 개발 프로젝트나 과제 상황에 따라 그리는 모습이나 방법은 많이 달라질 수 있다고 인정해야 합니다. 다만, 서비스 흐름, 데이터 흐름, 큰 그림을 포함하는 개념 모델의 기본 목적을 포함해야지요.

앞에서 제공 기관의 데이터를 가져올 때는 다양한 방법이 있다고 얘기했습니다. 제공 기관에서 API를 제공하여 실시간으로 데이터를 가져올 수도 있고, 일괄 처리를 제공하여 배치로 데이터를 가져올 수도 있습니다. API로 제공되면 개인 단위로 데이터를 가져올 수 있기 때문에 운영 기관에서 효율적이고 빠르게 마이데이터를 관리할 수 있습니다. 일괄 처리 형태(Batch File)로 제공되면 정해둔 시간에만 데이터를 가져올 수 있어 운영 기관에서 마이데이터 관리에 빠르게 대응하기 어려운 점이 있습니다.

아래 그림은 기본적인 기능만 포함한 마이데이터 플랫폼을 나타냅니다. 제공 기관에서 데이터를 가져오고, 마이데이터 저장소에 저장하고, 활용 기관에서 활용할 수 있도록 연계하고 공유하는 역할을 합니다.

마이데이터 플랫폼 개념 모델

좀 더 자세히 알아볼까요. 제공 기관에서 데이터를 가져오면 전체 데이터에서 필요한 부분을 추출합니다. 예를 들어, API로 데이터를 가져온다고 할 때, 제공 기관의 API가 전달하는 데이터가 우리가 원하는 형태에 딱 맞춰서 오지는 않을 겁니다. 그래서 API 명세서를 분석해서 우리가 필요한 것이 무엇이고, 어떻게 걸러낼 것인지를 확인하는 데이터 추출을 해야 합니다. 추출이 끝나면 운영 기관이 마이데이터 플랫폼에 만들어둔 위치에 저장합니다. 이 작업을 데이터 적재라고 합니다. 이렇게 저장된 데이터는 우리가 미리 정의해 둔 데이터 양식에 맞을 수도 있고, 데이터 내용은 똑같은데 데이터 타입이나 자릿수가 맞지 않을 수도 있습니다. 예를 들면, '1'이 정수 '1'일 수도 있고, 문자 '1'일 수도 있다는 것이지요. 자릿수도 마찬가지입니다. API에서는 천 단위로 전달하는데, 운영 기관에서는 만 단위로 저장한다면 천을 만으로 변환해서 저장해야겠지요. 이 작업을 데이터 변환이라고 합니다. 물론 데이터 추출, 데이터 적재, 데이터 변환이라는 작업은 다양한 작업으로 해석할 수 있습니다.

빅데이터

이 책에서는 빅데이터에 대한 개념이나 활용에 대해서는 다루지 않으려 합니다. 다만, 마이데이터 플랫폼에서 빅데이터를 활용할 수 있는데, 이 부분을 중점적으로 알아보도록 하죠.

제공 기관에서 전달한 데이터를 받은 후에 활용 기관에 그대로 전달한다면 운영 기관이 서비스하는 마이데이터 플랫폼은 마이데이터를 모아서 전달해주는 오퍼상 역할을 하게 됩니다. 물론, 이런 역할도 매우 중요한 역할이라고 할 수 있습니다. 바로 전에 보여드린 그림이 이런 역할을 하는 그림이라고 할 수 있습니다. 아마 운영 기관으로서 마이데이터 서비스를 하려는 사람이나 기업이 이런 역할에 만족하지는 않을 겁니다.

만약, 최근에 많은 관심을 받고 있고, 다방면에 활용되는 빅데이터를 적용하면 더 많은 서비스를 할 수 있지 않을까요? 빅데이터 기술에 대해 한마디로 얘기하면 수많은 데이터에서 규칙을 찾아내거나 수많은 데이터 종류에서 새로운 의미를 찾는 것이라 할 수 있습니다. 데이터 세트(Data Set)에서 일자별, 월별 평균이나 최고, 최저 등을 찾아서 시각화하여 보여주는 것을 자주 보는데, 이것은 빅데이터 분석의 아주 일부분입니다. 심지어 이런 분석은 이전부터 많이 했었습니다. BI(Business Information)라는 서비스가 대표적이죠. 빅데이터 분석 중 통계 분석입니다. 우리는 두 개 이상의 데이터에서 새로운 의미를 찾아내는 빅데이터 분석 기법을 적용하려 합니다. 간단한 예를 들겠습니다. 날씨 데이터와 제주도 항공 예약 데이터를 합쳐 빅데이터 분석을 해 보면, 맑은 날이나 주말 전후, 휴가일 전후에 항공기를 많이 이용하고, 장마철에는 항공기 예약이 줄어드는 것을 볼 수 있습니다. 항공사에서 이 두 개의 데이터 세트를 합쳐서 생각해 보면, 언제, 어떤 항공기를 배정하고, 항공권 가격을 어느 정도로 할 것인지 의사를 결정할 수 있다는 것이지요. 물론 이 정도는 지금도 쓰고 있는 방법이지만, '일반적으로 그렇다'라는 통계학적 결론이 아닌 더 다양한 데이터를 반영하여 결론을 낼 수 있겠지요. 매년 7, 8, 9월에는 여름 휴가철이라 항공기 예약이 꽉 차 있었지만 2020년은 코로나로 예년과 다른 결과를 나타냅니다. 통계로 보면, 2020년의 항공 예약 데이터는 평균에 묻혀 의미가 없어질 수 있습니다. 연도별 항공기 예약 데이터에 코로나 변수를 넣어서 분석해야 하죠. 이것이 데이터 속에서 새로운 의미를 찾는 빅데이터 분석이라 할 수 있습니다. 우리가 경험한 바에 의하면, 일을 잘하는 사람은 똑같은 자료에서도 더 다양한 결론을 유추하곤 합니다. 다양한 경험과 다른 변수도 함께 생각하면서 다양한 해석을 하기 때문이죠. 이처럼, 빅데이터 분석은 이미 우리의 삶에 깊이 관여하고 있지만 느끼지 못할 뿐입니다. 데이터의 양이 어마어마하게 많아 사람의 힘으로는 해석하지 못할 정도가 된 것이죠. 빅데이터 분석에도 단점은 있습니다. 사람이 판단하는 정성적인 해석도 필요하다는 말입니다.

마이데이터 분석

앞의 마이데이터 플랫폼은 개인이나 제공 기관이 제공하는 마이데이터를 저장하고 활용 기관에 그대로 제공해주는 역할을 한다고 했습니다. 물론, 이런 역할만 하더라도 마이데이터 플랫폼이라고 할 수 있습니다. 다만, 얼마나 많은 사람이나 기관을 유치할 수 있는지가 관건이겠죠. 중계만 해도 올 사람이나 기관은 올 겁니다. 연계하는 마이데이터가 얼마나 양질이냐에 달려 있겠지요. 저는 이렇게 생각합니다. 이렇게 좋은 데이터, 더구나 개인 식별까지 되어 있는 데이터를 모아놓고 단순히 중계 역할만 하면 너무 아깝지 않을까요? 이런 마이데이터를 모아서 데이터 분석한 결과를 제공해 준다면, 장담할 수는 없지만 더 많은 개인과 기관을 유치할 수 있을 겁니다. 예를 들어, 기관 입장에서 생각해 보죠. 마이데이터 플랫폼에서 마이데이터를 단순 중계만 한다면, 기관은 식별된 마이데이터를 한 건 단위로 수집해야 합니다. 수많은 마이데이터를 가져오려면 시간도 오래 걸리지만, 매번 식별자를 정해서 API를 호출해야 해서 여간 불편하지 않습니다. 그리고 마이데이터를 모두 수집했다고 해도 자신이 데이터를 분석해야 하는 작업이 기다리고 있지요. 말이 쉽지, 일반 기업이 대부분인 활용 기관에서 이런 방법을 쓰기는 어렵습니다. 그럼 어떻게 해야 할까요? 마이데이터를 모아 놓고 있는 마이데이터 플랫폼에서 데이터 분석한다면 의미 있는 정보를 활용 기관보다 더 쉽게 찾을 수 있겠죠.

아래는 앞에서 살펴봤던 마이데이터 플랫폼의 기본 역할에 데이터 분석 역할을 추가한 그림입니다. 정형 통계, 비정형 통계, 다차원 분석 같은 일반적인 통계 분석을 나타내고 있습니다. 이 외에도 데이터 분석에 필요한 기법을 적용하여 반영할 수 있습니다. 통계 분석을 반영하여 마케팅에 활용하는 기업은 지금도 많습니다. 기업이 가지고 있는 데이터로 분석하는 것이죠. 이런 것에 두 가지 이상의 식별된 마이데이터를 추가로 반영한 데이터 분석은 더 좋은 결과를 얻을 수 있습니다. 서비스 모델이 계속 늘어나네요. 이종 데이터를 갖는다는 것은 한 가지 데이터를 볼 때보다 많은 일을 할 수 있다는 것을 뜻합니다. 마이데이터 서비스의 역할은 시간이 갈수록 늘어나기 때문에 여러분이 마이데이터 서비스를 만든다면, 두 개 이상의 데이터를 합치는 것을 고민해야 합니다.

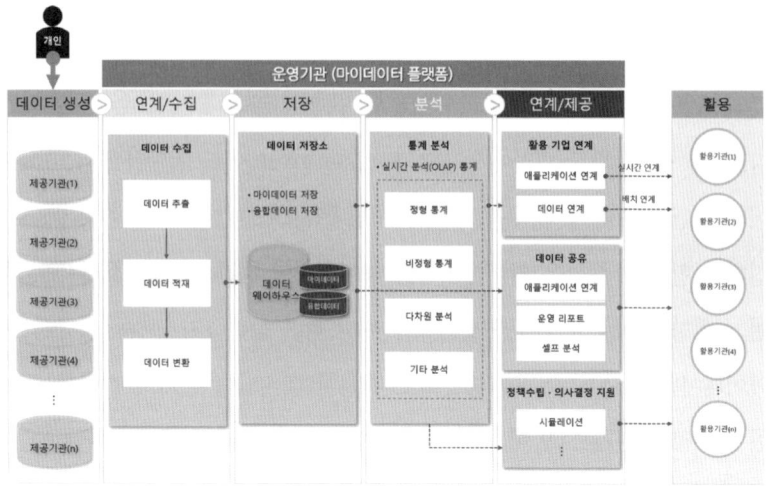

데이터 분석을 반영한 마이데이터 플랫폼 개념 모델

마이데이터 플랫폼에 반영하는 빅데이터

우리는 좀 더 혁신적인 마이데이터 서비스를 생각해 보죠. 이번 장 서두에 언급한 융합 데이터라는 말이 기억나시나요? 운영 기관의 마이데이터 서비스 가입자가 어느 정도 모였다고 가정하겠습니다. 가입자가 많으면, 운영 기관에 다양한 마이데이터가 모여 있습니다. 카드사의 결제 데이터, 손해 보험사의 자동차 보험 데이터, 병원의 진료 데이터, 음식 추천 서비스사의 음식 데이터, 이렇게 많은 종류의 마이데이터가 모인다면 두 개 이상의 데이터를 합쳐 볼 수 있을 겁니다. 병원 데이터와 음식 데이터를 같이 본다면, 사람의 건강 상태를 살펴보면서 어떤 음식이 좋은지 살펴볼 수 있지요. 단순히 사람이 판단하지 않고, 데이터를 분석해 알 수 있게 됩니다.

마이데이터 설명 중 빅데이터를 말하는 이유를 아시겠지요? 마이데이터 플랫폼에 수많은 종류의 데이터가 모이기 때문에 상상 이상의 서비스를 창출할 수 있다는 얘기입니다. 이것을 융합 서비스라고 하겠습니다. 마이데이터 플랫폼은 데이터를 전달받고 전달하는 서비스도 가능하지만, 융합 서비스를 통해 새로운 서비스를 만들 수 있습니다.

빅데이터 분석을 적용하는 이유는 크게 두 가지로 나눌 수 있습니다. 첫 번째는 수집한 마이데이터를 모아서, 마이데이터를 제공한 개인을 집단으로 변환하여 의미 있는 정보를 찾아내는 것입니다. 단일 마이데이터는 그 자체로만 의미가 있지만 비슷한 사람이 모인 집단에서 또 다른 의미를 찾을 수 있는 거지요.

두 번째는 두 가지 이상의 마이데이터 종류에서 빅데이터 분석을 하는 겁니다. 한 개의 종류에서 분석하는 첫 번째 경우보다 더 많은 분석 결과를 기대할 수 있습니다. 첫 번째 빅데이터 분석은 비슷한 마이데이터를 모아 놓아서 일반 기관에서 분석하는 작업으로 해석해도 되고요. 두 번째 빅데이터 분석은 이종 데이터 분석이라서 마이데이터 플랫폼이 없으면 결과를 얻기가 어렵습니다.

아래 그림은 마이데이터 플랫폼에 빅데이터 분석 서비스를 포함한 서비스 모델입니다. 보시는 것처럼 제공 기관에서 수집된 데이터를 저장하고, 저장된 데이터를 통계 분석 및 빅데이터 분석을 활용해 더 많은 데이터 분석 결과를 알아낼 수 있습니다.

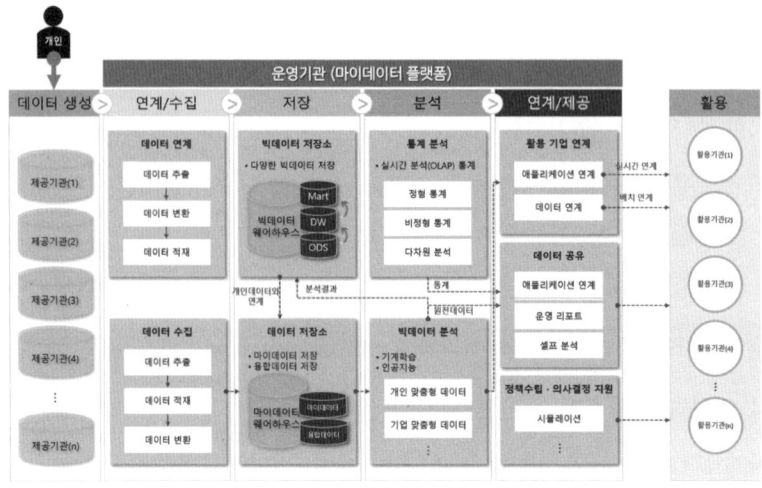

빅데이터 분석을 반영한 마이데이터 플랫폼 개념 모델

　이런 이유로, 운영 기관인 마이데이터 플랫폼에 얼마나 많은 종류의 마이데이터를 수집할 수 있느냐에 따라 마이데이터 플랫폼의 사용자 수를 결정하게 됩니다. 마이데이터 서비스에는 얼마나 많은 제공 기관을 확보하느냐가 관건이네요. 기본적인 마이데이터 서비스를 만든다면 정해진 마이데이터만 수집해도 무방합니다. 만일 관광 관련 서비스만을 한정하여 마이데이터 서비스를 만들겠다면, 관광 서비스를 할 수 있는 마이데이터만 수집하면 되겠지요. 또 의료 서비스만 만들겠다면, 병원에서 보유 중인 의료 데이터로 마이데이터 플랫폼을 운영하면 됩니다. 하지만 우리가 지금까지 살펴본 바에 의하면, 마이데이터 서비스의 핵심은 데이터 중계도 있지만 이종 데이터 간의 융합 데이터에 있다는 것을 명심해야 합니다.

　위 그림에서 한 가지 더 살펴볼 내용은 빅데이터와 마이데이터 저장소를 분리해야 한다는 것입니다. 마이데이터 관련 법 제도는 계속 변화할 것으로 보이기 때문에 관리 자체를 분리하여 변경 관리 범위를 줄여야 합니다.

인공 지능(AI) 반영

우리가 소프트웨어 시스템을 구축하면서 가장 기대하는 요소는 소프트웨어 시스템이 저절로 움직였으면 하는 것입니다. 사람이 손을 대서 움직인다면 소프트웨어 시스템을 도입한 의미가 반감되겠죠. 더구나 마이데이터 플랫폼에 빅데이터 분석을 넣으면서 주기적인 빅데이터 분석이 필요하게 되었죠. 이런 점을 해소하기 위해 이번에는 인공 지능을 반영하겠습니다. 지금 인공 지능을 얘기하고 있지만, 마이데이터 플랫폼에 인공 지능을 반영하기까지는 정말 많은 시간이 소요되리라 생각합니다.

글로벌 연구 기관에서는 매년 연초에 주목받을 전략 기술에 대해 발표합니다. 최근 몇 년 동안 가트너는 인공 지능을 거의 매번 포함하고 있습니다. 정보 통신 전문가가 아니어도, 인공 지능이 우리 사회에 미치는 영향이 많다고 인정할 겁니다. 그만큼 인공 지능은 매우 중요한 기술이라고 볼 수 있겠죠. 가트너는 탄력적인 미래를 구성하는 것과 위기에 대응하는 유연한 대처를 강조했습니다. 위기에 대해 탄력적인 결정을 하도록 강조한 것이지요. 이런 역할에 인공 지능이 필요한 것입니다. 지능적으로 결합 가능한 비즈니스(Composable Business)를 강조하고 있는데, 상호 교환이 가능한 (Interchangeable) 빌딩 단위로 조직을 만들어 서비스하라는 뜻으로 해석할 수 있습니다. 다시 말해, 조직을 여러 개의 모듈 형태로 구성하여 비즈니스 변화에 민첩하게 대응하고 적응하도록 하는 개념을 뜻한다는 것입니다.

이제 어떤 서비스든 인공 지능을 빼고는 얘기하기 어렵습니다. 내가 만든 서비스가 처음 구상한 대로 정확하게 움직이면 좋겠지만, 환경이 변할 수도 있고, 위험 상황이 발생하기도 하기 때문에 인공 지능을 반영하여 계속 발전하는 서비스를 만드는 것이죠.

인공 지능은 항상 빅데이터와 함께 거론됩니다. 인공 지능이 구동하기 위한 기본 정보가 빅데이터 분석에서 나오기 때문이죠. 빅데이터 분석에서 표준화된 빅데이터 속성을 만들면, 인공 지능에 표준화 분석 방법을 알려 줘서 더 발전적이고 자동화된 빅데이터 분석 결과를 얻을 수 있습니다. 마이데이터 플랫폼에 인공 지능을 반영한 사례는 아직 없습니다. 언젠가는 만들어지겠죠. 그렇다면, 마이데이터 플랫폼에 인공 지능을 반영해볼까요? 물론, 인공 지능을 반영하기 위해서는 많은 고민과 체계적인 설계가 필요합니다. 이 책에서는 개념 정도만 그림으로 그려 보겠습니다. 먼저, 아래 그림은 인공 지능 개념을 반영한 마이데이터 플랫폼 구성을 나타냅니다. 제공 기관에서 데이터를 모으고, 마이데이터 플랫폼에서 데이터 분석과 융합 데이터를 만들어 내는데, 빅데이터 분석을 기본으로 하고 분석 방법을 고도화하고 자동화하기 위해 인공 지능을 반영하는 것입니다.

빅데이터 분석과 인공 지능을 반영한 시스템에 대한 조언을 종종 요청받는데, 많은 요청 기업에서 자체 서버로 시스템을 운영하려는 경향이 있습니다. 빅데이터 분석이나 인공 지능을 위한 기술이 완숙되어 있다면 물론 자체 서버를 운영해도 되지만, 최근에 성능 좋고 검증된 소프트웨어가 클라우드 SaaS로 많이 나와 있습니다. 또, 데이터 분석을 위한 저장 공간이나 데이터 처리의 규모가 예측이 어렵기 때문에 클라우드를 활용하길 권장합니다. 필요한 만큼만 자원을 쓰면 되기 때문에 관리나 비용 측면에서 자체 서버 운영보다 효율적입니다. 당연히 이 책에서는 마이데이터 플랫폼을 클라우드에 설치하는 것을 권장합니다.

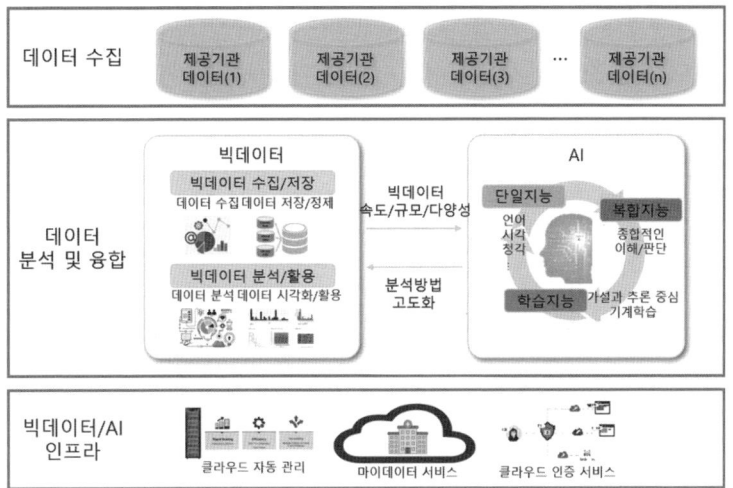

마이데이터 플랫폼에 인공 지능을 적용한 모델

그렇다면, 이번에는 마이데이터 플랫폼에 인공 지능을 반영하여 개념 모델을 그려 보죠. 아래 그림은 제공 기관의 데이터를 사물 인터넷(Internet of Things)까지 한 번 반영했습니다. 빅데이터와 인공 지능이 나오면서 수작업으로 데이터 분석하지 않고 자동화할 수 있어서 대량의 데이터를 가져와도 크게 문제가 없기 때문입니다. 데이터를 모으는 대표적인 사물 인터넷에는 웨어러블 디바이스가 있고, 이 외에도 다양한 종류의 데이터를 가져올 수 있습니다. 운영 기관의 마이데이터 플랫폼을 보면 빅데이터 수집, 저장 외에 인공 지능을 반영한 빅데이터 분석을 확인할 수 있습니다.

마이데이터 플랫폼에는 블록체인 기술을 활용하면 좋습니다. 이 부분은 뒤에서 얘기하겠습니다. 블록체인의 반영과 클라우드 구성이 확인됩니다. 이 모든 것을 관리하는 거버넌스 체계에 대해서도 개념 모델에 표시해 봤습니다. 거버넌스도 뒤에서 얘기하겠습니다. 이렇게 분석되고 융합된 데이터는 의료 서비스, 금융 서비스, 헬스 서비스, 통신 서비스 같은 활용 기관에 전달됩니다. 반영하는 기술이 늘어나면서 고려되거나 추가하고 있습니다. 앞뒤 개념 모델의 차이가 어떤 것인지 기억하시길 바랍니다.

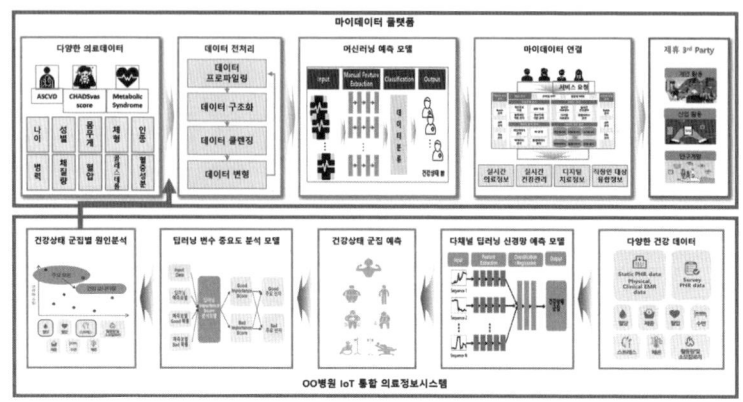

인공 지능을 반영한 마이데이터 플랫폼(의료 분야) 개념 모델

지금까지 우리는 마이데이터 서비스의 서비스 설계, 데이터 설계, 아키텍처 설계에 대해 간략하게 알아봤습니다. 계속 말하지만, 이 책에서 제시하는 기술 요소는 개념 설명이 목적이니 실제 구축할 때는 다양한 요소를 점검해야 합니다. 설계에 필요한 부분을 개략적으로 살펴봤으니 이번에는 세부적으로 챙겨 봐야 하는 기술 요소를 알아보겠습니다. 아래 그림은 마이데이터 서비스에서 개인, 제공 기관, 운영 기관, 활용 기관 같은 주체가 필요한 사항과 하는 일을 간단하게 표시했습니다.

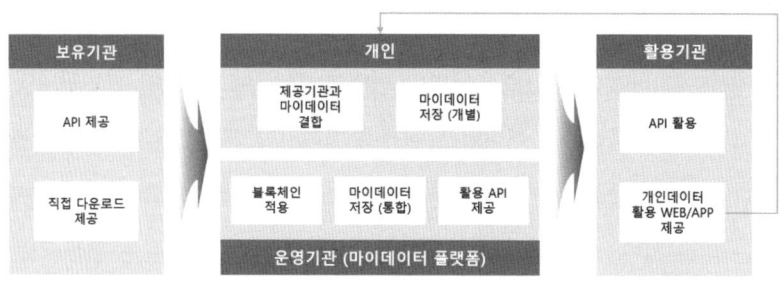

마이데이터 서비스의 주체별 필요 사항

클라우드의 사용법

소프트웨어 시스템을 구축하면, 무엇을 만들어야 할까요? 소프트웨어를 잘 만들면 끝날 것 같지만, 이 외에 서버 구축부터 운영, 보안, 관리, 권한 등과 같이 챙겨 봐야 할 사항이 무한히 많습니다. 지금까지 마이데이터 플랫폼을 살펴보면 기술적으로 어려운 부분도 없고, 구축에 큰 비용과 시간을 들일 필요도 없습니다. 만약, 자체 서버에 마이데이터 서비스를 만든다면 배보다 배꼽이 더 크게 느껴질 겁니다. 최근의 소프트웨어 시스템은 클라우드에 구축하면서 IaaS, PaaS, SaaS 서비스를 활용하는 것이 일반적입니다. 마이데이터 플랫폼은 워낙 다양한 개인, 기업 간 연계가 필요하므로 서비스에 집중하면서 관리 부분은 클라우드에 맡기는 것이 좋습니다.

아래 그림은 우리나라 클라우드 업체의 구성도입니다. 보는 것처럼 서버 운영에 필요한 요소는 모두 자동으로 관리되고 있습니다. 그만큼 우리가 할 일이 줄어든다는 겁니다. 클라우드를 강조하는 이유입니다.

클라우드를 사용할 때의 장점을 정리해 보면, 클라우드 환경의 기본인 이중화, 자동 마이그레이션(Migration), 백업(Backup) 기능으로 안정적인 인프라 구성이 가능하고, 클라우드에서 제공하는 자동 스케일링(Auto-Scaling) 기능을 이용하여 성능 이슈도 해결할 수 있다는 것입니다. 이 외에도 IDS, IPS, WAF, Anti-DDoS 같은 보안 관제 서비스도 제공됩니다. 클라우드에서 제공하는 멀티 존(Multi Zone)을 이용하여 서비스 가용성을 높이고 연속성을 위한 이중화도 가능한 인프라 환경을 제공합니다. 사용자의 영향도를 최소화하고, 장애 발생에 즉각 대응하고, 전용선도 보장받을 수 있지요. 클라우드에서 블록체인 같은 다양한 종합 서비스를 받는다고 생각하면 됩니다.

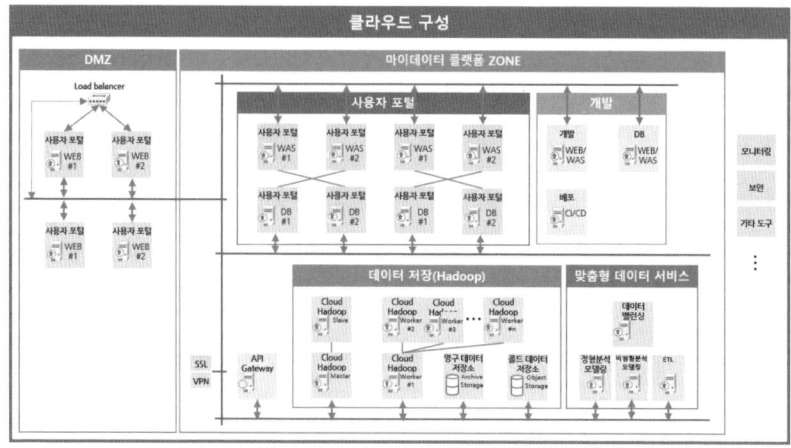

클라우드 구성(예)

클라우드를 사용하면 살펴볼 것이 있습니다. 마이데이터에는 챙겨야 하는 법 제도가 많습니다. 예를 들어 의료 데이터를 클라우드에 저장하려면 국내에 저장소가 있고, 인증을 받은 클라우드 업체여야 한다고 규정하고 있습니다. 마이데이터는 모두 중요하지만, 의료 데이터는 더 높은 수준의 관리 포인트를 제시하고 있습니다. 의료 데이터는 클라우드에 저장하는 공간을 별도로 할당해야 합니다. 마이데이터 저장소가 있는 클라우드에 문제가 발생해도 격리된 위치에 있어 문제 발생 여지를 최소화하는 것입니다.

개인 동의가 필요한 마이데이터

아직까지 마이데이터의 주인은 데이터가 저장된 시스템으로 알고 있습니다. 앞 장에서 나왔지만, 마이데이터의 최종 목적은 데이터의 주인은 개인이라는 것입니다.

마이데이터 서비스를 구성하는 회의에서 이런 경험이 있었습니다. 십여 개의 기업이 한곳에 모여 회의를 하게 되었는데, 한 기업에서 금융 기업에 이런 말을 했습니다. "우리가 당신 회사에 A라는 데이터를 줄 수 있는데 당신 회사는 우리에게 어떤 데이터를 줄 수 있습니까?"라고요. 마이데이터의 주인은 자신이라고 말하고 있습니다. 마이데이터의 주인은 개인입니다. 지금은 금융에서만 마이데이터 관련 법 제도가 규정되었지만, 앞으로 다른 분야에 계속 반영될 것입니다. 모든 분야에서 법 제도로 규정되기 전에도 데이터의 주인은 개인이라는 마이데이터의 개념은 꼭 기억해야 합니다. 언젠가는 바뀌기 때문에, 바뀌고 나서 서비스 규정을 고치고 거기에 맞게 소프트웨어를 고치는 수고를 해서는 안 되겠지요.

그렇다고 내가 동의 한 번 했다고 아무 곳에나 내 마이데이터가 보내지면 안 되겠지요. 그래서 개인은 어떤 제공 기관에서 자신의 마이데이터를 가져오고, 어떤 활용 기관에 마이데이터를 보낼지를 정해야 합니다. 이렇게 정한 값을 마이데이터를 중계하는 운영 기관에 저장해야 합니다. 그러면 운영 기관에서는 개인이 동의한 제공 기관에서만 마이데이터를 가져오고, 활용 기관에 보낼 수 있게 됩니다. 다음 그림은 개인이 운영 기관의 마이데이터 플랫폼에 동의 사항을 확인하는 것을 나타냅니다.

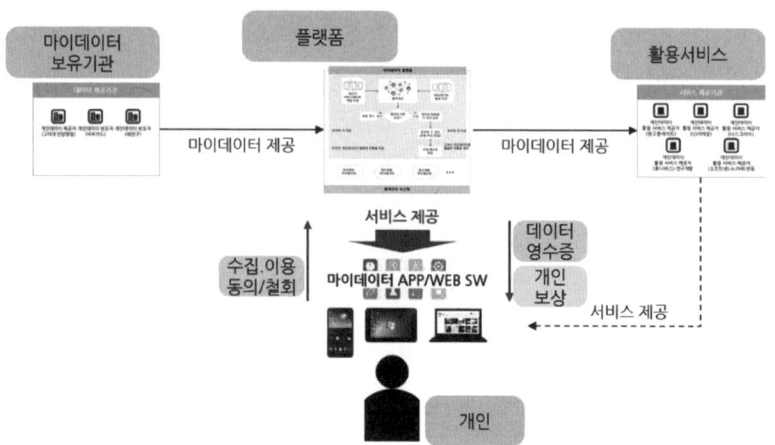

개인 동의에 따른 마이데이터 수집과 활용

그렇다면, 마이데이터를 동의한 개인은 이런 걱정을 합니다. "내가 동의해야 데이터가 전달된다는데 제대로 되는 거야?"라고 말이죠. 저 같아도 그러겠지요. 꼭 이런 걱정을 위해서는 아니지만, 마이데이터 플랫폼에서는 어떤 제공 기관에서 어떤 마이데이터를 얼마만큼 가져왔는지, 나의 어떤 마이데이터가 어떤 활용 기관에 얼마만큼 전달되었는지 사용량을 측정합니다. 그리고 언제든 개인이 그 사용량을 볼 수 있도록 앱의 기능으로 포함합니다. 개인은 자신의 마이데이터가 어떻게 사용되는지 언제, 어디서든 알아볼 수 있죠. 이 책에서는 사용량 측정 결과를 '영수증'이라고 말합니다.

마이데이터 주체끼리의 관계

아시는 바와 같이, 제공 기관과 운영 기관은 마이데이터를 전달하고 전달받는 관계입니다. 어떻게 전달되는지 살펴보고, 어떤 형태로 대응하면 되는지 알아보도록 하겠습니다. 주체 간 관계는, 개인과 제공 기관, 제공 기관과 운영 기관, 운영 기관과 활용 기관, 활용 기관과 개인 간의 관계를 나타냅니다.

개인과 운영 기관의 관계 중 가장 중요한 것은 바로 앞에 얘기한 개인 동의입니다. 개인 동의가 있어야 운영 기관이 마이데이터를 가져오고 내보낼 수 있기 때문입니다. 운영 기관은 개인이 마이데이터 서비스를 쓸 수 있도록 앱을 제공해야 합니다. 앱에는 개인의 마이데이터 동의, 제공 기관과 활용 기관에서 사용된 마이데이터 영수증, 다양한 안내와 보상이 포함되어야 합니다.

개인과 제공 기관 간 관계를 살펴봅시다. 제공 기관에서는 개인에게 서비스를 제공합니다. 개인은 서비스를 이용하면서 마이데이터를 만들게 되는데, 개인이 마이데이터가 필요하면 제공 기관은 온라인 또는 오프라인으로 제공합니다.

제공 기관과 운영 기관 간 관계를 살펴보면, 제공 기관은 운영 기관에서 요청한 마이데이터를 전달합니다. 이때, 제공 기관에서 넘기는 마이데이터는 개인이 운영 기관에서 동의한 데이터를 말합니다. 운영 기관에서 마이데이터를 전달받는 방법은 제공 기관으로부터 직접 전달받는 방법과 개인이 소유한 스마트폰에 저장된 마이데이터를 받는 방법으로 나뉩니다. 스마트폰에 저장된 마이데이터도 개인이 동의해야 가져올 수 있습니다. 개인이 스마트폰을 처음 사용할 때 데이터의 저장과 사용에 대한 동의가 이루어져, 스마트폰에는 많은 마이데이터가 존재합니다. 운영 기관이 스마트폰에서 마이데이터를 가져오려면 마이데이터 서비스 앱에 스마트폰에서 마이데이터를 가져오는 기능을 추가해야 합니다. 개인이 전송에 동의해도 제공 기관에 온라인 전송 기능이 없는 경우가 많기 때문입니다. 일부 기관에서는 마이데이터를 엑셀로 내려받도록 안내하고 있어 스마트폰에 엑셀을 내려받은 후 운영 기관으로 전송하기도 합니다. 운영 기관은 제공 기관을 연결할 때 이런 부분을 자세히 알아봐야 하고 마이데이터 서비스 앱에 반영해야 합니다.

이번에는 운영 기관과 활용 기관 간의 관계를 알아보겠습니다. 운영 기관에서는 마이데이터, 융합 데이터를 API로 전달합니다. 활용 기관에서는 API 명세서를 살펴보고, 자신이 필요한 마이데이터, 융합 데이터를 API 호출로 가져올 수 있습니다. 사용하는 마이데이터는 마이데이터 서비스 앱으로 개인이 알 수 있습니다.

개인, 제공 기관, 운영 기관, 활용 기관 간의 관계는 마이데이터가 이동하는 관점으로는 큰 문제가 없지만, 법 제도적 관점에서 챙겨봐야 하는 문제가 많습니다. 아직 마이데이터를 가져오고 내보내는 기관이 많지 않아, 법 제도적으로 문제가 없는 방법을 통해 전송하기도 합니다. 물론 이런 방법은 법 제도가 만들어지면 바꿔야 합니다.

검증된 인증 방식이 필요한 마이데이터

개인 식별은 여러 사람이 있을 때 누구인지 알 수 있는 것을 말합니다. 교실에서 학생을 구분할 때, 이름을 부르기도 하고, 번호를 부르기도 하지요. 이것을 식별이라고 합니다. 인증은 그 사람이 정말 맞는지 확인하는 겁니다. 마이데이터 플랫폼에 접속하려면, 식별과 인증이 반드시 필요합니다.

우리가 쓰고 있는 많은 앱이나 웹에 접속하려면 정말 본인인지 인증을 하게 되는데요. 이 인증 방법이 너무 많아서 혼란스러운 것이 사실입니다. 이번에 공인 인증서가 폐지되면서 더 다양한 인증 방법이 도입되고 있어, 저도 헷갈리고 있습니다. 우리처럼 보통의 사람이 "어떤 인증이 가장 안전하지?"라는 궁금증을 가질 때, 가장 안전해 보이는 인증은 그래도 은행 같은 금융권에서 나오는 인증이죠. 마이데이터 플랫폼 서비스 앱을 사용하려면, 로그인하면서 인증을 해야 합니다. 이런 인증은 금융 인증서, 공동 인증서처럼 공공에서 제공하는 것도 있고, 카카오나 네이버 같은 민간에서 제공하는 것도 있습니다. 최근에 민간 기업에서 인증 사용자를 유치하려고 노력하고 있죠. 아마도, 마이데이터 플랫폼에 이런 인증을 쓰면 크게 고민하지 않아도 되겠다고 생각하는 사람도 많을 겁니다. 앱이나 웹 접속은 이런 인증을 적용하면 됩니다. 그런데, 마이데이터 플랫폼은 주체가 네 개나 있습니다. 개인, 제공 기관, 운영 기관, 활용 기관입니다. 네 개의 주체 간에 마이데이터가 이동하고 있어, 이 부분에도 인증이 필요합니다.

이 책에서는 인증 수단을 특성별로 분류하는 지식 기반, 소지 기반, 생체 기반, 행동 기반 같은 분류 방법의 설명은 하지 않으려 합니다. 이런 인증은 개인 신용 정보를 전송하는 경우라 이미 잘 알려져 있기에, 명칭에 대한 해석보다는 인증이 어디서 필요한지 살펴보겠습니다.

마이데이터 플랫폼으로 생각해 보죠. 네 개의 주체가 서로 원하고 전달하는 마이데이터가 있습니다. 제공 기관이 API를 열었는데 아무나 호출해서 정보를 가져가면 안 되겠죠. 제공 기관은 믿을 만한 운영 기관이 가져가길 원할 겁니다. 또, 운영 기관은 활용 기관이 그러기를 바랄 겁니다. 이런 바람을 해소하기 위해 다양한 방법을 도입할 수 있는데, 아주 기본적으로 데이터를 가져가는 운영 기관과 활용 기관이 마이데이터 사업자라는 인증을 받아야 합니다. 마이데이터 사업자인지 확인해서 마이데이터를 전달해야 할 겁니다. 정부는 마이데이터 인증서를 만들어 제공하겠다고 발표하고 세부 시행을 준비 중입니다. 금융위원회에서는 '금융 분야 마이데이터 기술 가이드라인'을 만들어 금융 마이데이터 서비스 제공과 관련된 절차, 기준 등을 제시하고 있습니다.

다시 본론으로 돌아가서, 제공 기관, 활용 기관에서 API를 제공할 때, 받는 기관의 마이데이터 인증서를 확인하면 문제가 없을 겁니다. 마이데이터 인증서는 마이데이터 사업자인지 증명하는 것이니 제공 기관, 운영 기관, 활용 기관이 마이데이터 사업자인지 확인해야겠네요.

마이데이터를 주고받는 방법은 마이데이터 인증서 말고도 여러 가지가 있습니다. 마이데이터 사업자가 API를 호출하는 특정 서버의 아이피를 열어줘도 됩니다. 공공 기관에서 데이터 전송에 사용하는 흔한 방법입니다. 큰 기술 요소가 없어도 높은 보안성을 가지고 있습니다. 물론 아이디/패스워드를 입력해서 하는 방식도 가능하지만, 아이디/패스워드의 유출 위험이 있어 지양하길 바랍니다. 지금은 이런 방법이 가능하지만, 마이데이터 사업자에 관한 법 제도가 만들어진다면 따라야 하겠지요. 지금은 전자 서명법의 전체 개정으로 쉽지 않은 상태입니다.

마이데이터 플랫폼과 블록체인

사용자가 자신의 데이터를 직접 관리하는 자기 주권 신원(Self Sovereigh Identity, SSI)으로 개인 정보 유출이나 명의 도용 같은 문제를 해결할 수 있습니다. 블록체인 기술은 신뢰할 수 있는 제3의 기관이 없어도, 데이터의 신뢰성을 검증하고 확인할 수 있는 분산 신원 증명(Decentralised Identity, DID)을 지원합니다. DID 기술은 사용자가 자신의 인증 정보를 직접 관리 및 통제할 수 있도록 지원해서 공인 인증서 같은 독점적 인증 방식에서 벗어날 수 있습니다.

분산 신원 증명인 분산 ID를 블록체인에 저장하게 됩니다. DID 기술은 중앙 집중형 신원 증명보다 해킹이나 명의 도용에 안전합니다. 블록체인의 장점이 있으니까요. 블록체인의 장점을 간단히 얘기하겠습니다. 마이데이터는 두 개의 주체 사이의 마이데이터 거래가 이루어집니다. 다른 말로 표현하면 계약이 이루어지는 것이죠. 마이데이터 서비스를 하다 보면, 이런 계약은 무수히 많이 나타날 겁니다. 매번 그 계약 사항을 기억하기에 무리가 있을 수 있습니다. 너무 많고, 굳이 특정 위치에서만 관리할 필요도 없고요. 이것이 블록체인의 특징인 거래 불변성(Immutability)입니다. 거래를 위조할 수 없다는 얘기지요. 블록체인을 쓰는 이유는 또 있습니다. 앞서 마이데이터 서비스를 이용하면 개인에게 영수증을 제공한다고 했습니다. 영수증을 작성하려면 데이터 거래량을 계산해야 하는데, 네 개의 주체 역할을 하는 많은 기관, 기업이 참여하고 데이터의 종류도 많지만 마이데이터 거래량을 효율적으로 관리하기 위해 블록체인이 필요하다고 보시면 됩니다.

마이데이터 서비스에 사용되는 기술

지금까지 마이데이터 플랫폼에 사용되는 기술을 살펴보았는데 어려운 부분이 있나요? 앞에서 마이데이터 플랫폼의 개념 모델을 그려보았는데, 우리가 아는 일반적인 소프트웨어 시스템보다 단순하게 보일 겁니다. 마이데이터라는 개념도 새롭게 나온 것이 아니고, 내가 만든 데이터는 당연히 내 것입니다. 여러 기관에 저장된 내 데이터를 온라인으로 쉽게 가져올 수 있도록 도와주는 것이 마이데이터 플랫폼이라 보면 됩니다. 한쪽에서 다른 쪽으로 데이터를 이동하는 것이니 복잡한 기술은 필요하지 않습니다. 다만, 마이데이터에는 개인 정보가 포함되어 있어, 법 제도 측면에서 고려해야 하는 기술이 있습니다. 대표적으로 인증 같은 것입니다. 마이데이터 플랫폼은 우리가 큰 노력을 들여야 했던 많은 일을 쉽게 바꿔 줄 겁니다. 어떻게 보면 마이데이터 기술은 어려운 것이 없어 놓치기 쉬운 부분도 있을 겁니다. 꺼진 불도 다시 보자는 말처럼 기술에 있어서는 항상 확인하고, 확인하고, 또 확인해야 합니다.

마이데이터 생태계

– 디지털 시대(Digital Age)의 개막

이영환

마이데이터 생태계
- 디지털 시대(Digtal Age)의 개막

2002년은 아날로그 시대에서 디지털 시대로 전환된 중요한 해입니다. 2002년을 정점으로 디지털 스토리지(Digital Storage)가 아날로그 스토리지(Analog Storage)의 점유율을 넘음으로써 2002년은 디지털 시대가 개막(Beginning of the Digital Age)된 해가 되었습니다.[27]

2002년부터 2007년까지 디지털 스토리지 점유율은 50%에서 94%로 증가했으며 최근에는 디지털 스토리지 수치가 약 99%를 훨씬 넘었다고 합니다. 이제는 완전한 디지털 시대로 돌입한 것입니다.

우리 일상은 이미 디지털 라이프로 전환되고 있습니다. 소비자는 하나의 통합된 디지털 플랫폼을 통해서 일상의 활동을 연결하고 있습니다. 예를 들면, 보험 디지털 플랫폼을 통해서 자동차 정비 및 차량 운행, 주택 유지 및 수선 관리, 원격 진료 및 건강 관리, 연금 및 자산 관리 등의 서비스를 이용할 수 있습니다.

---

27) Hilbert, M., & Lopez, P. (2011). The world's technological capacoty to store, cpmmunicate, and compute information. Science, 332 (6025), 60-65.

디지털 사회에서 개인은 자산 현황, 건강 상태, 선호 스타일, 가족 관계, 직장 정보 등의 개인 데이터를 디지털 플랫폼에 제공하여 자산 관리, 건강 관리 및 웰빙 등 개인 맞춤형 편의 서비스를 받게 됩니다. 디지털 보험 생태계를 예를 들면, 개인과 자동차 기업, 운송 회사, 의료 등을 네트워크로 연결하여 에이전트는 가격 할인 없이 경쟁력을 높여 수익을 제고할 수 있다고 합니다. 개인은 편익을 제고하고 기업은 새로운 서비스로서 경쟁력을 높일 수 있는 것이지요.[28]

개인이 평생 만드는 데이터는 약 1106.4TB이고 책으로 하면 약 3억 권 정도라고 합니다. 개인으로부터 생성되는 데이터는 외부 생성 데이터가 60%, 유전체 데이터가 30%, 그리고 병원 의료 데이터가 10%로 구성된다고 합니다.[29]

마이데이터 생태계 관점에서 보면 개인 신상 정보, 신체 데이터, 라이프 로그 데이터, 금융 거래 데이터, 의료 진료 데이터, 통신 데이터 및 위치 정보 등 개인 데이터가 수집·활용되고 있습니다. 우리 일상은 디지털 사회(Digital Society)로 전환되고 있는 것입니다.

개인의 속성을 디지털 데이터로 전환하는 개인 차원의 디지털 트랜스포메이션(Digital Transformation)이 보편화되고 있습니다. 사회가 디지털

---

28) Bain & Company 2017.05.05 https://www.bain.com/ko/insights/changing-gears-2020-how-digital-is-transforming-the-face-of-the-automotive-industry/

29) IBM, "Bigdata in Healthcare: Tapping New Insight to Save Lives," IBM Big Data & Analytics Hub, 2014.
https://www.ibmbigdatahub.com/infographic/big-data-healthcare-tapping-new-insight-save-lives

화가 되면 될수록 개인 데이터의 생성과 유통은 증가할 것입니다. 개인 데이터의 유통을 위해서는 개인의 데이터 주권에 대한 권리가 보장되어야 합니다. 개인 스스로 데이터를 관리하고 통제할 수 있어야 한다는 것입니다.

미국 GE는 의료·헬스 케어 분야에서 클라우드에 환자 개인 의료 데이터를 모으고 분석하고 있으며 환자의 의학 영상 이미지를 처리하고 배포합니다. GE는 의료 기관이 환자 상태를 데이터 기반으로 분석하고 치료할 수 있도록 지원합니다. 의료 분야에서는 이미 개인 데이터를 활용한 환자 진단과 치료에 보편적으로 활용되고 있습니다. 의료 산업 생태계는 개인 데이터를 기반으로 하여 환자, 병원, 연구 기관, 헬스케어 기업, 전자 기업, 자동차, 금융 산업 등 새로운 융합 산업 생태계로 조성되고 있습니다.[30]

마이데이터 생태계를 구성하는 행위 주체

마이데이터 생태계에는 개인 데이터를 중심으로 한 다양한 행위 주체들로 구성되어 있습니다. 정보 주체로서의 개인(Person), 개인 데이터 운영 기관(Operator), 개인 데이터 보유 기관(Data Source), 그리고 개인 데이터 활용 기관(Data Using Service) 등으로 구성됩니다. 최근에는 공정성을 위해서 정부의 역할도 강조되고 있습니다.

개인(Person)은 금융 거래, 건강 관리 등 자신의 목적을 위해 데이터를 관리합니다. 개인은 자신의 데이터로 다른 사람, 서비스 또는 조직과 관계

---

30) 출처: IBM 홈페이지. https://www.ibm.com/

를 유지합니다. 개인은 자신이 직접 개인 데이터의 운영 기관이 될 수도 있습니다. 그러나 현실적으로 개인이 직접 관리하기 어렵기 때문에 전문적인 기업에 권한을 위임하거나 위탁하게 됩니다. 개인 정보 플랫폼 서비스(Personal Data Platform Service) 등이 대표적 사례입니다.

데이터 보유 기관(Data Source)은 개인 데이터를 수집하고 처리합니다. 개인 의료 데이터를 보유하는 있는 각종 병원, 보건소, 약국 등과 개인 금융 데이터를 보유하고 있는 은행, 카드사, 증권사 등이 해당됩니다. 보유 기관의 개인 데이터의 수요는 보유 기관 내부뿐만 아니라 외부에서도 증가하고 확대되고 있습니다.

데이터 활용 기관(Data Using Service)은 여러 데이터 보유기관으로부터 개인 데이터를 가져와 활용하고자 합니다. 개인으로부터 부여받은 권한을 통해서 서비스를 제공합니다. 개인 의료 데이터를 활용하는 헬스케어 업체, 금융 데이터를 활용하는 핀테크 업체 등이 해당됩니다. 여기에는 영리 목적의 기업과 연구 및 비영리 기관 등이 포함됩니다. 이들은 상대적으로 개인 데이터에 대한 접근이 제한되기 때문에 개인에게 다양한 편익이나 보상을 통해서 확보하려고 합니다.

개인 데이터 운영 기관(Operator)은 개인 데이터를 안전하게 접근, 관리, 사용할 수 있도록 합니다. 개인은 운영 기관을 통해 데이터 보유 기관과 데이터 활용 기관 사이의 개인 데이터 흐름을 안전하게 관리하고 통제할 수 있습니다. 운영 기관은 개인 데이터를 직접 사용하기보다는 마이데이터 생태계 내에서 다양한 주체들을 연결해 주고 안전하게 공유되도록 합

니다. 즉, 개인을 대신해서 데이터 주권의 대리자 역할을 합니다.[31]

마이데이터 생태계에서 데이터 보유 기관은 독점적 지위에 있기 때문에 정보 주체인 개인은 데이터 열람권과 이동권이 침해받을 수 있습니다. 아직은 개인의 권한이 데이터 보유 기관에 비해 열세이기 때문에 정부의 역할이 중요합니다. 정부는 개인의 데이터 주권을 보호하기 위한 각종 법과 제도를 마련해야 하고 국민과 기업의 인식을 전환하기 위한 지원을 해야 합니다. 마이데이터 생태계에서 정부는 개인의 데이터 주권을 확보해주는 역할을 해야 합니다. 정부는 때로는 감시자, 때로는 지원자가 되어야 합니다.

마이데이터 생태계 작동 원리: 2018년 KData 시범 과제

고려대학교 빅데이터융합연구단(현 디지털혁신추진단)은 2018년 한국데이터산업진흥원의 마이데이터 시범 과제를 수행했습니다. 본 과제의 목표는 '의료 데이터와 금융 데이터'를 융합한 마이데이터 플랫폼을 구축하는 것이었습니다. 과제의 핵심은 개인이 중심이 되어 자신의 데이터를 다운받고 의료 데이터와 금융 데이터를 통합하고 관리하는 것이었습니다.

시범 과제 수행의 가장 어려웠던 점은 낯선 개념과 구현 방식이었습니다. 마이데이터는 무엇이고 어떤 서비스를 구현해야 하며 그를 위해서 어떤 개인 데이터가 필요한가? 개인 데이터를 보유하고 있는 의료 기관이나 금융 기관은 어떤 데이터를 줄 수 있는가? 개인 데이터를 전달하는 방식은 어떻

---

31) Brain & Company, WEF (2011) Personal Data: The Emergence of a New Asset Class

게 구현할 것인가? 또한 개인의 데이터에 대한 권리를 구현하기 위해 제시된 선별적 공유 방식은 무엇이며 어떻게 구현해야 하는가? API는 어떤 의미를 갖고 왜 스크래핑은 안 되는 것인가? 등 여러 난제에 부딪혔습니다.

한 가지 확실한 것은 우리는 어떤 플랫폼이나 기관(기업)의 입장이 아니라 개인의 입장에서 개인 데이터에 접근했다는 것입니다. 개인은 자신의 데이터를 보유하고 있는 기관에게 어떻게 권한을 행사할 수 있으며 개인이 데이터를 제공하면 어떤 혜택을 받을 수 있는지 검토하였습니다.

가장 먼저 생각한 우리의 해결책은 마이데이터 플랫폼을 구축하는 동안은 반드시 '주어'를 달아서 검토하자는 것이었습니다. 주어가 개인인지, 의료 기관인지, 금융 기관인지, 활용 기관인지, 플랫폼인지 명확히 하여 검토하였습니다.

즉, '개인 데이터의 흐름은 정보 주체인 개인에 의해서 작동하는 것이고 그것이 전제되어야 한다는 것이 가장 중요한 점'이라는 것이 명확해졌습니다. 그동안 '개인 동의'라는 부분의 체감이 어려웠지만 마이데이터 플랫폼에서는 '개인이 자신의 데이터를 직접 다운받고, 통합하고, 활용 주체에 전달하여 저장하도록 한다'는 기준으로 바뀌니 상당 부분 명료해졌고 '개인 정보 보호법' 관련 이슈도 해결할 수 있습니다.

다만, 개인 데이터를 수집하여 통합하고 가공해서 제공하고자 하는 서비스가 무엇인가는 법적 검토 대상이 되었습니다. 개인 데이터를 활용해서 제공하고자 하는 서비스가 의료 서비스인지, 금융 서비스인지에 따라 관련 기관의 인허가 대상이 됩니다. 개인 데이터의 수집, 저장, 활용이라는 아키텍처를 구성한 이후에 응용 서비스 단계에서 각종 현행법(개인 정보 보호법, 의료법, 신용 정보법 등)을 반드시 검토해야 한다는 것을 인식했습니다.

다음으로 검토할 것이 개인의 '본인 확인 및 권한' 설정 부분입니다. 개인 본인 인증과 신상 정보 수집 및 활용 관련 권한 동의를 플랫폼에서 일괄적으로 하고, 개인 본인의 데이터를 보유하고 있는 기관과 활용하고자 하는 기관의 정보를 각각 기입하도록 했습니다. 개인이 제공하는 데이터는 ID, PW, 식별자 등 범위를 최소한으로 한정하였고 이들 데이터에 대해서는 암호화 등 보안 조치를 적용하였습니다.

아무래도 초기 단계의 시범적 개발이다 보니 완벽한 시스템보다는 앞서 언급한 내용을 하나둘씩 검증하여 실현 타당성을 확인하는 쪽으로 전개하였습니다.

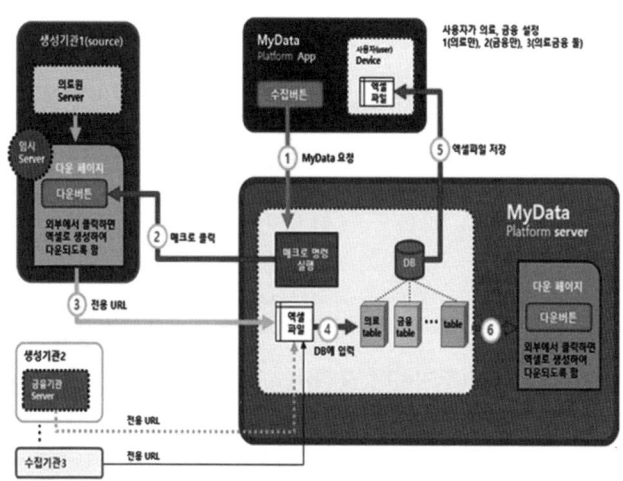

시범 과제에서 제시한 마이데이터 플랫폼 예시

마이데이터 플랫폼의 핵심적인 것 중의 하나는 '개인 동의'였습니다. 마이데이터 플랫폼 서비스를 위해서는 개인 동의에 대한 개념 파악이 필요했습니다. 개인 정보를 취급하기 위해서는 개인의 동의가 필요했고, 개인의 동의를 얻기 위해서는 개인에게 데이터 활용에 대해서 명확하게 인지시켜야 했습니다.

그리고 기존 여타 플랫폼 서비스와 마이데이터 플랫폼 서비스 간의 비교도 필요했습니다. 특히 개인 동의에 대한 객관적인 기준을 마련하기 위해서 GDPR(General Data Protection Regulation)을 분석했습니다. GDPR의 법률적인 내용을 이해하고 시스템상에 해당 조건을 구현하는 것은 어려웠습니다.

마이데이터 플랫폼은 개인의 '동의와 인지'를 구현하기 위해서 GDPR 규정을 따르고자 했습니다. GDPR에서 제시하는 동의 기준은 대략 6가지입니다.[32]

첫째, 동의는 구체적이고 명료한 정보여야 합니다. 둘째, 개인 정보의 수집 목적은 구체적이고 명확해야 합니다. 셋째, 개인은 언제든지 동의를 철회할 수 있어야 합니다. 넷째, 개인의 동의란 정보 주체의 진술 또는 적극적인 행위(자동 체크는 동의가 아님)이어야 합니다. 다섯째, 개인이 동의 거부 시 불이익은 없어야 합니다. 여섯째, 이용 약관과 동의는 분리해야 하고, 복수의 목적에 대해서는 다른 유형으로 처리해서 개별적 동의를 받도록 해야 합니다.[33]

---

32) 한국인터넷진흥원, 우리 기업을 위한 2020 EU 일반개인정보보호법 (GDPR) 가이드 북, 2020.05
33) 한국인터넷진흥원, 우리 기업을 위한 2020 EU 일반개인정보보호법 (GDPR) 가이드 북, 2020.05

개인 동의 기준은 개인 정보 수집의 목적(핵심 서비스 구현, 서비스 개선, 마케팅, 연구 개발, 제3자 제공 등), 데이터 보관 기간(보통은 1년이지만 그 이상이 필요한 경우는 별도로 설명, 1년이 경과한 후는 재동의 필수), 수집하는 개인 정보의 종류(개인 신상 정보, 의료 정보, 금융 정보 등), 개인 정보 수집 및 활용에 대한 동의 방식(사전 체크 처리되지 않은 박스, 사전에 미리 체크된 박스는 허용되지 않음), 개인 정보를 제공하는 파트너 정보(의료 기관, 금융 기관, IT 기업, 스타트업 등 활용 기관의 사업자명, 주소, 연락처 등), 정보 처리 내역 등으로 구성했습니다.

시범 과제 마이데이터 플랫폼에서는 '동의 및 인지'의 UI와 UX를 구현하였습니다. 개인이 인식하기 쉽고 명료하게 직관적으로 표현했습니다. 개인 데이터를 활용하는 기관명, 정보 공유 등급, 활용 목적 그리고 배포 이력까지 상세하게 구현하였습니다. 모든 개인이 데이터를 누가, 어떤 목적으로, 언제까지 활용한 것인지 알고 언제든지 자유롭게 동의하고 철회 및 삭제가 가능하도록 했습니다. 삭제 이력 관리의 경우, 고민 끝에 시범 과제 성격상 제공하지 않았습니다.

참고로 우리나라 대법원은 '개인 정보 활용 동의 1mm 깨알 고지는 부정한 수단'이라는 결정을 내린 판례가 있습니다.[34] 개인이 알아보기 어렵게 하여 간과하도록 한 것은 동의로 인정받기 어렵다는 것입니다. 그래서 마이데이터 플랫폼에서는 동의 부문에 대해 시각적으로 명료하고 직관적으로 잘 보이도록 하고자 노력하였습니다.

---

34) 연합뉴스, 2018. 8.16 https://www.yna.co.kr/view/MYH20190806001700038

시범 과제 마이데이터 플랫폼 주요 기능

또 다른 중요한 요소로서 API의 필요성에 대해 탐색했습니다. 마이데이터 플랫폼에서 API가 필요한 근본적인 이유를 연구하였습니다. 마이데이터 플랫폼을 개발하면서 구글, 금융결제원, 네이버 등에서 제공하는 다양한 API[35] 사례를 검토했습니다.

---

35) 각 기업 및 기관들은 어떤 형태로 웹서비스 또는 애플리케이션을 제공하는지 및 이용 조건 등에 대해서 검토하였음.

선행 사례 연구 자원에서 데이터 산업 생태계를 구성하고 있는 대표적인 API 중의 하나인 네이버 지도 서비스를 분석하였습니다. 네이버 지도 서비스는 오픈 API를 제공하고 있습니다. 오픈 API를 사용하려면 협력사는 네이버 개발자 센터에 애플리케이션(3rd Party)을 등록하고 클라이언트 아이디와 클라이언트 시크릿을 발급받아야 합니다.

API를 사용하기 위해서는 개발자 센터에 회원 가입을 하고 신원 정보를 입력해야 합니다. 지도 서비스를 적용할 애플리케이션의 정보도 등록해야 합니다. 어떤 목적이며 개인들에게 어떤 효용을 제공할지도 명시해야 합니다. 이용하고자 하는 데이터 항목까지 작성해야 합니다. 이런 일련의 절차는 서비스 제공자와 사용자 간의 동의 및 합의 과정입니다. API를 통해서 사용자 간의 합의와 동의를 기술적으로 적용하는 것입니다.

즉, API는 두 서비스 간의 단순한 연결이나 기술이 아니고, 데이터의 흐름 선상에 있는 이해 당사자 간의 사전적 동의와 합의로 보았습니다. 그래서 마이데이터 플랫폼에서도 개인 데이터 활용 기관의 정보를 관리해야 합니다. 개인의 동의를 받을 수 있도록 해야 하고 향후 발생할 수 있는 사고에도 대응하도록 해야 합니다. 이전 서비스에서는 고려되지 않았던 부분입니다. 마이데이터 플랫폼은 개인 데이터 활용 기관에 대한 사전 검증을 해야 하고 이들과 올바른 사용에 대해서도 협약해야 합니다.

마이데이터 플랫폼에서는 개인의 참여가 중요하며 개인 데이터의 수집과 활용에 대한 동의와 인지 절차를 반드시 포함해야 합니다. 그리고 마이데이터 플랫폼에 참여하는 보유 기관 및 활용 기관 간의 신뢰와 협약이 있어야 건전한 개인 데이터를 활용한 산업 생태계가 형성될 수 있습니다.

기존 서비스에서는 개인 회원의 유치를 위해서 어떤 혁신적인 서비스를 만들지를 주로 고민했다면, 마이데이터 플랫폼에서는 개인 데이터와 관련된 법·제도까지 검토해야 했습니다. 소위 '융합적 관점'에서 접근해야 했지요. 이것은 서비스 기획자들이나 개발자들에게는 생소한 것이며 의례적으로 취급하였던 개인 데이터를 앞으로는 함부로 취급하면 안 된다는 인식을 하게 되니 서비스 구상이 더욱 힘들었습니다.[36]

마이데이터 생태계 실증 서비스: 2020년 KData 실증 과제

고려대학교 산학협력단은 2020년 한국데이터산업진흥원 주관 마이데이터 실증 서비스 지원 과제에 일원으로 참여했습니다. '직장인 개인 맞춤형 웰니스 서비스'를 구현하는 것이 목표였습니다. 대기업과 스타트업의 역할을 분장하여 컨소시엄을 구성하였습니다.

개인 데이터를 활용한 마이데이터 실증 서비스로 직장인을 대상으로 하는 타깃 서비스를 선택했습니다. 우리나라 직장인들 상당수가 건강에 관심이 높다는 것과 건강과 관련된 웰니스(Wellness) 시장 규모가 크다는 것을 고려하여 서비스를 기획했습니다.

---

36) 마이데이터 글로벌에서는 마이데이터를 BLTS(Business, Legal, Tech, Society) 관점에서 접근하는 시도를 하고 있습니다.

사전 조사 결과 우리나라 직장인은 2019년 기준 약 1,688만 명이고, 소규모 사업자는 약 500만 명이 된다는 것을 발견하였습니다. 특히 경제활동의 약 45%를 차지하고 있는 직장인은 심각한 스트레스와 과로에 처한 상황이었습니다. 심지어 그들이 속한 기업의 직장인에 대한 건강 관리는 부실했고 대부분은 형식적이었습니다.[37]

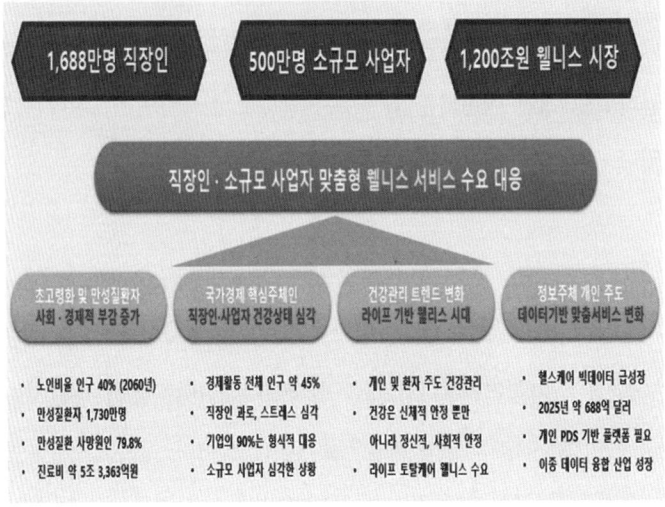

직장인 현황 분석

우리의 가장 큰 고민은 어떤 개인 데이터를 수집하고 어떤 서비스에 활용할 것인가였습니다. 이때 주목했던 것은 직장인의 라이프 스타일이었습니다. 문제 중심으로 접근하여 '우리나라 직장인의 규모는 얼마나 될까? 우리나라 직장인이 가장 고민하는 것은 무엇일까? 그 고민을 해결할 수 있는 방법은 무엇이며, 고민을 해결하면 수익적인 측면까지 보장해줄 수 있을까?' 등을 고민했지요.

---

37) 중앙SUNDAY·서울대 의대, 기업건강경영 실태조사, 2019

먼저 직장인의 라이프 스타일을 분석하고 문제를 발견하고자 했습니다. 그러기 위해 직장인 맞춤형 웰니스 서비스를 위해서 몇 가지 가정을 전제했습니다. 다수 직장인은 과중한 업무로 인해 만성 피로와 스트레스를 받고 있으며 이로 인해 크고 작은 질병을 하나둘씩 갖고 있을 것이라고 전제했습니다. 또한 직장인은 가족과 함께하는 여가 시간에 대한 요구가 강할 것이라고 보았습니다.

그래서 직장인의 건강 상태와 바쁜 일상의 라이프 사이클을 고려한 맞춤형 서비스를 구현하기로 했습니다. 개인의 건강 상태, 직장 상황, 라이프 스타일을 고려한 직장 근처의 맛집 추천, 정신 건강과 스트레스 관리, 가족 건강 챙기기, 운동 코칭 받기, 휴양 레저 추천받기 등의 서비스를 마이데이터 플랫폼에서 연결하고자 했습니다.

그 다음 단계로 직장인에 대한 정의를 설계하는 작업을 하였습니다. 직장인의 사전적 정의에 의한 개념 정의를 하였고, 개인 데이터를 기반으로 하여 직장인을 모델링하였습니다. 직장인의 데이터 모델링은 직장인들이 많이 사용하는 신용카드 데이터와 의료 데이터를 활용하였습니다.

개인 신용카드 데이터에는 개인 정보, 직장 정보, 근무 업종, 근무지 주소 등이 있어서 개인과 직장의 속성을 알 수 있었습니다. 즉, 사무직인지, 생산직인지, 금융업인지, 유통업인지 등을 알 수 있고, 출퇴근 사무실이 서울 강남인지 강북인지 등을 알 수 있어서 직장인의 라이프 스타일을 추정할 수 있었습니다. 직장인 카드 소비 내역으로는 출근 시간에 어떤 교통수단을 이용하는지, 점심은 주로 어떤 메뉴를 먹는지 알 수 있었고 저녁 약속이나 회식이 있는지, 헬스클럽에서의 운동 여부도 추정이 가능했습니다.

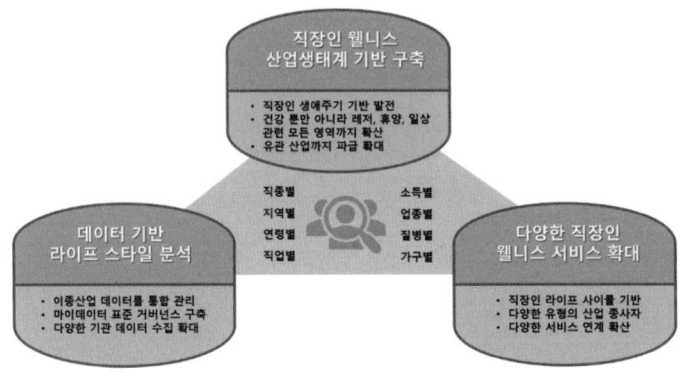

직장인 웰니스 서비스 모델 구성

그리고 개인이 이용했던 병원의 의료 정보를 통해서 평소에 앓고 있는 질병, 병원 방문 주기, 처방 내용, 건강 상태 및 질병 중증 정도를 파악하고 개인 의료 데이터를 통해서 건강 관리에 필요한 정보를 추출할 수 있었습니다.

직장인의 개인 신용카드 데이터, 병원 의료 데이터를 통해서 직장인을 모델링하였습니다. 직장인 개인의 성별, 연령별, 거주지별, 소득별, 근무지별, 직업별, 업종별, 직종별 등으로 개인을 세그먼트하는 전략을 수립하였습니다.

마이데이터 플랫폼은 개인의 병원 데이터와 건강 진료 데이터, 신용카드의 개인 카드 사용 내역, 소상공인 등 개인 사업자의 세무 데이터를 통합하였습니다. 그 외에 개인이 직접 다운로드 받은 건강보험관리공단의 데이터를 등록함으로써 개인이 직접 데이터를 관리하도록 하였습니다. 개인 사업자의 세무 데이터는 향후 사업자의 규모나 업태 등에 맞는 건강 관리 서비스를 제공하기 위한 목적이었습니다.

'직장인 개인 맞춤형 웰니스 서비스'는 직장인 개인 속성별 맞춤형 건강 관리 서비스를 추천합니다. 직장인의 건강 상태와 근무 직장 등을 고려하여 맛집을 추천하고, 퇴근길에 가족들을 위한 장바구니 서비스를 제공하고, 자신의 직종이나 업무 상황에 따른 스트레스를 파악하여 이에 맞는 정신 건강과 스트레스를 관리하는 서비스를 제공합니다.

직장인은 마이데이터 플랫폼을 통해서 자신의 개인 데이터를 보유하고 있는 병원과 금융 기관으로부터 데이터를 수집하고, 데이터를 개인 맞춤형 웰니스 서비스에 활용하도록 하였습니다. 개인 데이터 수집은 플랫폼과 협약된 기관 간에는 API 방식으로 하고, 그렇지 않은 기관은 개인이 직접 다운로드하여 업로드할 수 있도록 했습니다. 이렇게 수집된 데이터는 개인이 직접 동의 관리를 하고 데이터 이용 내역을 영수증으로 관리할 수 있도록 구성했습니다.

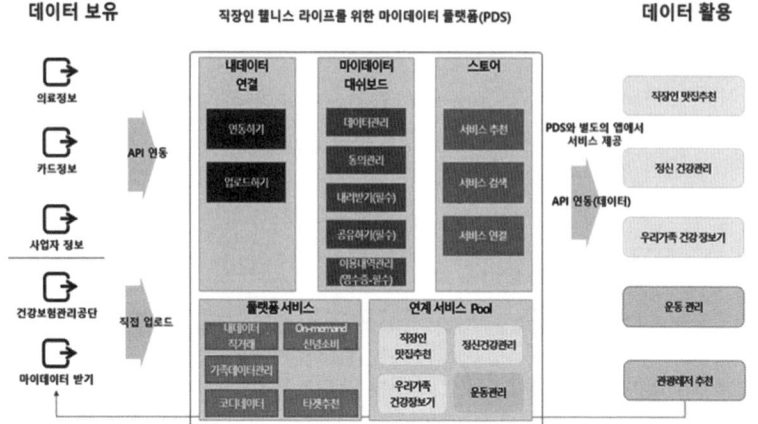

직장인 웰니스 플랫폼 구성도

출처: 오희영, 직장인 웰니스 플랫폼 기획서

직장인 개인 맞춤형 웰니스 서비스를 통해 몇 가지 마이데이터 생태계를 위한 인사이트를 발견하였습니다.

첫째, 직장인의 속성을 알 수 있는 개인 데이터를 계속해서 발굴해야 합니다. 카드 데이터를 통해서는 소비 패턴과 직장 정보를 알 수 있습니다. 그리고 병원 의료 데이터를 통해서는 건강 상태, 질병 정보 등을 알 수 있습니다. 이렇게 직장인의 속성을 알 수 있는 데이터를 찾아서 활용한다면 더욱 정교한 개인 맞춤형 서비스를 다양하게 제공할 수 있습니다.

둘째, 플랫폼의 데이터 셋을 구성하면서 개인 데이터 보유 기관과 플랫폼, 그리고 활용 기관 간의 사전 이해와 협약이 필요합니다. 보유 기관은 어떤 데이터를 활용할 것인지, 활용 기관은 어떤 데이터를 줄 수 있는지를 서로 확인해야 합니다. 그 기준은 '개인 관점에서 어떤 편익을 제공할 수 있는지'에서 출발해야 합니다. 보유 기관의 의도나 활용 기관의 의지도 중요하지만, 개인의 수요가 높은 서비스와 더 많은 편익을 제공할 수 있는 서비스를 먼저 고민해야 합니다.

셋째, 개인 데이터와 관련된 거버넌스가 중요합니다. 개인 데이터 수집, 활용에 적용될 수 있는 데이터 표준이 필요합니다. 특히 이종 분야의 데이터를 수집하는 경우는 더욱 그렇습니다. 금융 기관과 의료 기관은 각각 개인 신상 데이터부터 해당 전문 분야 데이터를 수집합니다. 두 기관의 공통된 개인 신상 데이터는 하나로 통일할 수 있고 중복된 항목은 한곳의 기관에서 수집된 것을 활용할 수 있기 때문에 시스템의 효율성도 높아지고 개인에게는 편의성을 제공할 수 있습니다.

마이데이터 생태계 해외 사례

프랑스, 영국, 핀란드 등 EU 국가들은 각 국가의 주요 관심 및 사회적 문제를 해결하기 위한 목적으로 마이데이터 사례를 발굴하고 프로젝트를 통해서 실험 및 실증을 하였습니다. 이런 일환으로 EU 국가들은 스타트업을 중심으로 개인 데이터 기반의 서비스와 비즈니스를 발굴하여 마이데이터 생태계를 조성하고자 했습니다. 특히 스타트업은 유연한 조직 특성으로 혁신적인 서비스를 창출할 수 있었기에 적극적으로 기용되었습니다.

EU 마이데이터 생태계 구성은 개인 인증 및 식별 서비스, 정보 보호 및 보안 통신 기업, 개인 데이터 관리(Personal Data Management) 서비스, 디지털 신원 서비스, GDPR 관리 도구 서비스, 개인용 클라우드 서비스, 인터넷 검색 업체, 블록체인 응용 기업 등으로 되어 있습니다. 공통적인 특징은 개인 데이터의 안전하고 원활한 유통을 목적으로 하는 기업들이라는 것입니다.

프랑스는 2013년 10월부터 2014년 5월까지 은행, 소매업체, 보험사 등 개인 데이터를 보유한 기관들과 마이데이터 생태계 조성 프로젝트인 오렌지 프로젝트(Orange Project)를 추진했습니다.

오렌지 프로젝트에는 개인 위치 정보, 개인 통신 데이터, 개인 카드 영수증, 보험 계약 및 은행 계좌 정보 등이 활용되었습니다. 각 개인은 코지 클라우드(Cosy Cloud)라는 개인 클라우드에 데이터를 저장 및 관리했습니다. 오렌지 프로젝트에서는 개인형 맞춤형 서비스, 비즈니스 모델, 보안 문제 해결, 기술적 이슈 탐색, 법 제도적 이슈 확인, 사회 경제 문화적 이슈 등을 도출하고 해결하기 위한 지침을 마련했습니다.

영국은 금융 산업의 경쟁력 강화와 금융 소비자 권리 보호를 위한 정책의 일환으로 마이데이터(Midata) 오픈 뱅킹(Open Banking)을 시도하였습니다. 영국 정보는 기존 금융 산업이 반 독점적 지위를 이용해 금융 소비자에게 피해를 준다고 판단했습니다. 금융 기관 간 경쟁을 하면 금리가 내려갈 것으로 기대했으나 오히려 그렇지 않았기 때문입니다.

영국은 PSD2(Payment Services Directive 2)를 통해서 금융 산업에 핀테크 기술 기업이 참여하여 금융 서비스를 제공하도록 했습니다. 핀테크 기업들이 금융 서비스를 제공함으로써 금융 소비자에게 대출 금리 인하 등의 실질적인 혜택이 가도록 했습니다.

영국의 금융 분야에서 마이데이터 생태계 조성은 금융 기업 간의 경쟁을 촉진하여 새로운 금융 비즈니스 창출을 목적으로 했습니다. 그 취지는 대출 금리 하락과 혁신 금융 서비스 제공으로 금융 소비자의 권리 증진에 있었습니다. 혁신적인 금융 생태계를 조성하기 위해서는 개인 금융 데이터의 유통이 전제되어야 했기 때문에 마이데이터 생태계 조성을 시도한 것입니다.

이전에 개인은 쇼핑이나 뱅킹을 각각 개별적으로 직접 수행했다면, PSD2는 TPP(Third Party Players)를 통해서 대행할 수 있도록 한 것입니다. 즉, 개인은 TTP를 통해서 쇼핑과 이체 등의 뱅킹 업무가 가능해진 것입니다.

미국의 마이데이터 생태계는 개인 데이터 경제 모델(Personal Data Economy)[38]을 지향했습니다. 미국은 개인 주도의 데이터 유통 모델에 기반하여 데이터 거래 시장을 허용했습니다. 개인이 자신의 데이터 가치를 인지하고 본인 스스로가 중개자가 되어 데이터 거래에 참여하는 모델입니다. 개인이 직접 데이터를 이전할 대상을 결정하고 수익을 창출합니다.

대표적인 사례로 미국 기업인 데이터쿱(Datacoup)이 있으며 개인의 계정을 연결하여 앱과 웹 서비스를 제공합니다. 데이터쿱은 개인 데이터 거래를 통한 수익을 개인과 분배합니다. SNS 정보의 경우 월 $8를 지급한다고 합니다.[39]

---

38) Paying for Privacy and the Personal Data Economy(2017.10), Stacy-Ann Elvy, https://papers.ssrn.com/sol3/papers.cfm?abstract_id=3058835

39) 출처: Datacoup 웹사이트. http://datacoup.com/docs#how-it-works

일본은 '정보 은행(Data Bank)'을 통해서 마이데이터 생태계를 조성하고자 했습니다. 일본의 정보 은행은 실제 우리가 생각하는 시중의 은행이 아닙니다. 정보 주체가 자신의 개인 데이터를 수집 및 저장하고 특정 대리자에게 위탁 및 수탁하여 관리할 수 있도록 하는 것입니다. 일본 정보 은행은 비즈니스 모델로서 '데이터 판매 외에 서비스 중개'라는 기능을 명시하였습니다. 주요 핵심은 정보 주체 개인이 데이터 사용에 대한 동의를 선별적으로 하는 것이 현실적으로 어려우니 포괄적인 동의를 해주고 그에 대한 대가를 지급받도록 하는 것입니다. 개인 데이터를 저장하는 차원에서 벗어나 데이터 판매를 통한 수익을 분배하자는 것입니다.

일본의 도쿄대 하시다 코이치 교수[40]는 마이데이터 산업의 규모를 측정하였습니다. 개인 수요와 서비스의 매칭, 개인형 서비스의 편익 제고, 개인 데이터 수집을 통한 분석 및 가공의 3가지 영역입니다. 이를 토대로 추정된 일본 마이데이터 관련 산업 규모는 약 6천억 엔이라고 합니다. 즉, 개인 맞춤형 서비스인 개인 판매 대행의 시장 규모가 GDP의 약 20%이고, 데이터 중개 및 정보 은행은 대략 GDP 0.1%로 추정한 것입니다.[41]

마이데이터 생태계 공공 사례

앞서 논의한 것은 산업 분야의 마이데이터 생태계였습니다. 공공 분야에서도 마이데이터에 대한 수요가 증가하고 있습니다. 마이데이터 공공 생태계는 인간 중심의 도시 문제 해결과 혁신 성장의 가치 창출을 목표로 합니다.

---

40) 모으지 않는 빅데이터 컨소시엄 리더, 도쿄대 대학원 정보이공학계 연구과 교수, 현재도 정부 연구 용역인 '사람과 정보의 생태계' 연구 수행 중임. 일본 JST 웹사이트. http://www.jst.go.jp
41) 하시 코이치, 마이데이터와 PLR, 일본 도쿄대 사회기술연구센터, 2019.11

스마트 시티는 도시의 효율성, 도시 문제 해결, 비즈니스 창출 그리고 시민 편의 향상을 표방합니다. 이상적인 스마트 시티를 위해서는 광범위하게 개인 정보를 수집 및 저장해야 합니다. 스마트 시티는 도시 인프라를 구성하는 전기, 통신, 서버, 네트워크, 보안, CCTV, IoT 센서, 자율 주행 자동차 등에서 ICT 기술을 활용하여 개인 정보 수집 및 관리를 하고 있습니다.

스마트 시티에는 개인(시민), 공공 기관, 민간 기업, 시민 단체 등 복잡하고 다양한 이해관계자가 참여합니다. 공공은 개인을 통제하려는 경향이 있고, 민간은 자사의 수익을 극대화하는 쪽으로 작동하게 됩니다. 스마트 시티는 개인의 공공 편익 가치가 우선되어야 합니다. 개인은 스마트 시티를 구성하는 주요 핵심 주체입니다. 개인은 마이데이터를 통해서 스마트 시티에서 인간 중심의 디지털 시티 라이프를 실현할 수 있습니다.[42]

유럽의 국가들은 이미 개인 데이터를 이용해 사회 문제를 해결하기 위한 방법으로써 마이데이터 리빙 랩(Living Lab)을 활용하였습니다. 개인이 직접 문제를 도출하고 경제적 가치뿐만 아닌 실생활에서 필요한 편익을 제공한다든지 기업과 정부를 대상으로 데이터 권리를 행사하는 등 다양한 방식이 시도되었습니다.

국민들이 리빙 랩 방식을 활용하여 시마트 시티에 참여한다면 각종 지역 문제 해결에 있어서 효과적일 것입니다. 정보 주체인 개인이 직접 문제를 인식하여 데이터 기반의 서비스를 기획하고 그 결과를 피드백받는다면,

---

42) 부산시는 '도시 데이터 기반 오픈랩'을 적용하여 시민과 기업이 데이터를 생산하고 소비하는 프로슈머 생태계를 구축하는 비전도 제시했습니다.

스마트 시티에서 개인 데이터의 유용성과 사회적 가치는 증가할 것입니다. 공공 부문에서 리빙 랩 방식을 통한 마이데이터는 지역 문제 해결의 효과적인 대안이 될 것입니다.

EU의 스페인 바르셀로나시는 스마트 시티 초기 계획 단계부터 탈중앙화된 시민 소유의 데이터 환경을 구축했습니다. 바르셀로나시의 'BCN City Data Commons'는 윤리 기반 데이터 혁신, 데이터 주권, 개인 정보와 보안, 데이터 인프라(개방형 표준, 단일 API), 책임 기술(알고리즘 투명성), 새로운 데이터 소유권, 새로운 권리 수호자로서의 도시의 역할 등을 제시했습니다.

바르셀로나시는 시민이 참여하는 프레임 워크를 통해서 시민이 직접 데이터를 공유하고 통제하게 하고자 했습니다. 시민들은 공공 서비스 향상을 위해서 스스로 데이터에 대한 소유권과 사용 조건 등을 결정할 수 있습니다.[43]

마이데이터에 의한 의료 생태계 패러다임 변화

의료 산업은 개인 데이터에 기반한 대표적인 개인 맞춤형 서비스입니다. 최근 헬스케어 패러다임도 개인 주도로 전환되고 '치료에서 예방'으로, '병원에서 일상'으로 변화하고 있습니다(보건연구원, 2019). WHO(World Health Organization)는 건강의 개념을 개인의 질병 상태를 개선하는 차원을 넘어서 신체적, 정신적, 사회적으로 안녕한 상태로 정의하였습니다(WHO: World Health Organization 1948).

---

43) DECODE, DEcentralised Citizens Owned Data Ecosystem, D5.2 CityOS connection, 2020

우리나라 사상 의학을 창시한 이제마 선생은 개인을 체질에 따라 태음, 태음, 소양, 소음 4가지로 분류하여 그 당시 개인 맞춤형 의료를 실현하고자 하였습니다. 당시만 해도 개인 체질 유형에 맞는 의료 서비스는 혁신적인 것이었습니다.

현재는 대부분의 첨단 의료 기기는 의료 개인 데이터를 수집하여 저장합니다. 개인 일상생활의 라이프 로고(Life Log: 식습관, 운동량 등), 유전자 정보, 직장 생활 정보 등 개인 데이터를 수집하여 의료 서비스에 활용합니다. 개인 데이터를 환자의 치료뿐만 아니라, 일상의 편익에도 활용합니다. 의료 산업은 개인 데이터를 활용하여 의료 기관, 전자 회사, IoT, 웨어러블, 모빌리티 등을 연결하는 새로운 디지털 헬스케어 생태계를 형성합니다.

구글의 '프로젝트 나이팅게일(Project Nightingale)'은 미국 내 21개 주의 민간 의료 기관 연합체 '어센션(Ascension)'과 협력하여 약 2,600여 개 병원의 환자 개인 건강 정보를 수집하여 처리하는 프로젝트입니다.
실리콘 밸리의 환자 의료 데이터를 활용하여 건강 관리 소프트웨어와 환자 맞춤형 정보를 제공하고, 인공 지능 기술을 개발하여 보건 의료 산업에 진출한다는 전략이고, 환자의 의료 비용 절감과 환자 질병 관리 개선을 목표로 했습니다.[44]

한편 현대자동차는 '운전자 개인의 마음을 읽는 헬스케어' 서비스를 공개했습니다. 자동차는 운전자의 건강 상태를 파악하여 차량 시스템과 연결하

---

44) ITworld 2019.11.19 https://www.itworld.co.kr/tags/94663/

고, 각종 상황에 따라 안내, 경보, 긴급 연락 등을 제공한다고 합니다.[45]

현대자동차는 운전자의 개인 데이터인 심박수, 체지방, 스트레스 지수 등을 체크하여 일상적인 관리를 한다고 합니다. 운전자 개인 정보인 생체 정보와 외부 환경(날씨, 계절 등) 정보를 융합하여 가장 최적의 운전 환경을 만들어 주고, 잘못된 운전 자세를 교정하고, 피로도를 줄여주는 것을 가능하게 한다고 합니다. 이 서비스를 보면 자동차가 의료 기기와 구분이 안 될 정도입니다.

그럼 AI 자동차는 어떤 서비스일까요? 어떤 관점으로 접근해야 할까요? 자동차의 기능인지, 의료 서비스인지 등 파편화된 관점으로 이해할 수 있을까요? 앞으로의 자동차는 운송 기기, 의료 기기, 전자 장비 등 무엇으로 정의할 수 있을까요? 그 기준이 필요한 시점입니다.

그러나 마이데이터는 관점이 분명합니다. 개인 즉, 인간의 관점에서 접근합니다. 각종 제품이나 서비스들이 용도나 기능에 상관없이 개인 데이터로 연결되고 작동됩니다. 개인 맞춤형 운전자 서비스 사용 여부는 오직 개인의 의지와 자유에 달렸습니다. 개인 데이터의 수집과 저장, 그리고 활용의 시작은 개인의 의지와 동의 시점에서부터 작동되어야 합니다.

앞으로 헬스케어 자동차를 이용하기 위해서는 더 많은 개인 데이터를 수집할 것입니다. 그리고 지금보다 더욱 적극적으로 개인의 동의를 받아야 합니다. 개인 운전자의 신상 정보, 건강 상태와 자동차 운전 습관을 파악해

---

45) 현대자동차 웹사이트 https://www.hyundai.co.kr/TechInnovation/Connectivity/Healthcare.hub

야만 안전한 자동차 환경을 구현할 수 있기 때문입니다.

개인 운전자는 생체 고유 정보, 생체 신호 데이터, 의료 데이터, 운전 기록 데이터, 자동차 센터 데이터 등 다양한 개인 데이터를 생성하여 제공합니다. 생체 고유 정보에는 홍채, 지정맥 등이 있고, 생체 신호에는 심박, 호흡, 체온, 혈당, 뇌파 등이 있으며, 병원 건강 데이터에는 질병, 건강 상태 등이, 자동차 운전 기록은 이동 경로, 주유 기록, 정비 기록, 운전 습관 등이 있습니다.

여기에 자동차에서 직접 수집되는 개인 데이터에는 심박, 뇌파, 피부 전기 전도도, 호흡을 통한 혈중 알코올 농도 등이 있습니다. 자동차는 개인 데이터의 집합체라고 볼 수 있습니다. 자동차의 기능은 이동 수단을 뛰어넘어 헬스케어, 엔터테인먼트 등 개인에 따라 다양하게 규정될 것입니다.

그동안의 자동차 산업 구조는 제조업 중심으로 부품, 조립 판매 등으로 한정되었다면, 디지털 사회에서는 새로운 영역으로 무한 확장됩니다. 그 확장 범위는 제한이 없지만, 그것을 결정하는 주체는 개인이 될 것입니다. 개인이 연결하는 데이터의 속성에 따라 자동차는 정의될 것입니다.

자동차는 대표적인 융합 산업 생태계입니다. 기존의 이해관계자가 존재하고 있으며 새로운 이해관계자가 참여하는 복잡한 네트워크 구조가 되었습니다. 기존 자동차의 부품 생산, 조립 판매, 유통하는 기업 이외에 헬스케어 기업, 전자 장비 기업, 콘텐츠 기업, 금융 기업 등 거대한 새로운 생태계가 형성되었습니다.

이런 새로운 거대 산업 생태계에서 개인은 자신의 의지와 요구에 따라 각 서비스를 자신을 중심으로 다시 연결할 것입니다. 개인 데이터가 연결의 매개가 될 것이고, 개인은 데이터를 통해서 자신의 의지를 표현하고 권리를 행사할 것입니다.

마이데이터 기반의 새로운 융합 산업 생태계로 전환

과거 비즈니스 마케팅은 고객을 몇 개의 세그먼트(Segment)로 나누고 타깃별 세그먼트에 따라 마케팅을 진행했습니다. 그러나 최근에는 정보 기술(IT)과 인터넷의 발달로 초세분화(Hyper Segmentation: 하이퍼 세그먼테이션)가 가능해지면서 몇 개의 큰 세그먼테이션 대신 다수의 하이퍼 세그먼테이션을 타깃으로 합니다.

핵심이 되는 주요 고객의 페르소나(Persona: 가면, 인격, 타인에게 파악되는 자아)를 상세하게 만들고 이것을 여러 개의 다중 방식으로 만듭니다. 예를 들면 기존에는 자동차 고객을 '도시에 거주하는 20대 여성' 혹은 '가족 단위로 여유롭게 주말을 즐기는 40대'와 같이 설정했습니다.

그러나 앞으로 개인은 '골프 리뷰 영상을 보면서 스트레스 풀고, 평일에는 점심이나 저녁 식사에 건강식을 선호하며, 시간이 없다는 이유로 자주 간편식으로 식사를 해결하지만 주말에는 가족들과 시간을 보내기 위해서 이탈리아 레스토랑 등 맛집을 주기적으로 방문하는 직장인'과 같이 정의됩니다. 개인은 여러 개의 멀티 페르소나로 설정됩니다.[46]

---

46) 동아일보 2020.03.11 https://www.donga.com/news/Economy/article/all/20200310/100101884/1

개인 데이터는 개인의 디지털 자아를 구성하는 핵심이 될 것이며, 수집되는 개인 데이터가 많으면 많을수록 다중 페르소나는 정교해지고 사업적 가치는 올라갈 것입니다.

아모레퍼시픽 기술연구원(2019)은 화장품 세계 시장 규모가 2016년 기준 약 3,649억 달러(한화 약 393조 7,636억 원)이고 2021년에는 약 4,871억 달러(525조 6,296억 원) 규모가 되어 개인 맞춤형 상품으로 화장품 시장은 더욱 크게 성장할 것으로 예측했습니다.

특히 화장품 소비자 5명 중 1명은 개인 맞춤형 제품 및 서비스에 관심이 있다고 합니다. 개인화된 맞춤 서비스 제공 시 20% 소비자는 추가 지불 용의가 있고, 22% 소비자는 특정 정보를 제공할 의사가 있다고 합니다. 48%의 소비자는 기꺼이 시간을 투자하겠다고 합니다. 개인은 맞춤형 제품을 위해서 '정보, 시간, 비용'을 지출하겠다는 것입니다.

스타벅스는 대표적인 개인화된 맞춤형 서비스 사례입니다. 스타벅스는 고객 개인 데이터를 수집하고 이를 활용하여 고객 선호별 개인화된 서비스를 제공합니다. 미국 스타벅스는 약 1,600만 회원의 높은 로열티를 바탕으로 서비스를 제공하고 있습니다. 스타벅스 미국 매장의 절반 이상에서 개인별 고객들의 주문과 구매 패턴을 통해서 개인화된 맞춤형 서비스를 제공하고 있습니다.[47]

스타벅스는 2017년부터 인공 지능을 적용한 '디지털 플라이 휠(Digital Fly wheel)'을 운영하고 있습니다. 고객의 개인 데이터를 분석하여 신제품

---

47) Digital Initiative Group 웹사이트 https://digitaltransformation.co.kr/

을 출시하고 타깃 고객들에게 상황별 실시간으로 다양한 프로모션을 해 왔습니다.

스타벅스는 개인 정보인 신상 정보, 선호 스타일, 구매 이력, 제휴처 데이터 등을 이용하여 각 개인에게 시즌별 맞춤형 메뉴를 전달합니다. 스타벅스는 주문 상품, 주문 시간, 지리 정보 등 개인 데이터를 수집 및 분석하여 고도화된 고객 맞춤형 서비스를 제공합니다.

스타벅스는 개인 데이터를 수집 및 활용하여 개인 맞춤형 커피와 디지털 서비스를 제공합니다. 디지털 서비스에는 커피 취향뿐만 아니라 개인의 편익까지 제공하고 있습니다. 스타벅스는 개인 데이터를 활용하여 커피뿐만 아니라 디지털화된 개인 맞춤형 서비스를 제공하고 있습니다. 스타벅스가 추진해온 디지털 전략은 마이데이터와 맥락이 같습니다.

미국 스타벅스는 2018년 기준 현금성 자산이 약 89억 달러(한화 10조 원)가 넘는다고 합니다. 이런 배경은 스타벅스가 제공하는 선불 카드, 키프티콘 등에 이미 고객이 현금을 선지급했기 때문입니다. 스타벅스는 단순한 식음료 기업이 아니며 정보 기업이자 금융 기업으로 볼 수 있습니다. 스타벅스는 커피는 물론 디지털화된 개인 맞춤형 서비스를 제공하는 융합 서비스 기업입니다.

스타벅스는 차후 개인 데이터를 활용하여 개인 커피 스타일에서 추론한 개인 맞춤형 금융 상품을 제공할 수 있을 것입니다. 개인 커피 취향, 카페 라이프 스타일에 따라 신용 평가 모델을 만들어 금융 상품과 연계할 수 있습니다.

마이데이터 기반의 새로운 창조적 산업 생태계로 전환

2000년대 초반 인터넷 붐이 일었을 때, 국내에서는 가상 현실 사회에 대한 관심이 높았습니다. 특히 3D 아바타(화신(化身): 또 다른 나를 뜻하는 힌두어)를 이용한 3차원 가상 현실이나 게임 또는 웹 채팅 등에서 자기 자신을 나타내기 위한 그래픽 아이콘 붐이 일었습니다.

저자가 근무하였던 '오즈인터미디어'는 2000년 VR(Virtual Reality: 가상 현실)을 활용하여 게임에 접목한 '카페나인(Cage9)'을 출시했습니다.[48] 카페나인[49]은 개인이 자신의 3D 아바타를 만들고, 독창적인 의상, 동작들을 조합하여 그것을 가상 공간에 구현합니다.

이용자는 성별, 체격, 피부색, 머리 모양 등 조합에 따른 아바타 꾸미기, 가상 공간에서 낚시 게임으로 돈 벌기와 친구 만들기, 실내 인테리어 꾸미기 등 자신만의 세상을 만들어 사람들과 소통했습니다. 그러나 이것은 세상에 실제로 존재하지 않는 말 그대로 가상의 세상이었습니다.

하나은행은 우리나라 최초로 3D 가상 세계를 기반으로 어린이 경제생활을 체험할 수 있는 '하나 시티(Hana City)'[50]를 서비스했습니다. 하나 시티

---

48) 중앙일보, 2020. 2. 25, https://www.joongang.co.kr/article/588563#home
49) 이영환 저자는 2000년 카페나인 서비스 및 전략 기획에 참여함.
50) 이영환 저자는 2005년 하나 시티 총괄 기획을 담당하였음.

에서 어린이들은 가상의 공간에 아바타를 만들고, 자신이 희망하는 직업에 맞는 아바타를 육성합니다. 어린이는 학습과 게임을 통해서 얻은 사이버 머니로 이벤트에 참여하거나 아바타 꾸미기를 할 수 있습니다. 어린이는 하나 시티의 가상 경제 사회에서 생산, 저축, 소비 등의 경제 원리를 학습합니다.

앞서 소개한 서비스들의 공통점은 개인이 아타바를 통해서 참여하는 가상 사회라는 것입니다. 개인은 자신을 대신하는 아바타로 게임도 하고, 학습도 하며, 커뮤니티를 구성하기도 합니다. 그러나 여기서 개인은 실제 본인이 아니며, 이들이 활동했던 가상 공간인 3D 월드도 실제 현실이 아닙니다.

기존의 가상 현실 세계는 시각적 측면과 단순한 기능 중심이었다면, 메타버스는 '각 객체의 속성을 실제 개인 데이터로 연결하여 구현'합니다. 즉, 메타버스 속 개인, 즉 아바타는 개인의 성별, 연령, 건강 상태, 자산 규모, 취미 등의 실제 정보를 갖습니다. 개인은 가상 현실에 개인의 현실의 속성을 그대로 연결하여 완벽한 아바타를 구현하게 되어 현실과 연결된 서비스를 체험합니다.

메타버스에서는 개인을 식별할 수 있는 새로운 데이터가 생성됩니다. 메타버스 내에는 개인 아바타 정보, 아바타 아이템, 상대방 정보, 상대방과 나눈 대화, 경험 및 활동 내용, 활동 시간, 생성한 자산(아이템 등) 등이 있습니다. 개인은 메타버스 내에서 아바타를 통해서 개인의 개성을 표현합니다. 꾸며진 아바타 조합 값은 개인 데이터입니다. 무한대로 확장되는 아이템은 개성의 표현이면서 동시에 개인을 식별할 수 있게 합니다.

메타버스 생태계에는 개인과 관련된 구성 요소가 있습니다. 메타버스는 개인이 메타버스로 진입할 수 있는 게이트 웨이, 개인에 대한 인증 및 아바타 서비스, 개인의 몰입을 증가시켜 주는 인터페이스, 경제 거래 시스템, 개인 소셜 미디어 그리고 클라우드와 인공 지능 등과 같은 인프라로 구성되어 있습니다. 메타버스와 마이데이터의 공통점은 현실의 다양한 서비스들이 개인 데이터를 매개로 연결된 생태계를 이루고 있다는 것입니다.

마이데이터 생태계에 의한 디지털 사회로 전진

2015년 11월 벨기에 브뤼셀에서 있었던 '마이데이터 선언(MyData declaration)'은 유럽의 국가들이 중심이 되어 마이데이터의 기본 개념과 추구하는 방향 및 이념, 그리고 구현을 위한 시스템 아키텍처 등을 정의했습니다.

마이데이터 선언은 디지털 사회에서 개인 데이터에 대한 인식을 바꾸고자 했습니다. 개인이 스스로 자신의 데이터에 대한 권한을 행사함으로써 직접적인 통제권을 갖고, 개인 및 사회적 가치를 창출하고, 개인 데이터를 투명하고 공정하게 활용하여 건전한 산업 생태계를 조성하자고 했습니다.

개인 데이터의 가치를 단순히 경제적인 효율성만을 기준으로 하는 것이 아니고 개인의 사생활 보호와 익명성, 공공으로부터 권리를 침해받지 않아야 합니다. 그리고 사회의 문제를 해결함에 있어서 개인 데이터를 적극적으로 활용하되, 개인이 인간으로서 기본권과 존엄성이 훼손되지 않아야 한다고 합니다.

마이데이터 선언은 공정한 디지털 사회를 위한 조건으로서 '신뢰(Trust), 조절(Control), 가치(Value)'를 제시했습니다. 즉, 데이터 기반의 디지털 사회는 개인을 비롯한 구성원 간의 신뢰와 확신이 있어야 합니다. 마이데이터 기반의 디지털 사회를 구현하기 위해서는 '투명성, 신뢰성, 통제권, 가치'의 4가지 전제 조건이 필요합니다.[51]

첫째, 투명성(Transparency)입니다. 어떤 개인 데이터가 어떤 방식으로 수집되고 어디에 어떠한 목적으로 사용되어 누가 접근하는지 공개되어야 합니다. 투명한 상태에서는 개인 데이터의 불법적인 사용이 확연히 드러나는 효과가 있습니다.

둘째, 신뢰성(Trust)입니다. 개인 데이터를 활용하는 서비스가 안전해야 하고 서비스 제공자를 신뢰할 수 있어야 합니다. 여기에는 개인 데이터 유통을 위한 안전한 보안 기술과 서비스 제공자의 안전 의식 및 윤리 의식도 포함됩니다.

셋째, 통제권(Control)입니다. 개인이 정보 주체로서 직접 데이터 공유 대상과 범위를 관리할 수 있어야 합니다. 기존에는 개인 데이터 보유 기업이나 기관이 통제했다면 이제는 정보 주체인 개인이 직접 개인 데이터를 통제할 수 있어야 합니다.

넷째, 가치(Value)입니다. 개인 데이터 활용에 의한 가치를 개인과 공유

---

51) '마이데이터 선언(MyData Declaration), ver1.0, http://mydata.org, 한국데이터산업진흥원 재구성

해야 합니다. 금전과 같은 직접적인 보상도 있지만, 개인이 실제로 필요로 하는 서비스에 대한 만족을 극대화하는 것이 중요합니다. 여기에는 개인적 차원의 가치뿐만 아니라 사회적 차원의 가치까지 확대되어야 합니다.

이를 위해 마이데이터 글로벌(MyData Global)은 마이데이터 선언의 가치를 구현하고자 개인 데이터에 대한 권한의 불균형을 해소하고 개인 데이터에 대한 인간 중심의 비전을 수립하였습니다. 개인과 조직(기업이나 기관 등) 사이의 데이터 권한의 불균형으로 인한 불이익을 방지하고, 개인 데이터를 둘러싼 공정하고 투명한 환경에서 자유롭게 유통되어 산업 생태계와 디지털 사회가 구현되도록 노력을 하고 있습니다.

마이데이터 글로벌은 개인이 자신의 데이터를 열람, 이동, 삭제할 수 있도록 하는 제도적, 물리적 방법을 연구하고 혁신적인 사례를 공유합니다. 디지털 사회에서 개인은 인간의 존엄성 차원에서 데이터 접근에 대한 권한을 갖고, 기업은 데이터의 활용과 관련해서 요구되는 의무 사항으로 보안, 기업 윤리 강령을 수립하고 준수해야 합니다.

우리나라도 2019년 8월 31일에 마이데이터 코리아 허브(http://www.mydatakorea.io/)를 설립하여 마이데이터 글로벌로부터 공식적으로 승인받아서 공정하고 투명한 사람 중심의 개인 데이터 생태계를 실현하는 것을 목표로 활동하고 있습니다. 마이데이터코리아 허브는 비즈니스 모델 분과 위원회, 기술 분과 위원회, 법 제도 분과 위원회, 교육 분과 위원회 등 각 분야별 전문 위원회로 구성되어 있습니다.

마이데이터 생태계를 구현하기 위한 조건

우리나라는 개인 정보와 관련된 사건 및 사고가 빈번하며 최근까지 꾸준히 증가하고 있습니다. 방통위 조사 결과 최근 5년간 개인 정보 유출 신고 건수는 약 8,725만 건이라고 합니다.[52]

유출되는 개인 정보 중에는 주민 등록 번호, 거주지, 연락처 등이 포함되어 있습니다. 개인 정보가 인터넷 사이트 해킹, 대부업체의 불법 정보 활용에 빈번하게 이용되고 있다고 합니다. 개인 정보 도용 상담 사례도 최근 4년 동안 약 3배까지 급증했다고 합니다.[53]

이렇게 개인 정보 유출에 의한 피해가 심각한 상황임에도 해당 기업에 대한 징계나 과징금은 솜방망이 처벌 수준이라고 합니다. 이렇다 보니 개인 입장에서는 개인 정보 유출에 대한 두려움이 크기 때문에 개인 데이터 활용에 대해 소극적일 수밖에 없습니다.

최근 이슈가 된 대화형 챗봇 서비스가 있습니다. 챗봇 서비스에서 사용자들에게 성희롱과 폭언 등을 그대로 방치했기 때문입니다. 특히 개인의 사적인 대화나 개인 데이터를 무분별하게 수집하여 유출했을 가능성이 있다는 점입니다. 개인 정보에 해당하는 '대화 내용'이 서비스의 핵심이지만 수집하는 과정에서 개인의 동의를 제대로 받지 않거나 인지시키지 못하는 등 정식 절차로 동의를 받지 않았다는 부분입니다.

---

52) 매일경제 2021.11.16 https://www.mk.co.kr/news/society/view/2021/11/1077347/
53) 개인정보침해신고센터 웹사이트 https://privacy.kisa.or.kr

인공 지능 챗봇 서비스는 개인 회원들의 대화 내용을 이용해서 학습을 했다고 합니다. 개인들의 대화 내용은 명확히 개인 정보에 해당됩니다. 따라서 챗봇 서비스는 개인들에게 사전 동의를 받아서 대화 내용을 수집하고 활용했어야 했습니다. 특히 수집된 개인들의 대화 내용에 대한 구체적인 사용 목적과 활용 용도를 밝혔어야 했습니다.

대화형 챗봇 서비스 사례의 시사점은 개인 데이터 수집과 활용에 있어서 당사자인 개인의 동의를 명확히 해야 한다는 점입니다. 앞으로 인공 지능 분야에서 개인 데이터들이 광범위하게 수집되어 활용될 텐데, 정보 주체인 개인이 제대로 인지하지 못한다면 사생활 침해, 범죄 활용, 경제적 손실 등 심각한 문제들이 발생할 것입니다. 따라서 개인의 사전 동의를 받지 못한 서비스는 엄격히 규제되어야 합니다. 무분별한 개인 정보의 수집은 개인의 인권 침해와 경제적 피해 등 사회적 폐해를 만들 것입니다.

개인 데이터 기반의 서비스를 구현하고자 할 때는 반드시 개인의 동의를 얻고 보안에 철저해야 합니다. 이를 위해서는 마이데이터 생태계에 있는 개인, 기업, 정부 기관, 시민 단체, 연구소 등 다양한 이해 당사자들이 참여하도록 하고, 법 제도, 기술, 서비스 및 비즈니스 모델까지 융합적으로 접근해야 합니다.

마이데이터 생태계에서 모든 디지털 서비스는 개인 데이터 융합 서비스입니다. 개인을 중심으로 금융, 의료, 유통, 통신, 교육, 관광 등 다양한 이종 산업이 융합될 것이며 특정 업종을 초월하게 될 것입니다. 이런 상황에서 데이터 권한에 대한 판단 기준은 개인이 되어야 하며 개인을 중심으로 데이터가 수집되고 개인의 편익을 위해서 데이터가 활용되고 서비스가 제공되어야 합니다.

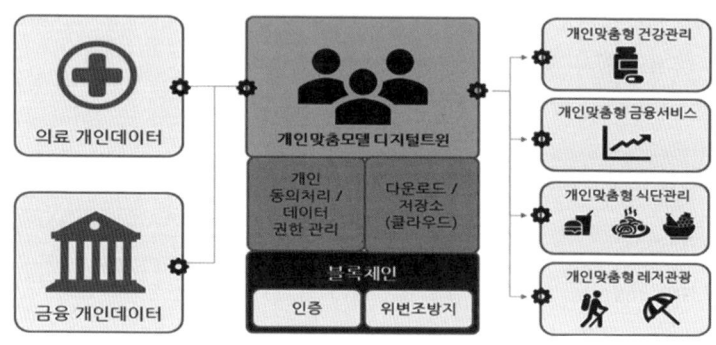

개인 중심의 융합 서비스

마이데이터 생태계는 개인 데이터를 중심으로 서비스가 연결되고 융합되어야 합니다. 금융 서비스는 특정 은행을 중심으로 구성되는 것이 아니라 개인을 중심으로 금융 산업이 연결되어야 합니다. 개인의 금융 편익이 핵심 가치가 되어야 합니다. 금융 데이터 역시 개인이 직접 관리할 수 있어야 합니다.

개인은 마이데이터 생태계에서 자신의 금융 거래 내역 데이터를 활용하여 의료 진료 서비스에 활용될 수 있고, 공공 보건 서비스도 받을 수 있으며, 택시 및 버스와 철도 같은 대중교통 서비스를 받을 수 있습니다. 직접적인 관련이 없다고 생각했던 분야들이 개인 데이터를 중심으로 연결되어 융합 서비스를 제공할 수 있게 된 것입니다.

마이데이터가 지향하는 생태계는 인간 중심의 생태계이고 사회입니다. 금융 외 다른 이종 산업으로 확산되는 경우 개인이 중심이 되어 금융을 다른 산업과 연결하고 융합시켜야 합니다. 은행과 은행이 아닌 개인을 통한 은행, 카드, 증권 등으로 연결되고, 은행과 병원이 아닌 개인을 중심으로 금융, 교통, 통신, 유통, 교육, 공공 등이 연결되는 것입니다. 즉, 개인이 금융서비스를 통해서 얻고자 하는 융합적 편익을 중심으로 연결되어야 합니다.

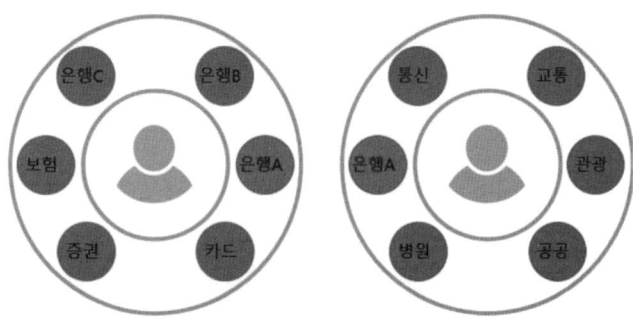

개인을 중심으로 하는 마이데이터 생태계

마이데이터 생태계 발전을 위한 제언

미국 뉴욕시(2017년)는 매크로(Macro) 기술[54]을 사용한 티켓팅을 엄격히 처벌하고 있습니다.[55] 티켓 예매 사이트를 조작해서 구매한 행위는 타인의 기회를 박탈한 것으로 간주합니다. 미국은 매크로 티켓팅 기술보다는

---

54) 매크로는 키보드나 마우스 등 단순 반복 기능을 한 번 클릭으로 자동 실행함. 일련의 명령어를 반복해 자주 사용할 때 유용. 사용자는 키보드 실행 위치와 목적 등에 따라 클릭 횟수 등을 사전에 설정하면 작업 시간을 단축할 수 있음

55) 뉴욕 법무부에 따르면 특정인 3명이 2012~2014년간 티켓봇을 불법적으로 활용하여 약 14만 장의 뉴욕 공연 티켓으로 부당한 이익을 착복함.

부정한 방법으로 티켓팅한 행위를 규제하는 것입니다. 매크로 티켓팅은 공정한 방법이 아니며 타인의 권리를 침해한다는 해석입니다.

우리나라 금융위원회는 마이데이터 사업을 허가하면서 스크래핑은 사용할 수 없다고 했습니다. 마이데이터 사업자는 API 방식만 따르도록 했습니다. 스크래핑 방식과 API 방식은 사용 용도에 따라서 유용하게 사용될 수 있습니다. 즉, 특정한 기술을 규제할 것이 아니고, 어떤 목적에 의해서 어떤 기술을 사용했는가를 봐야 합니다. 미국이나 EU는 규제 대상을 기술 자체보다는 '기술의 사용 목적'에 집중합니다.

마이데이터 생태계가 원활히 작동하려면 불법적인 방법으로 수집된 개인 데이터는 원천적으로 사용할 수 없도록 해야 합니다. 투입된 노력보다 얻고자 하는 수익이 크다면 계속해서 범죄가 발생할 것입니다. 개인 데이터에 대한 불법 행위로 인한 수익은 전액 환수는 물론이고 더하여 천문학적인 벌금을 추징해야만 합니다. 이와 관련하여 '징벌적 손해 배상 제도'의 도입을 고려해야 합니다. 마이데이터 생태계를 위해서는 개인이 안심하고 데이터를 유통해야 합니다.

기업은 이제부터 개인의 동의를 받지 않았다면 어떤 경우라도 개인 데이터를 활용하지 않아야 합니다. 기업은 스스로 자정 운동을 벌여야 합니다. 기업이 '개인 동의 내역'을 제출하지 못하면 잠재적 불법으로 간주하고 관리해야 합니다. 개인의 기업에 대한 불신은 마이데이터 생태계에 가장 큰 장애물입니다. 앞으로의 디지털 사회에 개인 데이터를 활용하지 않고 성공할 수 있는 서비스나 비즈니스는 없습니다.

MS-IDC 공동 조사 자료(2019)에 의하면, 기업의 디지털 서비스를 신뢰한다고 응답한 소비자의 비율은 약 18%에 머물렀으며 이유로는 디지털 서비스의 안정성(reliability), 보안(security), 프라이버시(privacy) 침해 사태에서 비롯되었다고 합니다. 이와 같이 기업의 무분별한 개인 데이터 남용은 결국 기업 불신으로 돌아가게 될 것입니다.

결론적으로 저자가 제안하는 것은 마이데이터 생태계를 개인 데이터의 전 주기 과정에서 접근하자는 것입니다. 개인 데이터 수집 및 저장 단계, 가공 및 연구 개발 단계, 사업화 단계에 따라 접근을 달리하자는 것입니다.

연구 개발, 공공 분야 활용 등의 비영리 목적에는 정부 차원에서 개인 데이터를 안전하게 활용할 수 있는 장치를 마련하여 활성화하고, 민간의 사업화 등 영리 목적에는 개인에게 철저히 편익이 돌아가도록 규제하는 것입니다. 특히 동의받지 않은 불법적인 데이터 활용에 대해서는 더욱 엄격히 통제하여 활용과 보호가 균형을 이룰 수 있도록 해야 합니다. 이를 위해서는 개인 데이터 주권을 관리하는 마이데이터 플랫폼이 활성화되어야 합니다.

최근의 흐름을 보면 마이데이터를 경제적 논리나 특정 서비스로 인식하여 접근하는 측면이 강합니다. 그럼 힘의 논리로 전개되어 개인은 기업과 정부를 신뢰하지 않은 상황이 반복될 것입니다. 따라서 마이데이터 생태계는 개인의 데이터 주권을 행사할 수 있는 환경을 조성하고 참여 주체들이 그 정해진 룰(Rule)을 따르도록 해야 합니다. 인간 중심의 디지털 사회를 위해서 마이데이터는 특정 사업이 아닌 데이터 주권을 실현하기 위한 출발점이자 최소한의 조건으로 바라봐야 합니다.

새로운 전환기

- 디지털쇄국을 넘어 미래로

박진(James Park)

디지털쇄국: 상표권출원번호 40-2021-0210993

새로운 전환기
- 디지털쇄국을 넘어 미래로

새로운 시대-디지털 시대

2030년 4월 17일 수요일, 봄기운으로 한결 온화해진 4월 중순의 아침을 느끼며 일어나 지난 밤 나의 수면 상태에 대해서 보고받고, 나에게 제시된 운동 방법과 시간에 따라 아침 운동을 하면서 새벽에 폐장한 뉴욕의 증시 등 글로벌 경제 소식을 통해 투자한 글로벌 주식과 펀드, 가상 화폐의 수익을 확인한다. 계속 보유할 것인지, 언제 팔고 사야 할지 내 옆에 있는 인공 지능이 나에게 권고해 준다. 어제 확인해 보니 나의 인공 지능의 수익률이 평균을 상회한다고 한다. 기분이 좋다.

인공 지능의 학습 능력과 알고리즘 덕도 있지만, 나의 성향과 자산 상황을 정확하게 입력해 두었기 때문이라고 한다. 인공 지능도 나에 대해 알면 알수록 정확한 정보를 주고 있으니, 마음이 든든하다. 이러한 정보는 강화된 보안 시스템으로 블록체인에 안전하게 보호되고 있다.

신기한 것은 나의 일상생활에서 만들어지는 데이터로 인해 내가 서비스와 도움을 받는 것은 물론이고, 다른 누군가가 영감을 얻고, 어떤 이는 건강에 도움을 받고, 취미 생활, 금융과 부동산 투자의 정보가 되어 사회 구성원들에게 도움이 될 뿐 아니라, 나의 수입원 중에서 20%를 차지한다는 것이다.

어제 뉴스를 보니, 열심히 사시는 분들 중에는 본인의 데이터로 인해 발생하는 수익이 수입의 30% 이상을 차지하는 분도 있다고 한다. 본인의 데이터가 어디에 쓰이는지, 무슨 데이터와 결합하여 시너지가 발생했는지, 몇 회 사용되었는지 등이 스마트 콘트랙트를 통해 일일이 확인하지 않아도 나에게 보고되고, 그 수익이 나의 통장에 꽂히는 것이다. 참으로 디지털 트랜스포메이션으로 인한 새로운 디지털 시대를 살아감을 실감하고 있다.

개인적인 나의 생활이 이렇게 바뀐 것처럼, 우리나라도 여러 가지로 변화하였다.

과거에는 제조업 중심으로 열심히 노력하여 2차 세계대전 이후 거의 최초로 개발 도상국에서 선진국 반열에 올랐다는 소식을 2021년에 들었는데, 이제는 제조업뿐만 아니라, K-Pop, K-Movie, K-Drama와 같은 우리의 콘텐츠를 기반으로 문화 강국이 되었고, 글로벌의 문화 트렌드를 한류가 이끌어 가고 있다.

더욱 기분이 좋은 것은 아날로그 시대의 금융 강자였던 런던, 뉴욕, 싱가포르 등을 넘어서 디지털 금융에서는 부산이 디지털 금융의 허브가 되어 대한민국의 성장을 선도하고 있다는 것이다. 이러한 데이터를 활용한 마이데이터 산업과 디지털 금융 강국으로의 발전은 디지털 대전환기였던 2021년부터 우리가 열심히 준비하고 과감한 혁신을 통해 정부와 민간이 함께 노력해온 결과이다. 이렇게 더욱 발전된 대한민국을 다음 세대에 넘겨주게 되어 너무 기쁘다.

나는 2030년에 이렇게 기쁜 생각을 할 수 있기를 바라면서 2022년 지금 디지털 대전환기를 준비하고자 한다.

디지털 대전환기의 특징

마이데이터, 블록체인, 가상 화폐, 메타버스 등 디지털 트랜스포메이션을 통한 새로운 디지털 문명사회로의 대전환기를 맞이하는 시점에 코로나19로 인한 비대면 사회로의 변화까지 인류가 처음 맞이하는 충격이 우리 사회 전반에 영향을 주고 있다. 이러한 충격은 기존의 사고방식에 의한 대처로는 제대로 대응하기 힘들다. 그 이유는 지금까지 우리가 가지고 있는 제도와 산업 구조로는 변화를 예측하고 대응하기 어렵기 때문이다. 그래서 새로운 상황을 맞이했을 때 단기간에 효과적인 대응을 하지 못한다는 것이다.

코로나 사태

처음 코로나19를 맞이한 2020년 봄에는 코로나 상황이 2022년까지 지속되리라 생각하지 못했던 것이다. 2020년을 돌이켜 보면 코로나 백신이 곧 나오고, 치료제를 개발하면 다시 일상으로 복귀할 수 있으리라 보았다. 2021년 12월 20일, 현재 우리나라의 코로나 백신 1차 접종은 86.06%, 2차 접종은 82.78%를 기록하고 있다. 성인 기준으로는 93% 정도 되므로 성인은 거의 대부분 접종 상태이고, 상대적으로 접종 비율이 낮은 소아 청소년의 접종을 늘려야 하는 상태이다. 일일 확진자는 국내의 경우 최근 1주일간 6천여 명에서 5천여 명을 오르내리고 있고, 미국은 하루 37만여 명, 영국은 12만여 명을 기록하고 있다. 코로나19는 람다와 델타, 오미크론 등 계속적인 변이를 일으키면서 의료 전문가를 포함한 세계를 당혹스럽게 만들고 있다. 이제는 다시는 코로나19 이전 시대로 돌아갈 수 없다고 말하는 사람들이 늘고 있다.

미래에 대한 준비

이렇듯 세상의 변화를 예측하고 대응하기란 참으로 어렵고, 미래를 예측하는 것은 어쩌면 인간의 영역이 아닐 수 있을 것이다. 하지만, 최소한 이 시점에 우리 사회가 대응하여야 할 사항과 미래를 위해 준비해야 할 내용은 우리 모두가 함께 인식하고 머리를 맞대고 고민하는 것이 필요할 것이다. 이에 이러한 사항을 조금 더 쉽게 알리고, 좀 더 많은 사람들과 공감하고 미래를 준비하는 것이 필요하다.

우리의 잠재력, 집중력, 동참 의식, 적극성-모범 사례

가끔씩, 우리 국민들의 잠재력과 집중력, 동참 의식에 깜짝깜짝 놀라기도 한다. 예컨대, 월드컵 시즌이 오면 마치 전 국민이 축구 대표팀 감독이 되어 선수의 경기 투입, 조직 포메이션(4-4-2, 4-2-3-1 등), 수비 형태(4백, 3백 등), 전진 패스에 의한 중앙 공격, 윙백의 오버래핑에 의한 크로스 등의 공격 방법, 연장전 준비, 승부차기 준비 등을 언급하면서 각자 나름의 전술을 제안하며 응원하는 것을 보면 우리나라에는 축구 전문가가 참 많다는 생각이 든다.

강력한 통신 기술을 바탕으로 한 스마트폰의 보급과 적극적 사용, SNS 참여와 같은 적극성을 이유로 세계에서도 첨단 서비스의 시범 지역으로 우리나라를 꼽기도 한다. 이러한 인프라와 적극성으로 코로나19라는 위기 상황에서 코로나에 대한 대응 모범 사례로 선정되어 세계적으로 대한민국의 국격을 한층 더 높이는 계기가 되고 있다.

대한민국의 잠재력, 집중력, 적극성이 지난 60년간의 경제 발전을 이룩한 원동력이었고, 앞으로도 계속 발전하여 세계의 중심이 되어 활약하는 시대를 맞이하기 위해 현명하고 효과적으로 디지털 대전환기를 준비하고 수용하여야 한다.

새로운 시대-디지털 트랜스 포메이션과 디지털 鎖國

필자는 1990년대부터 대한민국에서 컴퓨터라이제이션과 디지털라이제이션을 통한 업무 혁신, 대국민 서비스의 혁신 등 디지털 트랜스포메이션을 실제 진행하여 새로운 서비스를 도입해왔다.

지금까지의 변화는 어떤 면에서 아날로그에서 디지털로 단순히 전환한 것이라고 볼 수 있다. 하지만 앞으로의 변화는 아날로그에서 탈피, 변신, 변환을 의미하는 디지털 트랜스포메이션의 시대인 것이다. 여전히 디지털 전환이 필요한 분야는 신속히 전환하고, 디지털로의 트랜스포메이션을 진행해서 국가와 산업의 경쟁력을 극대화하는 것이 필요하다.

이번에는 디지털 트랜스포메이션을 진행하는 여러 가지 요소 중에 우리 국민들의 실생활에 많은 영향을 주고, 국가 경쟁력 향상에 핵심이 될 수 있는 데이터 산업과 마이데이터에 대해서 주로 얘기할 예정이다. 새로운 디지털 문명사회로의 대전환기를 맞이하는 시점에 **과거에 있었던 실기(失期)**

를 반복하지 않고, 우리나라의 잠재력을 최대한 끌어올려 새로운 시대의 **강한 대한민국으로 가는 방향을 제시**하고자 한다.

다시는 예전과 같은 실기(失期)를 반복하지 않고, 글로벌의 기술/경제/정책 흐름을 주도하면서, 우리의 강점을 최대한 활용하여 대한민국이 다시 한번 도약하는 계기를 만들고자 한다.

지금은 우리나라 특유의 잠재력을 발휘하여 극복할 때

지금까지 대한민국의 강점은 제조업을 바탕으로 한 기술과 산업 경쟁력이라고 한다면, 여기에 IT와 데이터를 바탕으로 한 금융서비스/헬스서비스/웰니스 서비스, 스마트 시티, 자율 주행차, 메타버스 등 새로운 분야를 더하여 디지털 시대에 새로운 강자로 자리매김할 수 있어야 한다. 그러기 위해서는 가능한 모든 수단을 동원하고, 정부와 산업계, 학계의 노력과 국민들의 동참이 있어야 가능할 것이다.

(국내에서 정부, 기업, 학계의 모든 노력을 다해도 글로벌과는 규모와 다양성 면에서 상대하기 어려우나, 우리나라 특유의 잠재력, 집중력, 동참 의식, 적극성을 발휘하여 극복해야 할 때이다.)

미래의 우리에게 닥쳐올 변화에 대응하기 위해 우리가 나아갈 방향을 제시하면서, 많은 분들과의 공감과 이해를 바탕으로 정책과 제도로 새로운 세상으로의 변화를 지원하고, 국민들의 동참을 유도하는 것이 필요하다.

따라서 100여 년 전 근대화라는 변화의 물결에 대해서 어떻게 대처했는지를 다시 생각해 보고 이 책의 내용이 미래에 더 나은 대한민국을 만들어 나가는 데 일조하여, 우리 국민들이 좀 더 평안하고 안락한 삶을 살 수 있도록 하는 계기가 되길 바란다.

180년 전 청(淸)의 실기(失期)

청(淸)은 1839년부터 시작한 영국과의 아편 전쟁에 패하여 1842년 치욕스러운 난징 조약을 맺게 된다.

Destroying Chinese war junks by E. Duncan(1843)

1842년 난징 조약은 중국 근대사의 시작을 알리는 조약이 되었고, 이후에 체결되는 동아시아 각국의 조약 체결 시의 레퍼런스가 되었다. 이후 제2차 아편 전쟁으로 1858년 톈진 조약, 1859년 베이징 조약으로 인해 영국에 홍콩을 내주었고, 러시아에는 연해주를 넘겨주었다.

막부(幕府)의 운(運) 좋은 개항(開港)

일(日)은 1853년 미국의 페리 제독이 4척의 배를 이끌고 나타나 개항을 요구하여 그 이듬해 미국과 화친 조약을 맺고, 영국과 러시아와도 조약을 맺고 개항을 하게 된다.

사실 그 전에 러시아가 홋카이도에 나타나 교역을 요구했을 때는 거절하고 해안 경비를 강화하였고 영국의 개항 요구도 거절하였다.

하지만 페리 제독이 에도만 깊이 들어왔을 때, 서양의 침략을 **막아내기 힘들겠다는 생각**(사실 겁을 먹고)으로 화친 조약을 맺고 개항을 하게 된 것이다.

메이지 유신 직후 보신 전쟁[56] 당시 사쓰마 사무라이(펠리체 베아토 촬영)

그리고 미국은 일(日)의 에도 막부에 통상 조약을 요구하는데, 에도 막부는 일왕의 허가 없이 1858년 '미일 수호 통상 조약'이라는 일(日)에 불리한

---

56) 1868년부터 1869년까지 일(日)에서 왕정복고로 수립된 메이지 정부와 옛 막부 세력이 벌인 내전.

통상 조약을 맺게 된다. 이로 인해 에도 막부에 대한 일왕과 다이묘들의 반대가 거세지면서 260년간의 에도 막부 시대는 종료되고, 존왕양이(尊王攘夷)[57]를 기치로 내건 '메이지(明治) 유신'이 1868년 선포되어 일(日)은 근대화의 시작을 알리게 된다.

사실 메이지 유신 당시에는 양이론(攘夷論)을 근거로 외세를 배척하다가, 보신 전쟁 등 내전으로 군사적인 서구 열강의 근대화부터 수용하게 된다.[58]

대전환기를 맞이한 조선(朝鮮)의 실기(失期)

조선은 1800년 제22대 왕 정조대왕의 갑작스러운 죽음 이후, 본격적인 세도 정치가 시작되었다.

세도 정치라는 형태로 힘 있는 가문이 왕권을 넘어서는 힘을 가지고 나라와 백성을 위한 정치가 아닌 특정 가문을 위해 막강한 권력을 행사하여 부정부패로 나라의 경쟁력을 갉아먹는 정치만 계속되다 흥선대원군이 집권하게 된다.[59]

---

57) 존왕양이(尊王攘夷) 운동의 존왕론은 일왕의 고대적 권위를 복원하려던 사상이며, 양이론은 당시 일(日)과의 통상을 기도하려는 외세를 배격하고자 했던 봉건적 외세 배척 사상이다.

58) 일(日)은 보신 전쟁(1868년~1869년)의 과정에서 신정부 측은 영국으로부터, 막부 측은 프랑스로부터, 다른 번은 프로이센으로부터 신식 무기와 장비를 공급받고 있었기 때문에 서구 열강의 근대화 위력을 실감하게 되어 군사 제도부터 근대화를 적극 수용하게 된다.

59) 1873년 흥선대원군의 섭정이 끝난 후, 명성황후의 친정인 민씨의 세도 정치가 시작된다. 이러한 세도 정치는 국가의 경쟁력을 저해하여, 결국 나라를 빼앗기게 되는 부작용이 발생하는 것을 역사에서 알 수 있다. 오늘날에 내각 책임제에 대한 얘기가 일부 정치권에서 있는데, 또 다른 형태의 세도 정치를 시작하려는 건 아닌지 우려가 된다. 일(日)의 경우만 보아도 내각 책임제로 인해 자민당의 장기 집권이 이어지고 정치 개혁이 안 되니 경제적/사회적 발전의 정체로 이어지고 있는 것이다. 일(日)의 정치권에서 국회의원 지역구를 승계하는 등의 모습을 보면 똑같지는 않지만, 메이지 유신 이전 막부 시절에 다이묘의 영지를 상속받는 형태와 유사한 느낌이 든다. 결국, 정치를 할 때 국가 전체보다는 가문이나 정치 파벌의 이익을 먼저 생각하는 것은 아닌지 생각하게 된다.

흥선대원군은 세도 정치의 배제, 붕당 문벌의 폐해 타파, 당파를 초월한 인재 등용, 의정부의 권한 부활, 한양 수비 강화, 조세 개혁 등 10년간 나름의 개혁 정치를 하였지만, 산업 혁명을 통해 발달한 **새로운 문명의 세계적 흐름**을 외면하고 왕권 강화에만 집착하여 결국 서구의 새로운 사상이 왕권을 다시 약화시킬 것을 우려하여 쇄국 정치를 하게 된다.[60]

이로 인해 국제 관계는 악화되고 **새로운 문명을 받아들일 기회를 놓쳐 버리게 되었다.**

오히려, 내전이 없었던 조선의 비교적 안정적인 정치 상황으로 근대화의 동기가 뚜렷하지 않았다. 그런 중에 1863년부터 10년간의 **서양과의 전투와 갈등이 개국을 더욱 지연시키고**, 프랑스군과 미군의 철수[61]를 **전투에서 승리한 것으로 오인**하고 서양에 대한 경계를 더욱 강화시켜 기존 사회 제도에 안주하면서, 근대화의 흐름을 놓치고 만다.[62]

10년 후, 1873년에 고종의 친정 선포로 흥선대원군의 섭정은 끝나게 된다. 이 10년 동안 벌어진 일(日)과의 근대화 격차는 140여 년이 지난 지금에서야 따라잡게 되었다. (2020년 10월 기준 추정치, 1인당 PPP(구매력) 기준 대한민국 45,454달러, 일(日) 41,637달러)

---

60) 새로운 세계의 흐름과 60여 년간의 세도 정치로 인해 피폐한 조선의 재건이라는 어려운 문제를 한꺼번에 해결하지는 못하였다.

61) 병인양요와 신미양요에서 프랑스군과 미군의 철수는 조선이 협상할 의사 없이 항전만 하였으므로 스스로 철수한 것이다. 프랑스가 물러난 이유는 조선보다 인도차이나 방면을 중시한 정책 때문이고, 신미양요에서는 미국이 전투에서 승리하였으나 미국도 조선과의 무역을 원했을 뿐이지 조선과 전면전을 치를 생각은 아니었다.

62) 병인양요와 신미양요에서 서양의 근대화 수준을 확인할 수 있었으므로 서구 열강의 강점을 수용했어야 했다. 흥선대원군은 이러한 사건을 계기로 더 강한 쇄국 정책을 시행하였고, 조선의 개국과 근대화는 더욱 더 멀어져갔다.

이것이 조선 근대화에서 잃어버린 10년인 것이다.

무능한 정부의 강제 개항과 몰락

조선은 자주적인 개항의 시기를 놓치면서, 1876년 강화도 조약이라는 불평등 조약을 시작으로, 강제로 개항하게 된다.

이러한 조선의 1876년 개항은 바다 건너 무능한 막부 정부에 비해서 23년 늦은 개항이다. 거의 한 세대가 늦은 것으로 출발점부터 달라지게 되었다. 그 이후에도 기득권의 유지에만 급급하여 외세를 끌어들이게 된다.[63]

1894년에 시작한 청일 전쟁은 고종의 청(淸)에 대한 잘못된 '파병 요청'이 원인이었다. (이는 합리적인 의사 결정이 얼마나 중요한지 알려주는 사례이다.)

이러한 양국의 참전 상황을 인지한 전봉준은 **관군과 전주 화약(全州和約)**을 맺고 동학 농민군을 해산하여 파병의 사유를 없앴다. 그럼에도 불구하고 청(淸)과 일(日)은 군 병력을 철수하지 않았다.

(이래서 타국의 군대를 함부로 국내에 진출하도록 하면 안 되는 것이다. 지난 정부에서 부득이한 경우 한반도에 자위대의 진출을 허용할 수 있다는 입장을 얘기하여 논란이 되었다.)

청(淸)은 1895년 청일 전쟁에서 패하여 시모노세키 조약을 일(日)과 체

---

63) 20세기의 월남 정권과 21세기의 카불 정권과 함께 타산지석(他山之石)으로 삼아야 한다.

결 하였다. (청(淸)의 이홍장과 일(日)의 이토 히로부미가 체결) 가장 흥미로운 것은 그 첫 번째 조항이 청(淸)은 조선국이 완전한 자주 독립국임을 인정한다는 것이다. 조선이 선언하는 것이 아니라 청(淸)과 일(日)이 서로 인정한다는 것이다.

이렇게 세도 정치로 허약해진 **조선은 결정적인 순간마다 외세에 의존하고**, 나라 전체가 아닌 권력을 독점한 **특정 가문이나 조직, 기관에만 유리하도록 판단하고 정책을 시행하였기 때문에 외세에 의해 강제로 개국되면서 나라의 자주성을 잃게 된다.**

이후 조선은 1897년 대한제국을 선포하고 광무개혁을 추진하였지만, **일(日)의 메이지 유신보다 거의 30년 뒤진 시기였다.**

이후 1905년 러일전쟁에서 일(日)이 승리[64]하면서 미국의 중재로 포츠머스 조약[65]을 맺고 러시아는 대한제국에 대한 일(日)의 관리·감독을 승인하게 된다. 이 조약으로 미국 역시 일(日)의 대한제국 지배를 묵인했다.

그리하여 1905년 을사늑약(외교권 박탈)을 시작으로 1910년 경술국치(庚戌國恥)로 이어지게 된다.
근대화의 시기를 놓치고, 부국강병 없이 외세에 의존하는 정치를 통해서 결국 대한제국은 역사 속으로 사라진다.

---

64) 러시아는 내부 사정으로 전쟁을 지속하고 싶어 하지 않았고, 일(日)도 막대한 전쟁 비용으로 이미 재정적, 군사적인 한계 상황이었으므로, 쓰시마 해전에서 승리한 후 미국에게 협상을 주선하도록 요청하게 된다.
65) 이 조약을 중재한 공로로 미국의 시어도어 루스벨트 대통령은 노벨 평화상을 수상한다.

근대화 실패의 교훈

근대화라는 세계의 흐름을 무시한 대한제국은 1910년 경술국치(庚戌國恥)로 나라를 잃게 된다.[66]

그로부터 35년간의 일제강점기를 거치고 1945년 광복을 맞이하였으나, 1950년 전쟁을 통하여 대한민국은 여전히 외세에 의해 좌우되는 나라가 된다. 1953년 휴전을 하였지만, 대한민국은 휴전 협상의 당사자가 아니었다.

이러한 어려움에도 불구하고, 21세기인 현재는 세계에서 제일이라고 할 수 있는 교육열과 성실함으로 경제 발전과 정권 교체를 이루어 세계 2차 대전 이후 독립한 나라 중 거의 유일하게 선진국 대열에 들어서게 되고, 세계 10위의 경제 대국으로 자리매김하게 되었다.[67]

경술국치 이후 111년 만이고, 본격적인 세도 정치 이후 158년 만이다. 어쩌면 실로 불가능한 일을 해낸 것이라고 말할 수 있다. 그 기간 동안(일제강점기, 한국 전쟁, 경제 개발기의 노동력 착취와 인권 탄압 등) 국민들이 당한 고통과 시련은 이루 말할 수 없었다. 근대화 시기를 놓친 이후 그 많은 고통을 겪은 후에야 세계적인 나라로 발돋움하게 된 것이다.

여전히 주 52시간 근무제와 최저 임금, 집값 상승 등 여러 가지 문제가 있지만, 단군 이래 최고 수준의 생활을 하고 있는 것은 분명하다.

---

66) 근대화에 실패한 나라들은 각각 역사 속으로 사라지게 된다. 조선의 뒤를 이은 대한제국은 1910년 경술국치로 막을 내리고, 청(淸)은 1911년 신해혁명 이후 1912년 멸망하고, 러시아 제국은 1917년 러시아 혁명에 의해 붕괴된다.

67) 미국 경제 전문 매체 CNBC가 국제 통화 기금(IMF)의 경제 전망치를 인용하여 대한민국이 세계 10대 경제 대국에 진입했다고 2021년 4월 20일 보도했다.

근대화의 시기를 놓치고 경술국치 이후, 이를 완전히 극복하는 데, 2021년 기준으로 111년이 걸렸다. 결정적인 시기에 실기(失期)한 것이 후세대에게 정말 많은 부담을 안기게 되었다.[68]

일(日)의 근대화 과정과 한반도 침탈, 그리고 한계

반면 이웃에 있는 일(日)의 경우, 처음에는 양이론(攘夷論)으로 쇄국 정책을 시행하다 서구 열강의 강력한 신식 무기와 군사 편제를 수용하면서 근대화를 시작한다. 이후 서구 열강과 맺은 불평등 조약에 의한 손해를 조선을 상대로 만회하는데, 그 시작이 1876년 조선과 맺은 강화도 조약이다.

일(日)은 청일 전쟁에 이어 러일 전쟁에서의 승리로 파산하지 않고 근대화를 이어간다. 그 이후 1차 세계 대전, 만주 사변, 중일 전쟁까지 승리하면서 파죽지세로 식민지를 넓혀 갔다.[69]

동아시아에서 빠른 근대화로 아시아의 강자가 되었던 것이다. 그 이후에도 일(日)은 탈아입구(脫亞入歐)를 주장하며, 아시아를 넘어 유럽에 편입되고 싶어 했다.

일제 강점기 시절, 일(日)은 한반도 내 철도를 부설하는 등의 시설 작업을 하였다. 이것은 일(日)의 한반도 침탈을 가속화하기 위해서였다. 일(日)은

---

68) 수년 전 지난 정부에서 헬조선-탈조선이라는 얘기가 유행이었지만, 현재는 코로나 대응 등 여러 가지 면에서 우리나라가 그래도 살 만한 곳으로 여겨지고 있다.
69) 1945년까지 네 번의 큰 전쟁을 더 수행하면서 전쟁에 필요한 많은 비용을 한반도에서 침탈한 것으로 충당한 것이다. 만약 태평양 전쟁에서 일(日)이 패배하지 않았다면, 그 이후까지 어쩌면 오늘날까지 침탈이 계속되었을지도 모를 일이다.

러일 전쟁 당시 러시아내 급진 개혁파를 지원하여 러일 전쟁의 수행을 어렵게 하도록 한 것처럼, 한반도 내 여러 학자들을 재정적으로 지원했다.

이로 인해 '일본의 한반도 근대화론'과 같은 어처구니없는 이론이 등장하게 되었다. 일(日)의 한반도 침탈을 위한 작업과 한반도를 위한 근대화를 구분하는 것이 필요하다.

일(日)의 조선 총독부는 1945년 태평양 전쟁에서 패배 후 철수 시까지도 소각 지폐 비축, 조선 은행권의 조선 내 인쇄를 통해 퇴각 자금을 마련하고 방만하게 운영하여 광복 후 대한민국에 부담을 안겼다.

이후 일(日)은 한국 전쟁에서 미국의 병참 기지 역할을 하면서 경제적으로 재건할 수 있게 되었고, 마침내 세계 2위의 경제 대국까지 된다. 일(日)의 한반도 경제에 대한 단물 빨아 먹기는 1945년 해방 이후에도 계속되었던 것이다.[70]

하지만 계속되는 자민당 정권의 세습으로 정권 교체는 제대로 되지 않아 (정권 교체가 1번, 1년 정도에 그쳤으므로) 개혁 정치는 실종되었고, 1985년 플라자 합의[71] 이후 수출 감소로 성장률이 떨어지자 경기 부양을 위해 금리 인하와 부동산 대출 규제를 완화하면서 부동산과 주식 시장에 엄청난

---

70) 현재 일(日)은 독도에 대한 영유권을 주장하며 한반도 종전 선언에 반대하고 있는데, 일(日)의 경제를 살릴 수 있는 거의 유일한 기회를 한반도에서 찾으려고 하는 것 같다.

71) 당시 서독은 플라자 합의에도 불구하고 거품 경제나 장기 침체를 맞지 않았다. 이때 대한민국은 엔고의 영향에다 유가 하락, 금리 인하까지 맞물려 3저 호황으로 사상 최초로 경상 수지에서 흑자를 기록하게 되는데, 이런 호황은 신흥국 전체에 해당하는 것으로 중국도 개방 정책으로 상당한 경제 성장을 이루게 된다.

거품[72]이 생겼다. 그 거품 경제의 소멸 이후 일본의 경제 불황이 시작되었고, 그 경제 불황은 10년 이상 계속되었다.

인터넷 강국과 IT 강국

대한민국은 문민정부 시절 국책 사업으로 인터넷 인프라의 건설과 보급에 주력하였고, 국민의 정부 시절에는 PC와 인터넷 보급을 더 강화하고, 전자 정부(E-Government) 시스템 구축을 시작하여 오늘날에는 세계에서 최정상급의 전자 정부 서비스를 제공하고 있다.

그 이후에도 이러한 인터넷 기반의 강점은 유지되었고, 이를 바탕으로 코로나19로 인한 긴급 재난 지원금 지급 시에 신용카드 시스템 등을 활용하여 세계에서도 가장 빠르게 지원금을 제공할 수 있었다.

2017년 콘텐츠 전송 네트워크(CDN) 업체에서 발표한 '2017년 1분기 인터넷 현황'에 따르면 한국의 인터넷 평균 속도는 28.6Mbps로 13분기 연속 세계 1위를 지켰고, 광대역 인터넷 보급률에서도 1위였다.

글로벌 인터넷 속도 측정 사이트 스피드 테스트(speedtest.net)에서 공개한 2020년 4월 기준으로 측정한 결과는 유선 네트워크에서 1위는 싱가포르(평균 다운로드 속도 198.46Mps, 업로드 속도 207.17Mps, 레이턴시 12ms), 우리나라는 18위로 평균 다운로드 속도 120.13Mps, 업로드 속도 137.17Mps, 레이턴시 29ms를 기록하였다.

---

72) 일(日)은 플라자 합의 후 자산 시장을 부양하여 약 10년간 호황을 누렸다. 그 예로 도쿄를 팔면 미국을 살 수 있다는 농담이 유행하기도 했다. 그 이후 거품 붕괴로 1,500조 엔(한화로 약 1경 6,500조 원)이 공중 분해되며 장기 침체를 맞이하게 된다.

2020년 12월 인터넷 속도 측정 사이트 '스피드테스트'가 그해 11월 말에 조사한 내용에 따르면 10월 기준 한국의 모바일 평균 다운로드 속도는 초당 145.03메가비트(Mbps)인 것으로 나타났다. 한국이 모바일 인터넷 속도에서 세계 1위를 굳게 지키고 있는 가운데 2위와의 격차를 더 벌린 것이다.

이렇게 인터넷 네트워크 인프라에 대해서 대한민국은 강점을 가지고 있는 것은 분명하다. 하지만, **IT는 정보 기술로서 소프트웨어가 중요하다.**

단순히 얘기하면 인터넷 네트워크 인프라는 차가 다닐 수 있는 도로를 잘 닦는 것이고, 그 위를 달리는 자동차나 물류 시스템은 별개이다. 도로를 잘 닦는다고 자동차 강국이거나 물류 강국이 아닌 것처럼 네트워크 인프라를 마련한다고 해서 IT 강국은 아니다. 그 기반을 마련한 것에 불과한 것이다.

대한민국은 인터넷 인프라에 강점이 있는 것은 분명하지만, 이로 인해 IT 강국인 것처럼 혼동하는 경우가 많다.

IT의 핵심은 소프트웨어와 콘텐츠이다.[73] 안타깝게도 대한민국은 소프트웨어와 콘텐츠 측면에서는 매우 열악한 실정이다. 그나마 아래아 한글과 V3를 사용하는 것으로 위안을 삼을 수 있을지는 모르나, 그것마저도 국내에서만 사용하고 있는 상태로 활발하게 세계로 진출하지는 못하고 있다.

---

73) 다행히 콘텐츠 측면에서는 〈미나리〉, 〈오징어게임〉 등 양질의 콘텐츠가 계속 제작되어 세계적으로 주목을 받고 있다.

소프트웨어와 콘텐츠 개발은 지속적인 투자가 필요하다. 지속적인 투자에 의해 관련 기술을 축적해야 하고 글로벌 기술과 트렌드를 맞추면서, 국산 소프트웨어를 세계로 진출시켜 수출하고, 시대를 선도하는 것이 필요하다.

그러나 인프라나 하드웨어에 비해 부족한 투자, 소프트웨어 산업을 이해하지 못한 각종 규제와 소프트웨어 개발자에 대한 열악한 처우 등으로 인해 우물 안에 갇혀, 점점 외세에 좌우되는 측면이 많아지고 있다.

그리고 IT에 대한 국가의 관심과 지원, 대중적 인식(소프트웨어는 그냥 제공되는 것으로 생각하는 사람이 많음) 등 여전히 아쉬운 점이 너무 많고, 규제 또한 매우 까다로워 글로벌 기술과 어깨를 나란히 하기에는 어려운 점이 많은 것이 현실이어서 현재로서는 IT 강국이 되기는 불가능하다.

인터넷 인프라에 대한 지속적인 정책 지원과 투자로 통신 강국, 인터넷 강국이 된 것처럼 **이제는 IT의 핵심인 소프트웨어와 콘텐츠에 정책 지원과 투자를 강화할 때이다.**[74]

소프트웨어의 특성과 현실적인 문제

소프트웨어는 비가시성, 복잡성, 변경성, 순응성, 무형성, 복제성 등 다른 산업의 결과물과는 다른 여러 가지 특성이 있다. 그중 무형성과 비가시성으로 인해 눈에 보이지 않는다. 그렇다 보니, 인프라나 하드웨어에 비해 정책 추진에 있어서 성과를 측정하기에 어려움이 있는 것은 사실이다. 성과

---

74) 세계적으로 주목을 받은 콘텐츠의 경우, 국내 자본이 아닌 해외 자본('N' 사 등)에 의한 경우가 많다. PPL(제품 간접 광고)보다는 콘텐츠 자체의 품질에 집중할 수 있는 제작 환경이 국내에는 필요하다.

를 가시적으로 보이기가 어려운 것이다.

그런 이유로, 그동안 인터넷 네트워크와 같은 **눈에 보이는 성과에 중점**을 둔 것이 사실이다.

소프트웨어가 눈에 보이지 않다 보니 분석과 설계가 끝났음에도 계속 변경해달라고 요청한다. 10층 건물을 지을 때 10층까지 골조가 다 올라간 상태에서, 각 층별 면적을 증가시켜 달라든지, 1층의 층고를 더 높여 달라든지, 10층이 아니라 20층으로 해달라고 요청하지는 않는다. 그러나 소프트웨어 구축 시에 이러한 요구는 비일비재하다. 모두 부실 공사를 요청하는 것이다.

소프트웨어의 비가시성으로 기인하는 바도 있지만, 이른바 발주자의 갑질이 더욱 기승을 부린다. **설계가 끝났음에도 계속 바꿔 달라고만 한다.**

이러한 상황 때문에, 소프트웨어 종사자는 국가와 기업의 경쟁력을 좌우하는 매우 중요한 일을 하고 있음에도 불구하고, 시도 때도 없는 설계 변경/기능 변경 요청으로 3D 업종으로 불린다. 야근이 빈번하고 주말 작업도 끊이지 않는다.

최근에 이슈가 되고 있는 주 52시간 근무제의 경우에도 IT 업계에서 반대가 많다.
3개월인 탄력 근무제의 기간을 6개월에서 1년 정도로 늘려 달라고 한다. 그러면 그것이 주 52시간 근무제의 취지에 부합할까? 아닐 것이다.

그러면서 시스템 오픈을 앞두고 밀린 업무량으로 인해 밤샘작업과 주말 작업은 어쩔 수 없다고 항변한다. 설계가 종료되기 전에 시스템에 필요한 요구 사항을 고정하고 이를 바탕으로 예측하는 것에 만반의 준비를 한 이후에, 설계 이후 요구 사항을 변경하지 않고, 오픈 시 필요한 대규모 테스트에 대한 인원 산정을 미리 하고 진행하는 것에 발주자와 수주사가 함께 노력하여 준비하면 될 일인데, 적은 비용으로 소프트웨어 프로젝트의 진행을 밀어 붙이는 현실에서 프로젝트 관리의 후진성을 부끄럼 없이 얘기하는 것이다.

구축 프로젝트의 부실 공사로 인해 이후에 더 많은 비용이 소요되는 경우가 많은 이유이기도 하다.

그런데 더욱 이상한 것은 **소프트웨어에 대한 전문성이나 선진 기술과 관리 기법, 경험에 대해서는 인정하지 않는 분위기다.**

공공 SW 사업에 대해서는 애초에 사업에 참여할 수 있는 기업과 할 수 없는 기업으로 나뉘어져 있다. **모두가 힘을 합해도 글로벌에서 경쟁력을 가지기 힘든데**, 누구는 빠지고, 누구만 하라고 한다. 그렇게 할 수 있는 일과 할 수 없는 일이 있는데, 구분하지 않는다.

공공 SW 사업에 대한 참여 제한은 참으로 기형적인 제도이다. 오히려 어떤 나라는 우리보다 먼저 그 제도를 시행하다가 경쟁력 제고에 도움이 되지 않아 폐지하였다.

앞에서 살펴본 바와 같이 일(日)은 존왕양이론으로 메이지 유신을 단행하였지만, 그 후에 양이론은 포기하고 근대화에 박차를 가했던 것이다. 이렇게 미래와 세계 흐름을 위해 변화해 나가는 것은 우리의 현재 상황에서 생각해 볼 대목이다.

그런데, 우리나라는 제도를 제대로 평가하고 변경해야 함에도 포기할 줄 모른다. 이미 이해관계자가 생긴 탓일까? 대한민국에서는 언제까지 SW 사업을 골목 상권으로만 취급할 것인지 궁금하다. IT 분야가 글로벌에서는 어떤 위치인지 알아볼 필요가 있다.

PWC가 공개한 2021년 글로벌 시가 총액 100대 기업에 따르면, **글로벌 시가 총액 1위는 애플로서 2조 510억 달러이고**, 2위는 사우디의 아람코, 3위는 미국의 마이크로소프트(1조 7,780억 달러), 4위는 미국의 아마존(1조 5,580억 달러), 5위는 구글의 알파벳(1조 3,980억 달러)이다. **애플은 한화로 무려 2,393조 원(21.8.30. 환율 기준)이고 5위인 알파벳은 1,631조 원**이다.

세계의 시가 총액 상위 5위 안에 4개의 IT 기업이 자리 잡고 있다. 상전벽해에 해당한다. **세상이 IT 중심으로 바뀐 것**이다.

이제 IT의 경쟁력이 국가와 기업의 경쟁력이라고 말할 수 있게 되었다.

2021년 IMF가 예측한 대한민국의 GDP는 세계 10위인 1조 8천억 달러 수준으로 애플 시총의 88% 수준이다. 시총 3위인 미국의 마이크로소프트와 유사한 수준이다.

2022년 대한민국의 국가 예산은 슈퍼 예산으로 불리는 600조 원 정도가 될 예정이라고 한다. 대한민국 전체가 총력전을 펼쳐도 애플이나 마이크로소프트에 대응하기 어려운 상황이다.

대한민국 소프트웨어 관련 산업의 총력을 다해도 따라갈 수 있을지 의문인 수준인데, 정부는 여전히 나누어 하길 원한다. 정부는 지금이라도 IT 업계가 힘을 모아 글로벌 경쟁력을 확보할 수 있도록 지원해야 한다.

소프트웨어는 중소기업이 해야 한다고 생각한다. 중소기업은 기민하고 유연하게 아이디어를 잘 구현할 수 있는 장점이 있다. 하지만, 규모의 경제를 달성할 수 없기 때문에 글로벌 경쟁력을 가지기란 매우 어렵다.

미국에 세계 굴지의 IT 기업이 있다고 해서 중소 IT 기업이 없겠는가? 시장의 규칙을 잘 운영한다면, 서로 시너지 효과를 낼 수 있을 것이다.

중소기업은 그 나름대로 기민하고 신속하게 소프트웨어를 만들고, 대기업은 대기업대로 관리 능력과 규모의 경제를 토대로 소프트웨어를 활용한 비즈니스를 하면 되는 것이다. 과거에 일부 대기업이 중소기업에게 갑질을 하던 시절이 있었다.

하지만, 지금은 사정이 달라졌다. ESG 경영을 도입하는 등 지속적인 기업 경영을 위해서 변화하고 있다. 만약, 지금 대기업이 중소기업에게 갑질을 하다가는 사회적 책임을 심하게 물게 될 것이다. 불매 운동으로 못 견딜 것이다.

지금은, 국가 전체가 IT의 경쟁력을 위해서 집중할 때이다.

디지털 트랜스포메이션을 통한 경쟁력 강화

디지털 트랜스포메이션은 국가와 기업의 경쟁력 증진을 위해서 반드시

진행해야 할 과제이다. 더 이상 아날로그에 머물러서는 데이터 취합 및 분석 지연, 의사 결정의 지연 등으로 경쟁력은 나날이 떨어지게 된다. 코로나 19 상황에서 여전히 FAX에 의존하는 일(日)의 행정력과 모바일 앱과 통신 정보를 활용하는 대한민국의 행정력은 비교가 되지 않는다. 재난 지원금의 분배에 있어서도 대한민국은 기존의 신용카드 시스템 등을 활용하여 단시일 내 시행하여 세계의 찬사를 받은 바 있다.

지금까지 IT 투자는 단순히 기존 업무 프로세스를 거의 그대로 IT를 활용하여 수행하도록 하는 것이었다. 따라서, 이를 위해 IT를 단순히 적용하는 것이 많았다면, 디지털 트랜스포메이션은 클라우드를 이용한 인프라 전환, 빅데이터, 인공 지능을 활용한 자동화/지능화, 비즈니스 변화에 대한 유연하고 기민한 대응을 위한 셀프 서비스, 생체 인식 모바일 앱, 스마트 팩토리, 스마트 물류 등 사용자의 경험과 데이터를 기반으로 한 **새로운 비즈니스를 창출**하고, 기존의 **업무를 혁신하는 형태**로 진행되고 있다.

이제 디지털 트랜스포메이션은 선택의 문제가 아니라 국가와 기업의 존폐를 결정하는 중요한 과정이다. 마치 **19세기 후반의 근대화 과정과 같은 것이다.** 뒤처지면 그만큼 살아남기 힘든 상황이 된다.

디지털 트랜스포메이션을 하게 되면 필연적으로 여러 가지 많은 데이터가 발생하게 된다. 이 데이터를 수집하여 가공하고 분석하는 것은 경쟁력을 더욱 강화하는 요소가 되고, 결국 데이터의 활용이 비즈니스의 성패를 결정하고, 기업의 존폐를 결정하게 된다.

데이터의 사용과 활용은 개인 정보의 유통으로 인해 개인 정보의 유출과 침해의 위험이 있을 수 있다. 하지만, 정보의 활용과 오용에 대한 처리는 별개의 문제로 접근하는 것이 바람직하다. 예컨대, 교통사고가 나기 때문에 자동차의 통행을 금지하기보다는 교통 신호 체계를 개선하고, 자동차에는 졸음 방지 기능을 개발하고, 음주 운전을 단속하고 처벌하는 것과 유사하게 말이다.

개인 정보의 유출이나 침해가 걱정되기 때문에 데이터의 활용 자체를 막아 버리면 관련 비즈니스의 창출과 기술의 발전이 더디게 된다. 그냥 그렇게 발전하지 않고 계속 혼자서 살 수 있으면 좋을 텐데, 글로벌의 흐름은 그렇지 않다.

대한민국 홀로 갈라파고스처럼 남아 있다가 데이터 시장이 개방되면 150여 년 전의 그때처럼 이미 데이터 활용으로 새로운 기술과 비즈니스에 능숙한 외국 기업이 들어와 대한민국의 데이터와 IT 시장, 그리고, 대한민국 경제를 집어삼킬 것이다.

세도 정치로 허약해진 조선의 근대화에서 첫 번째 불평등 조약인 강화도 조약을 맺은 그때처럼….

데이터와 AI

디지털 트랜스포메이션으로 수집한 엄청난 양의 데이터는 사람이 일일이 가공하고 분석하는 것은 불가능하다. 여기에 빅데이터 기술이 필요하다. 그 빅데이터를 다루는 데는 AI(인공 지능) 기술이 필수적이다. 사람은 하루에 8시간씩 주 52시간 내에 일을 하는 것이 장기적인 건강과 생산성에 필수적이지만, AI는 그렇지 않다. 아무리 오래 일을 해도 힘들어하지 않는다, 물론, 과잉 학습에 의해 오버피팅[75]이나 데이터 부족으로 언더피팅[76] 현상은 있을 수 있지만, 기본적으로 지속적인 학습과 추론이 가능하다.

얼마 전까지는 미국 AI 연구소 오픈 AI에서 개발한 GPT-3[77]라는 AI가 AI 중에 가장 많은 1,750억 개의 매개 변수를 사용하고 주로 영어를 학습 데이터로 활용했는데, 그 이후 소개된 초거대 AI(Hyper AI)의 한국 모델[78]은 2,040억 개의 파라미터를 처리할 수 있는 규모의 AI 모델로 등장하였다. 이로 인해 한국어에 최적화한 언어 모델을 개발할 수 있게 되어 향후 AI의 주권을 확보할 수 있는 교두보를 확보하였다.

그런데, 문제는 데이터의 양이다. 초거대 AI 모델을 컴퓨터에서 학습시킨다고 할 때, 필요한 절대적인 양의 데이터를 확보하는 것이 무엇보다 중요하다.[79] 그리고 **많은 데이터와 초거대 AI 모델을 컴퓨터에서 학습하여 우리의 삶을 안락하고 편리하게 하도록 하는 것이 중요하다.** 우리가 새로운 기술을

---

75) 오버피팅(Overfitting): 머신러닝 학습 시 AI 모델이 실제 분포보다 학습 샘플의 분포에 더 근접하여 샘플 데이터에만 정확하고 실제 데이터에는 정확도가 급격히 떨어지는 현상으로 데이터의 정규화, 교차 검증 등으로 해결할 수 있다.

76) 언더피팅(Underfitting): 머신러닝 학습 시 데이터가 너무 적거나 모델이 너무 간단하여 학습이 제대로 되지 않아 학습 오류가 감소하지 않는 현상으로 더 많은 데이터가 필요한 상황이다.

77) GPT-3(Generative Pre-trained Transformer): 오픈 AI사가 만든 3세대 언어 모델로 1,750억 개의 매개 변수를 가진 AI 모델이다. 2세대에 비해 2배 이상 크다. 2020년 10월부터 마이크로소프트를 통해서 독점 공급하고 있다.

78) 초거대 AI의 한국 버전: 2021년 5월 25일 네이버에서 발표한 HyperCLOVA는 2,040억 개의 파라미터의 규모로 개발되었고, 700페타플롭(PF) 성능의 슈퍼컴퓨터로 처리할 예정이다.

79) 물론, 데이터와 AI의 상관관계는 논쟁거리이다. 닭과 달걀의 관계와 유사한 논쟁이다. 데이터가 많으면 AI의 알고리즘에 크게 좌우되지 않고 좋은 결과가 나올 수 있다는 것과 AI의 알고리즘의 성능이 좋으면 비교적 적은 데이터로도 좋은 결과를 추론할 수 있다는 논쟁이다.

발전시키고, 새로운 비즈니스를 창출하는 본질적인 목적이 무엇인가를 생각해볼 때이다.

예컨대, 분석한 모델을 바탕으로 식단 관리와 운동이 필요한 당뇨 환자에게는 그에 맞는 정보와 서비스를 제공하고, 이제 막 사회생활을 시작한 청년에게는 수입에 맞는 재정적인 컨설팅 서비스를 통해 안정적인 삶을 살 수 있도록 하고, 경영이 어려운 자영업자에게는 현재 사업 영역에 대한 적절한 정보와 향후 유망한 분야를 예측해 제공하여 **모두가 여유롭고 평안한 삶을 살도록 하는 것이 디지털 트랜스포메이션과 AI와 같은 새로운 기술의 목적인 것이다.**

그렇게 하기 위해서는 AI 모델을 통한 빅데이터 분석과 학습, 추론은 비식별 처리된 데이터만 분석하는 것이 아니라, **필요한 사람에게 필요한 서비스를 할 수 있도록** 식별할 수 있는 데이터에 대해서도 처리가 가능해야 한다.[80]

새로운 기회, 마이데이터

데이터는 21세기의 석유라고 불린다. 그만큼 앞으로의 삶과 비즈니스에 필수적인 중요한 요소인 것이다. 이 데이터를 제대로 활용할 수 있는 기반은 빅데이터 분석이고, 이를 구체적이고 개별적으로 활용할 수 있는 새로운 비즈

---

80) 데이터의 남용이나 유출에 대해서는 그 당사자의 책임을 물어야 한다. 앞서 살펴본, 자동차 교통사고의 비유와 같다.

니스 기회가 마이데이터이다.(예. 아마존의 2014년 초 '결제 예측 배송' 특허)

마이데이터는 말 그대로 **나의 데이터**'이므로, 지금까지의 데이터에 대한 처리와는 성격이 달라진다. 데이터의 처리와 분석이라고 하면, 슈퍼컴퓨터를 가진 큰 기업이 주로 하는 것이라고 생각할 텐데, 마이데이터는 그 처리와 활용의 주체가 공공 기관이나 기업이 아닌 각 개인이 되는 것이다.

나의 데이터를 누군가 함부로 사용하게 해서는 안 되고, 그 사용으로 인해 경제적인 부가 가치가 생성되었다면 **데이터 주권자와 공유**하는 것이 당연한 일이다.

그러한 새로운 비즈니스를 정부, 공공 기관, 기업과 각 개인이 함께 진행할 수 있게 **모든 산업 분야가 서로의 데이터를 공유하고 함께 활용하면서 시너지 효과를 낼 수 있도록 적용하는 것을 목표로 마이데이터 산업을 활성화하는 것이 필요**하다.

관련 산업의 힘을 모두 모을 수 있도록 각 부처 간의 융합적 행정[81]**이 필요하다.**

특히, IT나 마이데이터와 같이 국가 전체의 발전을 위해 진행되는 분야에 대해서는 부처 내 성과보다는 국가 전체의 공동 목적 달성을 위해 더욱 노력할 필요가 있다.

---

81) 산업계에서는 융합 산업, 융합 사업이라는 단어는 이미 많이 쓰이고 있는, 새로울 것이 없는 용어이다. 이러한 사회적 현상을 뒷받침하기 위해 정부의 행정도 융합적인 행정이 필요하다. 사실, 정부에서도 융합 행정이라는 단어를 사용한 지 10년 정도 되었다. 그러나 여전히 일부 부처에나 몇 가지 사업에만 머물러 있고, 범정부적으로 미래를 위해 활성화되지는 못하고 있다.

여전히 위원회/부처/기관들이 성과주의에 매몰되어 각각 사일로[82] 형태로 업무를 추진하면서 시너지 효과를 제대로 발휘하지 못하고 있는 현실이다.[83]

그래서 앞으로는 마이데이터의 본질적인 성격과 생태계, 사회적인 의미를 이해해야 한다. 공공, 금융, 제조, 의료, 관광, 마케팅 등 모든 산업 분야에서 협업이 필요하고, 정부는 이를 지원해야 한다. 특히, 금융 분야의 글로벌 경쟁력을 강화하는 것에 대해서 많은 고민이 필요하다.

현재 우리나라는 글로벌 경쟁력을 확보하지 못한 분야가 몇몇 개 있는데, 그중 가장 강화해야 할 분야가 금융 분야가 아닌가 한다. 아날로그 금융에서는 런던, 뉴욕, 싱가포르에 그 주도권을 내줄 수밖에 없었지만, 금융 분야는 마이데이터와 같은 데이터 산업과 연관이 많고 디지털과 관련하여 우리의 강점을 살릴 수 있으므로, 미래의 디지털 금융에서는 우리가 주도권을 가져올 수 있도록 준비를 하는 것이 필요하다.

모든 부처가 융합적으로 금융 산업을 준비한다면 미래에는 대한민국이 디지털 금융 강국으로 발돋움하는 것도 가능하리라 생각한다.

또한, 이러한 새로운 기회를 우리가 효과적으로 활용하기 위해서 준비해야 할 정책을 법 제도 측면에서 검토하고 지원해야 한다. 사실 법 제도가 새로운 전환기의 기회를 잡는 데 가장 기본이고 중요한 요소이다.

---

82) 곡물, 사료, 시멘트 등을 보관하는 원통 형태의 거대한 통을 말한다. 또한, '사일로 효과'라는 용어는 부처 간 독립적인 운영으로 배타적인 형태의 업무를 진행하는 것을 나타내기도 한다.

83) 정부 내 부처 간 시너지 효과를 위하여 대통령 직속 4차 산업 혁명 위원회나 국무총리 직속 국무 조정실 등이 있으나, 범정부적으로 미래를 위해 준비하기에는 여전히 어려움이 많다.

우리의 창의력과 상상력을 제대로 발휘할 수 있도록 정책이 입안되어야지, 이를 억누르고 제한하는 포지티브 규제[84] 형태가 되어서는 곤란하다.

네거티브 규제[85]를 요구한 지도 10년이 넘은 듯하다. 일부 샌드박스를 적용하여 풀어주기는 하나, 창의력을 발휘하기에는 부족한 점이 많다. 이러한 점도 세심하게 살펴보고 지원하기 바란다.

미래에는 우리가 생활하는 것, 회사에 다니는 것, 사업을 하는 것, 취미 활동을 하며 인터넷 쇼핑을 하는 우리의 생활 자체가 데이터로서 활용되어 서비스를 창출하고, 그 서비스의 부가 가치는 개인에게 환원되는 선순환이 가능해지도록 할 수 있을 것이다.

마이데이터의 도입으로 개인은 새로운 수입원과 서비스로 여유롭고 편리한 삶을 누릴 수 있고, 기업은 새로운 서비스로 지속적인 경영을 추구하고, 국가는 각 부처 간의 이해관계를 초월한 융합적인 행정으로 마이데이터 산업을 비롯한 대한민국 경제 성장의 밑거름이 되어 주길 바란다.

---

84) 포지티브 규제는 허용하는 사항을 모두 열거하는 방식으로 전통적인 사회에서는 유효하였다. 하지만, 새로운 전환이 시작되는 변화의 시기에 미래 상황을 예측하고 방향성을 미리 알아서 제도를 허용하는 것이 가능한 일은 아닐 것이다. 제도를 입안하는 사람은 열심히 하여도, 미래를 예측하는 것이 불가능하므로 결국 창의성을 제한하게 되는 방식이다.
85) 네거티브 규제는 규제하는 사항을 법령에서 열거하여 제한적으로 금지하는 방식이다, 포지티브 규제에 비하여 창의력을 발휘하는 새로운 비즈니스에 적합하다. (네거티브 규제와 규제 방식의 개선 2011.02. 황태희(성신여자대학교)) 우리말로는 '열린 규제'로 표현하기도 한다.

[참고 문헌]

- 4차위 및 관계 부처 합동, 「국민 건강 증진 및 의료 서비스 혁신을 위한 마이헬스웨이(의료 분야 마이데이터) 도입 방안」, 2021.2
- 금융위원회, 「금융 분야 마이데이터 서비스 가이드라인」, 2021.7
- 금융위원회, 「금융 분야 마이데이터 기술 가이드라인」, 2021.7
- 동아일보, 「까다로워지는 고객… '2만 가지 커피' 만들 듯해야」, 2020.03.11.
  https://www.donga.com/news/Economy/article/all/20200310/100101884/1
- 매일경제, 「개인 정보 유출한 개인정보보호위」, 2021.11.16.
  https://www.mk.co.kr/news/society/view/2021/11/1077347/
- 연합뉴스, 「고객 정보 활용 1mm 깨알 고지 홈플러스 유죄」, 2018. 8.16
  https://www.yna.co.kr/view/MYH20190806001700038
- 전자신문, 「매크로 금지법 논란 가열」, 2020.01.29.
  https://www.etnews.com/20200129000067?m=1
- 중앙SUNDAY/서울대 의대, 「기업 건강 경영 실태 조사, 2019
- 중앙일보, 「해외 투자가를 놀라게 한 3D 커뮤니티, '카페나인'」, 2020. 2. 25.
  https://www.joongang.co.kr/article/588563#home
- 한국데이터산업진흥원, 「마이데이터 서비스 가이드라인」, 2019
- 한국인터넷진흥원, 「우리 기업을 위한 2020 EU 일반 개인 정보 보호법(GDPR) 가이드 북」, 2020.05
- ITworld, 「구글의 개인 의료 정보 사용 "기분은 찜찜해도 합법" 달아오르는 의료 정보 시장 각축전」, 2019.11.19.
  https://www.itworld.co.kr/tags/94663/~/136927
- DECODE, 「DEcentralised Citizens Owned Data Ecosystem, D5.2 CityOS connection」, 2020
- Greg Fair, 「Our work to move data portability forward」, 2020.9.21.
  https://blog.google/technology/safety-security/data-portability

- Meniga, 「Meniga Product Brochure 2020」, 2020

- PCMag, 「How to Transfer Your Facebook Photos and Videos to Another Service」, 2021.1.2.
https://www.pcmag.com/how-to/how-to-transfer-facebook-photos-videos-to-google-photos

- Research And Markets, 「Global Consent Management Market By Component, By Deployment Mode, By Touch Point, By Regional Outlook」, Industry Analysis Report and Forecast 2021 - 2027, 2021.10

- Stacy-Ann Elvy, 「Paying for Privacy and the Personal Data Economy」, Columbia Law Review Vol. 117, No. 6, 2017.10

- UK Department for Business, Energy & Industrial Strategy(BEIS), 「Regulatory Powers for Smart Data Initiatives impact assessment」, 2020

- UK Department for Business, Energy & Industrial Strategy(BEIS), 「Next Steps for Smart Data」, 2020

- World Economic Forum, 「Rethinking Personal Data: A New Lens for Strengthen Trust」, 2014

- 東京大 学橋田浩/日本社会技術研究センター(RISTEX),「パーソナルデータとPLR(개인데이터 및 PLR)」, 2019.11

- 황태희(성신여자대학교), 학술저널 「네거티브 규제와 규제 방식의 개선」, 2011.02

[참조 웹사이트]

- 개인정보침해신고센터 웹사이트 https://privacy.kisa.or.kr

- 일본IT단체연맹 웹사이트 https://www.tpdms.jp

- 일본 JST 웹사이트 http://www.jst.go.jp

- 정부24 웹사이트 https://www.gov.kr/

- 현대디벨로퍼스 웹사이트 https://developers.hyundai.com/web/v1/hyundai/main
- 현대자동차 웹사이트 https://www.hyundai.co.kr/TechInnovation/Connectivity/Healthcare.hub
- Bitsaboutme 웹사이트 https://bitsabout.me
- COZY 웹사이트 https://cozy.io/en/
- Datacoup 웹사이트 http://datacoup.com/
- Data Transfer Project 웹사이트 https://datatransferproject.dev/
- Digital Initiative Group 웹사이트 https://digitaltransformation.co.kr/
- Digi.me 웹사이트 https://digi.me
- IBM 웹사이트 https://www.ibm.com/
- iGrant 웹사이트 https://www.igrant.io
- Meeco 웹사이트 https://www.meeco.me/
- Mydex 웹사이트 https://pds.mydex.org
- Numbers 웹사이트 https://numbersprotocol.io/
- Plaid 웹사이트 https://plaid.com/
- Schluss 웹사이트 https://schluss.org/
- Self 웹사이트 https://self-ssi.com
- Streamr 웹사이트 https://streamr.network